LICHTSCHLAG NR. 50

FSC
www.fsc.org
MIX
Papier aus verantwortungsvollen Quellen
Paper from responsible sources
FSC® C105338

LICHTSCHLAG NR. 50

Umschlag: Lichtschlag Medien Düsseldorf
Printed in Germany.

ISBN: 978-3-939562-83-2

Günter Scholdt

Anatomie einer Denunzianten-Republik

Über Saubermänner, Säuberfrauen und Schmuddelkinder

Meiner Familie,
denen, die mir geholfen haben,
und allen, die sich von (scheinbaren) Mehrheiten
nicht einschüchtern lassen

Inhaltsverzeichnis

Werner Castellio
GERMANIA 2007

Goethe und Kästner gewidmet

Kennst du das Land, wo die Kanonen blühn,
Mit denen „gute“ Menschen „rechte“ Spatzen jagen,
Korrektheitsobsessionen wilde Kreise ziehn
Und Hunderttausende nicht ihre Meinung sagen?

Wo innerhalb von Tagen, wenn nicht Stunden
Geschasst wird, wer den Mainstream ignoriert,
Gehetzt von allen medialen Hunden,
Von Zeitung, Funk und Fernseh‘n exmittiert.

Dort steh‘n Verfassungsschützer, stolzgebläht vor Macht,
Im Zentrum der politischen Intrigen,
Um in heroischer Gesinnungsschlacht
Den „Nazi“ täglich mehrmals zu besiegen.

Wenn dort ein Netzwerkprofi etwas will –
Und es ist Lobby-Pflicht, stets mancherlei zu wollen –,
Steht der Verstand erst stramm und zweitens still.
„Die Augen rechts!“, heißt es mit Donnergrollen.

So schnüffeln sie, wo immer sich was find‘t,
Was Habermas, „Zeit“ oder „Spiegel“ rügen.
Für linke Täter sind sie maulwurfsblind,
Die dürfen jederzeit historisch lügen.

Kennst du das Land? Es könnte glücklich sein,
Nachdem wir sechs Jahrzehnte schon in Frieden leben.
Wir müssten wahrlich nicht uns ständig selbst kastei‘n,
Und vor bigotter Schuldvermarktung beben.

Und wo Gesellschaftskrisen in Krawalle münden,
Wär's gut, sie als von heute anzugeh'n,
Statt bei den Therapien oder Gründen
In allem nur die Hitler-Zeit zu seh'n.

Selbst klares Denken zeigt sich dann und wann.
Und wahres Heldentum. Doch nicht bei vielen.
Dort steckt ein Inquisitor fast in jedem Mann
Und jeder Frau, die gerne Schicksal spielen.

Kennst du das Land, wo die Zensoren blühn?
Du kennst es nicht? Du solltest es doch kennen.
Wo täglich hundertfach sie vor Gerichte zieh'n,
Wenn man an dem Kritik übt, was sie Wahrheit nennen.

Wo Antifas mit Medienhysterien
Aus jeder „rechten" Mücke Elefanten machen,
Wo landweit nationale Masochismen blüh'n.
Wär's nicht zum Speien, wäre es zum Lachen.

Dort reift die Freiheit nicht. Dort bleibt sie grün.
Was man auch sinnt – es werden Denkverbote.
Kennst du das Land und seine Kampfdoktrin?
Ein Traumland nur für geistig Mausetote.

1 Ausgangslage

Verpestet ist ein ganzes Land,
Wo schleicht herum der Denunziant.
Max Kegel (1884)

1.1 Meinungsdiktatur 2.0

Soll ich Ihnen mal was sagen? Es gibt wahnsinnig wenig Courage in diesem Lande, […] die Tabuisierung fast aller Themen sowie die Tatsache, dass dieses Land den Kern der Meinungsfreiheit nicht begriffen hat, dass dieses Land im Kern autoritär ist.
Arnulf Baring im Bayerischen Rundfunk, 22.11.2011

Vor fünf Jahrzehnten, nach Schule, Bundeswehr und begonnenem Studium, hätte ich die Aussage „Wir leben im freiesten Staat deutscher Geschichte“ umgehend bejaht. Inzwischen hat sich vieles zugetragen, das mich skeptischer macht. Und nicht als Einziger erwäge ich, ob man sich nicht zum Beispiel in dem (von Heinrich Manns „Untertan“ so dämonisierten) deutschen Kaiserreich, sofern man die Kriegsjahre ausklammert, persönlich viel unbehelligter gefühlt hätte. Zudem weiß ich heute, was ich damals übersah, dass nur derjenige über den Freiheitsgrad eines politischen Systems wirklich urteilen kann, der wenigstens einmal eine vom Mainstream missbilligte Position bezogen hat. Denn grau ist auch in Sachen Demokratie alle Theorie.

Zudem darf man nicht so anspruchslos sein, bereits die positive Differenz zu den nazistischen oder kommunistischen Regimen auf deutschem Boden als spektakulären Freiheitsbeweis zu feiern und dabei zu übersehen, welche massiven halbtotalitären Meinungszwänge sich hierzulande inzwischen breitgemacht haben. Denn es braucht wirklich keinen Diktator, keine Militär- oder Theokratie-Cliquen, keine Einheitspartei, Stasi, Gestapo, Todesurteile oder KZs, um eine Gesellschaft weitgehend blind auf eine Hauptrichtung und einen Hauptfeind einzuschwören. Die meisten unterwerfen sich bereits bei erheblich geringeren Pressionen und springen scheinfreiwillig über fast jedes gewünschte Stöckchen. Schon die Gefährdung ihrer öffentlichen Reputation, von beruflichen Pressionen zu schweigen, setzt sie umgehend in Trab.

Schließlich kann man nicht oft genug an Alexis de Tocquevilles geniale Studie „Über die Demokratie in Amerika" erinnern. Bereits vor gut 180 Jahren erfasste der französische Aufklärer die abstoßende Praxis, mittels veröffentlichter Moral eine scheinbar gewährte Volksherrschaft zu domestizieren. Er „kenne kein Land, in dem im allgemeinen weniger geistige Unabhängigkeit und weniger wahre Freiheit herrscht", heißt es. Die Mehrheit umspanne das Denken „mit einem erschreckenden Ring", innerhalb dessen Freiheit herrscht, den man aber nicht durchbrechen dürfe. Zwar habe der Querdenker „kein Ketzergericht zu fürchten, aber er ist allen möglichen Verdrießlichkeiten und täglichen Verfolgungen ausgesetzt":

„Ehe er seine Ansichten veröffentlichte, glaubte er Anhänger zu haben; er meint keine mehr zu haben, seit er sich allen zu erkennen gab; denn seine Tadler reden laut, und die Gleichgesinnten, aber nicht Gleichtapferen wie er schweigen und entfernen sich. Er gibt nach, er erliegt schließlich der täglich erneuerten Mühe, versinkt wieder in Schweigen, als empfände er Gewissensbisse, weil er die Wahrheit gesagt hat. Ketten und Henker sind die groben Werkzeuge, die einst die Tyrannei verwandte; heutzutage hat die Kultur selbst den Despotismus vervollkommnet [...].

Der Herrscher sagt nicht mehr: Entweder du denkst wie ich oder du bist des Todes; er sagt: Du bist frei, nicht so zu denken wie ich; du behältst dein Leben, deinen Besitz, alles; aber von dem Tage an bist du unter uns ein Fremdling. Du behältst deine Vorrechte in der bürgerlichen Gesellschaft, aber sie nützen dir nichts mehr; denn bewirbst du dich um die Stimme deiner Mitbürger, so werden sie dir diese nicht geben, und begehrst du bloß ihre Achtung, so werden sie tun, als ob sie dir auch diese verweigerten. […] Näherst du dich deinen Mitmenschen, werden sie dich wie ein unreines Wesen fliehen; und selbst die an deine Unschuld glauben, werden dich verlassen, denn auch sie würden gemieden. […] Die unumschränkten Monarchien hatten den Despotismus entehrt; hüten wir uns, dass die demokratischen Republiken ihn wieder zu Ehren bringen."

Leider müssen wir hinzufügen, dass heutige Meinungslenkung durch politische Kartellisierung, einen gigantischen Medien- und Unterhaltungsapparat sowie milliardenschwere Wahl-„Geschenke" des umverteilenden Subventionsstaats inzwischen noch perfekter klappt. Ich sprach im letzten Jahrzehnt mehrfach mit ehemaligen DDR-Bewohnern, die ihr Unbehagen über die hiesige Politatmosphäre anschaulich äußerten. Einer erläuterte mir, in der DDR sei jedem sofort klar gewesen, in welchen Belangen die eigene Meinung nicht gefragt war. In der Bundesrepublik sei das schwieriger. Auch hier dürfe man, wie er mittlerweile wisse, nicht alles sagen. Aber das Ganze unter der vielfach geschönten Prämisse von Liberalität. Nun ist die Bundesrepublik gewiss kein von Mauer und Stacheldraht begrenzter Zwangsverbund. Aber das viel Effizientere und Raffiniertere besteht darin, offiziell auf totalitäre Mittel zu verzichten und gleichwohl ähnliche Effekte zu erzielen in einem permanenten mentalen Krieg gegen Andersgläubige.

Es geht also um eine gesteigerte Wirksamkeit von Tabuisierungen durch eine Offizialmoral, bei der der Staat und eigens dafür geschaffene Organisationen beziehungsweise Initiativen ständig eines vermitteln: Wenn du das öffentlich vertrittst, gehörst du nicht mehr zu unserer Zivilgesellschaft. Wir lassen dich nicht mehr ins Hotel. Du darfst nicht reden. Du sollst auch kein Bier mehr bei uns trinken. Nicht mal beim Fußball wollen wir dich sehen. Du bist eine „Schande" für unser Land. Du gehörst nicht mehr zu den „Anständigen", was einen (auch von oben dirigierten) „Aufstand" gegen dich legitimiert. Und wir drükken mindestens anderthalb Augen zu, wenn Straßenpöbel dich attackiert – natürlich in geballter Mehrheit und mit dem Mut von Wölfen, die Rindern gegenüberstehen.

Wir diskutieren in der „Qualitätspresse“, zum Beispiel in der „Süddeutschen Zeitung“, darüber, ob wir noch verantworten können, dass deine Kinder mit unseren spielen, oder ergreifen schon in der Kita Maßnahmen, unsere Sprösslinge vor den ideologischen Infektionen der deinen zu schützen. Mach dir endlich klar, dass du dieses und jenes nicht sagen oder empfinden darfst! Es ist sogar unstatthaft, zu äußern, dass du dich dabei unfrei fühlst. Denn du spürst höchstens vermeintliche Unfreiheit. In Wahrheit locken dich „Gedankenverbrechen“, die wir dir austreiben, wenn du sie öffentlich machst.

Als Kraftquelle jenes Konformismus-Furors dient die argumentationsfaule Umwandlung von gesellschaftlich notwendigen Auseinandersetzungen in moralpolitische Religionsdiskurse. Politische Konflikte „löst“ man im Sinne von Mysterienspielen mit vergebenen Rollen von Gott und Teufel. Ein stetig bekämpftes ominöses „Rechts“ – bundesrepublikanisches Urwort für alles Böse – dominiert und befeuert aktuelle McCarthyisten, Wichtigtuer und Pöstchenjäger jederlei Geschlechts. Sie alle finden hier ihr Eldorado, einschließlich der dazugehörigen denunziatorischen Trüffelschweine, die uns alternativlose totalitäre Toleranz applizieren.

Und mehr noch: Man billigt oder ignoriert auch staatlicherseits vieles am Rande der Legalität, wo es angeblich die Richtigen trifft. Ständig werden Veranstaltungen durch einschlägige Krawallgruppen gestört. Man übt Druck aus auf Vermieter oder nicht genehme Wahlkämpfer, schüchtert Wirte, Kioskbesitzer oder potentielle Redner durch Drohungen ein, stellt andere in Hörsälen oder dem Internet an den Pranger. Und die linksgrünen oder sonstigen Parteioberen lächeln verständnisinnig über ihren munteren Nachwuchs in den politischen Flegeljahren.

1.2 Vom Bewusstsein der Freiheit

Ach, wie viele kämpfen beharrlich um ihren Status als Sklave.
Albrecht Zutter: „Problemzone Kopf" (2006)

Warum lässt sich die betroffene Bevölkerung solche Machtspielchen gefallen? Leider hat sich ein großer Teil von ihr für Freiheit nie besonders interessiert. Darüber hinaus ist sie Opfer skrupellos genutzter Herrschaftstechniken der Postdemokratie, deren Funktionsweise eine eigene Studie erfordert. Ich werde sie demnächst vorlegen, beschränke mich hier aber auf Stichworte. Danach erleben wir Demokratie gerade in einem Spätstadium, in dem eine (per Großmacht, EU, NGO, Parteien- oder andere Lobby-Interessen stark okkupierte) Technokratie sich ungeniert diverser freiheitsgefährdender ideologischer Kampfhunde bedient. In zentralen Fragen der Nation haben Altparteien sich praktisch zu einem einzigen Meinungsblock zusammengeschlossen. Und der Justiz mangelt es vielfach an einer Unabhängigkeit, die dieser Herausforderung entspricht.

Zudem gaukeln uns weithin verflochtene Medien vielfach Alternativlosigkeit vor. Ganze (durch Steuer, Parteien- oder Gewerkschaftsgelder hoch alimentierte) Gesinnungsindustrien bringen sich in Stellung. Sie sorgen zum Beispiel dafür, dass die demographische Katastrophe, der gesunkene Bildungsstand, die Finanz- wie Schuldenkrise kleingeredet und nur eine bestimmte Extremistengefahr aufgebauscht wird oder man Europa mit seiner Bürokratie verwechselt. Sie befürworten aberwitzige Quotenregelungen, Sprachdekrete oder nationalmasochistische Fremdenverklärung. Sie ersinnen skurrilste Ansprüche jährlich neu hinzukonstruierter Kunstgeschlechter, und so weiter und so fort. Für die Meinungsäußerungsfreiheit, die unsere Mainstream-Journalisten fast ausschließlich im Ausland gefährdet sehen, ist das verheerend und läuft zunehmend auf die Herrschaft einer Minderheit über die Mehrheit hinaus.

Dem dienen seit Jahrhunderten erprobte Zuchtmittel à la Zuckerbrot und Peitsche. Zuckerbrot in Form eines für frühere Epochen geradezu unvorstellbar luxuriösen Konsums, der ansatzweise selbst Hartz-IV-Beziehern zugutekommt. Noch. Denn die momentan meist schleichende Neuverteilung der dafür aufgewendeten Ressourcen zu Lasten der Zukunft hat bereits begonnen. Hinzu kommen Freiheitsplacebos wie Lifestyle, Massenurlaube oder Pansexualisierung, die schon in Aldous Huxleys „Schöne neue Welt" über eine strangulierende Uniformität hinwegtäuschten. Und den wenigen, die sich nicht gleichschalten lassen, droht soziale Isolation.

Der weitgehende Kontrollverzicht der zweiten bis „vierten" Gewalt ist zugleich Symptom für das Versagen weiter Kreise des modernen Konservatismus und Liberalismus, die, gemessen an ihrer Herkunft und Wortbedeutung, geradezu entkernt wirken. Stattdessen stehen wir (auch intentionsgemäß) seit sieben Jahrzehnten im Banne einer nie „vergangenen" Vergangenheit, die aus der Konformismus-Katastrophe von 1933 bis 1945 offenbar folgert, alles künftige Heil resultiere daraus, eine bestimmte politische Richtung zu tabuisieren. Dabei übersieht dieser einfallslose Kampf gegen „rechts" als volkspädagogische Allzweckwaffe, dass es bei wirklichem Lernen nicht um austauschbare Formen und Begriffe, sondern um Substanz geht. Denken wir an Ignazio Silones Feststellung, die François Bondy überlieferte: „Wenn der Faschismus wiederkehrt, wird er nicht sagen: ‚Ich bin der Faschismus.' Nein, er wird sagen: ‚Ich bin der Antifaschismus.'"

Natürlich fördern Wohlstandszeiten auch den Trugschluss, man brauche sich um öffentliche Dinge nicht zu kümmern. Unter ökonomischen Voraussetzungen, die Menschen nicht existentiell unter Druck setzen, ihnen vielmehr globalen Austausch, Begegnungen und Luxus gewähren, verstehe sich Freiheit von selbst. Nun, das gilt nur für anspruchslose Konformisten. Hingegen denaturiert Freiheit ohne kritische Masse an kampfbereiten

Verteidigern dieses menschlichen Grundrechts zu einer Leerformel. Die heutige Crux besteht darin, dass wir uns aufgrund von staatlicher, jurisdiktioneller, medialer und „zivilgesellschaftlicher“ Moralpolitik weithin überhaupt nicht mehr bewusst sind, wie groß eigentlich der uns legitimerweise zustehende Bereich der Freiheit ist. Manches mag manchen ärgern oder vermeintlich den guten Geschmack verletzen, aber es zeugt immerhin von selbstbewusster Ausübung der Meinungsfreiheit. Spontaneität einfach mal zuzulassen – exemplarisch Muhammad Ali oder Harald Schmidt –, ohne sich ständig aller Welt gegenüber per „gutmenschlichem“ Imperativ verpflichtet zu sehen, ist ein Wert an sich. Und wenn wir dies rigoros in Frage stellen, liegt es vor allem an einer fahrlässig verursachten gesellschaftlichen Heterogenität, die Offenheit zum Risiko werden lässt.

Insofern sind wir mehrheitlich nur mehr eingeschränkt freiheitsfähig. Sogar das Freiheitsbedürfnis ist zurückgegangen. Glauben wir doch, uns bei mangelnder Konformität im öffentlichen Raum rechtfertigen zu müssen. So als hätten wir uns Unbilliges herausgenommen. Eine verbreitete „Kultur der Denunziation“ (Bernhard Schlink) raubt zahlreichen Deutschen scheinbar die Berechtigung zum Protest und zum Andersdenken. Und eine solche Bewusstseinshaltung erweist sich als Komplement einer „freiwillig“ ertragenen (Meinungs) Despotie, gemäß Ernst Jüngers früher Diagnose: „Die Sklaverei läßt sich bedeutend steigern, indem man ihr den Anschein der Freiheit gewährt.“ Gewiss nehmen wir uns nämlich 90 Prozent der Freiräume selbst, indem wir gar nicht erst testen, was denn nun tatsächlich zu sagen erlaubt ist.

Die sich solcher geistigen Zwangsjacke entledigt haben und vom Recht auf Kritik und Zweifel hörbar Gebrauch machen, nehmen sich übrigens nichts heraus. Sie holen sich allenfalls zurück, was man ihnen geraubt beziehungsweise abdressiert hat und was ihnen obskure Sittenwächter ungebührlich vorenthalten. Denn welche Geisteshaltung verrät es, wenn bei gewissen Reizthemen mindestens jedes dritte Gespräch mit der Versicherung beginnt: „Ich bin ja kein..., aber...“, so als ob man sich ständig vor obskuren Kontrollinstanzen rechtfertigen müsse. Und wenn in einer Gaststätte Flüstern einsetzt, obwohl man zuvor noch deutlich vernehmen konnte: „Man darf das heute ja nicht mehr sagen...“, befinden wir uns wo? Leider im gegenwärtigen Deutschland und nicht dort, wo so etwas hingehörte: in die beiden Großdiktaturen Europas unseligen Gedenkens.

Demgegenüber sollten wir uns unmissverständlich positionieren und unseren angemaßten Oberaufsehern bei ihren täglichen Knechtungsexerzitien signalisieren: Wir begrüßen nicht, dass in Dresden eine 15-Jährige einen Preis erhielt, weil sie einen Mitschüler verpetzt hat, auch wenn der üble Politwitze erzählt hat. So etwas lässt sich besser regeln. Wir beklatschen keine öffentlichen Prämierungen für Jugendliche, die andere davon abhalten, für ihre Meinung mit Pegida auf die Straße zu gehen. Wir verabscheuen ein Schulfach oder Erziehungsziel „Denunziation“ und eine Gesellschaft, in der ausgerechnet Heiko Maas ein Toleranzpreis verliehen wird, weil wir ahnen, welche Veränderung dieser Begriff dann erfahren hat.

Stattdessen rieten mir Wohlmeinende verschiedentlich – wie berechtigt oder überängstlich auch immer –, bestimmte Themen oder Äußerungen zu meiden, anderes zu verklausulieren und gar am Telefon bei Temperamentsausbrüchen vorsichtiger zu sein. Auf meine Rückfrage, ob meine Ansichten abwegig oder unzulässig seien, hieß es dann: „Das nicht. Aber du weißt ja, was man besser nicht sagt.“ Oder: „Böswillige könnten es missverstehen oder bewusst so auslegen, dass man dir einen Strick draus drehen kann.“ Sind wir eigentlich bei jeder Äußerung stets verpflichtet, die hierzulande grassierende intellektuelle Unterbelichtung einzukalkulieren? Muss man auch Fakten und offensichtliche Zusammenhänge ignorieren, um als emanzipationskompatibler, integrationssensibler Staatsbürger zu passieren? Muss man alle und alles mögen? Klare Frontstellungen verboten? Oh, wie benachbart wohnen Gutmensch und Meinungsdiktator!

Die mir gegebenen Ratschläge sind also zweifellos fürsorglich, auch durch üble Beobachtungen gestützt, und ich bin aufrichtig dankbar dafür. Nur, was sagt das über unsere Gesellschaft aus? Und schwingt nicht in mancher Empfehlung sogar ein unterwürfiger Grundton mit, als sei man für daraus erwachsene Schwierigkeiten letztlich selbst verantwortlich? Als störe man mit Klartext jenen öffentlichen Frieden, den der Staat als „ehrlicher Makler“ unterschiedlicher Auffassungen schon im Vorfeld möglicher Konflikte durch Mäßigungsgebote moderiert?

Nichts ist falscher als dieses Bild. Denn der Staat selbst existiert zumindest in Meinungsbelangen ja nur mehr als Beute äußerst aggressiver Lobbygruppen, die Regierungen, Parteien, Medien, Bildungseinrichtungen, Justiz oder Kirchen vor sich hertreiben und zunehmend häufig mit brachialen Mitteln gegen Andersdenkende vorgehen. Und gerade die (sich an hohen universalistischen Werten messende) Zivilgesellschaft besitzt keinen Anspruch auf Zustimmung schlechthin. Die politische Klasse hat es hinzunehmen, dass man auch segensreichste Reformen nicht schafsgeduldig abnickt, sondern beargwöhnt. Orwell zumindest nannte Freiheit „das Recht, anderen zu sagen, was sie *nicht* hören wollen“.

Es geht hier auch gar nicht um eine Frage von richtig oder falsch. Auch wenn Kritiker des Establishments in *allem* danebenlägen, sollten sie unter Zivilisierten vor Diffamierung bewahrt bleiben. Selbst eine ängstliche Mentalblockade verbohrter Nostalgiker gegenüber Neuem ist kein „Gedankenverbrechen“, dessen Urheber eine Klassifizierung als Schurke verdient. Denn die Freiheit, nur das „Richtige“ zu äußern, ist keine. Wer schließlich definierte dies zweifelsfrei? Gerhard Branstner etwa mahnte ironisch, einem „Irrtum“ dürfe „man nicht über den Weg trauen, denn es kann sein, dass hinter ihm eine Wahrheit kommt“. Es scheine sogar, „als ob manche Wahrheiten es nicht über sich brächten, anders als hinter einem Irrtum verborgen hervorzutreten“.

1.3 „Ein deutscher Traum“

I have a dream.
Martin Luther King

Im April 2013 erschien als mein erster Artikel für die Zeitschrift *eigentümlich frei* folgender Aufruf:

Ein deutscher Traum

Der Durchschnittstag beginnt für mich mit der morgendlichen Zeitungsfolter. Nicht schlechter Nachrichten wegen, die strukturell jedes Blatt dominieren, sondern vor allem wegen ihrer Aufbereitung. Täglich mehren sich Belege dafür, was mal wieder verschwiegen oder tendenziös kommentiert beziehungsweise akzentuiert wurde. Alles im Sinne jener politisch korrekten Duckmäuser-Atmosphäre, die hierzulande ein Gespräch über zentrale Fragen vielfach zum Eiertanz werden und heutige Inquisitoren ihres schäbigen Amtes walten lässt.

Im Internet erfährt man dann zusätzlich, wen die anschwärzenden Dunkelmänner des Mainstreams diesmal als Opfer ausersehen haben. Das Ganze im Rahmen eines seit Jahrzehnten bewährten (vom herrschenden polit-medialen Kartell geförderten) Mobbings gegen alternatives Denken, dem schon unzählige Nonkonformisten zum Opfer gefallen sind. Ich selbst kenne so manchen hochbegabten Wissenschaftler, den seine Wahrheitsliebe die Karriere kostete oder der Kritisches allenfalls noch pseudonym publiziert.

Wenn mein Zorn über diese landläufige Verwechslung von Aufklärung mit Einschüchterung, Argumentation mit Macht ein gewisses Maß überstiegen hat, gönne ich mir zuweilen für mein Seelenheil wechselweise etwas Rotwein, Whisky oder aber einen Traumcocktail. Ich stelle mir nämlich vor, es gäbe eine David-gegen-Goliath-Organisation mit dem einzigen Vereinszweck, hierzulande die Meinungsfreiheit zu schützen beziehungsweise wieder herzustellen.

Jede weitere politische Absicht stünde ihr fern. Mitglieder könnten für oder gegen ESM, Klimaschutz, Feminismus, Nation, Religion, Einwanderung, Sozialismus, Energieformen oder Gleichstellungen sein. Nichts davon geht den Verein an, reizt ihn zur Stellungnahme. Selbst Auffassungen, wonach die Sonne um die Erde kreist, werden kommentarlos durchgewinkt, sofern die These ohne Militanz vertreten wird. Härteste gesellschaftliche Auseinandersetzungen lassen ihn kalt samt persönlichen Kontroversen. Aber der Verein reagiert sofort, wo durch skandalisierende Mittel ein Meinungsstreit so geführt wird, dass ein Gegner sozial wie moralisch geächtet und ihm praktisch das Recht bestritten wird, sich in seinem Sinne zu äußern.

Verteidigt werden also nicht Inhalte, sondern Debattenformen. Und dazu besteht im Lande leider vielfach die Notwendigkeit, wo sich „Tugend"-Terroristen beiderlei Geschlechts unter dem Deckmantel von Antidiskriminierung Diskriminierungsrechte anmaßen. Denn solcher zivilreligiöser Ketzerdiskurs bedroht Meinungsfreiheit generell. Zielt er doch nicht auf Sachklärung, sondern auf sofortigen Lizenzentzug für nichtorthodoxe Ansichten.

Einhalt ist geboten, wo Demonstranten, Verlage, Druckereien, Kiosk- oder Hotelbesitzer eingeschüchtert werden, weil sie angeblich Unkorrektes verbreiten. Wo Privatadressen Missliebiger ins Internet gesetzt, deren Biographien beschmiert sowie ohne zwingenden Anlass mit der NS-Totschlagskeule traktiert und quasi kriminalisiert werden. Besonders den Antisemitismus- und Rassismusvorwurf gibt's mittlerweile zu Discountpreisen.

Natürlich haben auch Linke Anspruch, gegen Pauschalverdikte als „Kommunisten" geschützt zu werden. Nur gilt die Gesinnungsgemeinschaft mit einer Ideologie, die (laut „Schwarzbuch des Kommunismus" von Stéphane Courtois und anderen) weltweit 100 Millionen auf dem Gewissen hat, hierzulande ja kaum als anrüchig. Die Gysis, Wagenknechts oder seinerzeit Markus Wolfs tummel(te)n sich jedenfalls unbehelligt in den

Talkshows wie Zierfische im Gartenteich. Sollte sich dies einmal ändern, vom Konservativen- zum Linken-Bashing, oder wären plötzlich gar Papstkritiker, Anti-Atomkraftler, EU-, Gender- oder Immigrations-Idylliker zum sozialen Abschuss freigegeben, müsste man ihnen gleichermaßen eine Speakers' Corner erstreiten. Momentan droht diese Gefahr allerdings gewiss nicht.

Was leistet so ein Verein? Er steht öffentlich Geschmähten mit Rat und Tat zur Seite, hilft bei juristischen Problemen oder Internet-Sudeleien, lanciert auch mal eine Unterschriftenaktion. Allein die erfahrene Solidarität stärkt. Spürt jeder Angegriffene doch üblicherweise als erstes, wie die ängstlich gewordenen Gutmenschen von ihm abrücken. Die Crux all dieser medialen Schauprozesse besteht ja in der Vereinzelung des Attackierten. Auch steht ihm meist keine Plattform zur Verfügung, um sich zu wehren. (Walser und Sloterdijk waren von den Voraussetzungen her extreme Ausnahmen.)

In meinem Traum hat sich alles zum Guten gewendet:

- Die nonkonformistische Wagenburg schützt. Die infamsten Praktiken und journalistischen Fouls werden in periodischen Abständen dokumentiert, kommentiert oder satirisch offengelegt.

- Der eine oder andere Musterprozess wird publizistisch und finanziell begleitet.

- Eine Tagung des Vereins befasst sich mit den gängigen Repressalien zum Beispiel gegen Zeithistoriker, die sich den Luxus eigener Meinung gestatteten. Die Fälle Tobias, Nolte, Löw, Weißmann, Scheil, Musial und zahlreicher anderer bieten bestes Anschauungsmaterial.

- Auf begrenztem Feld starten Gegenangriffe mit Hinweisen, welch dubiose ideologische Kammerjäger zuweilen zugange sind, nicht selten aus öffentlichen Töpfen üppigst genährt. Man befasst sich also zur Abwechslung auch mal mit der Vita solcher Berufsverleumder und Internet-Trolle.

- Auch sie haben zuweilen Wikipedia-Einträge. Gewohnt, in Rudeln Einzelne zu jagen, überrascht sie ein Gegenpranger sehr. Dass Jäger zu Hasen werden können, setzt selbst in diesen dürftigen Gehirnen ungewohnte Lernprozesse in Gang. Mancher überlegt es sich zweimal.

- Kurz: Man spielt ein wenig Asterix in einem ansonsten von Gesinnungsrömern gänzlich besetzten bundesrepublikanischen Gallien.

Und zum Schluss noch meine Lieblingsvision: Ein illustres Komitee kürt jährlich deutschlandweit, analog zum „Unwort des Jahres", die versiertesten Rufmörder (weibliche Kandidaten eingeschlossen). Jeweils zur Hauptversammlung des Vereins wird die delikate Hitparade den Medien kommuniziert. Der Sieger erhält eine eindrucksvolle Plastik mit einem goldbronzierten Stinktier. Die Ehrung „Denunziant des Jahres" wird per Diplom und Begründung zugestellt. Noch offen bleibt die Frage, ob für Damen wie Laura H. (vergleiche unten Kapitel 6.4), falls sie siegen sollten, ein anderes Wappentier zu kreieren wäre.

In meiner Traumszenerie sind die ersten Auszeichnungen bereits vergeben, oratorisch gekrönt von sprachgewaltigen Laudatoren wie Klonovsky, Sloterdijk und Martenstein. Gewonnen haben bislang die Herren Kerner und Herres wegen ihrer wenig gentlemanliken Behandlung von Eva Herman. Weitere Meriten erwarb der Sportfunktionär, der die Ruderin Drygalla aus dem Olympiakader scheuchte. Und jüngst fand man auch im hessischen Innenminister einen würdigen Preisträger, nachdem er, unter Medientamtam freudigst erregt, eine digitale Denunziationsplattform gegen rechts eingeweiht hat. Die Jury beeindruckte besonders der Umstand, dass auch *anonyme* Anbräuner ihre Schnüffel-Talente ausleben können.

Zurück zur Realität und zur Frage, welche Bedeutung solchem Gedankenspiel zukommt. „Ein Traum, was sonst?", heißt es am Ende von Kleists „Prinz Friedrich von Homburg". Oder ist es mehr? Dürfen wir uns eine baldige Vereinsgründung auch in Wirklichkeit vorstellen?

Ich glaube, ja. Mit einiger Anstrengung sollten sich Ansprechpartner in vier- bis fünfstelliger Zahl finden lassen. Gibt es inzwischen doch genügend Deutsche, denen diese Stickluft gewaltig an die Nieren geht und deren Empörung groß genug ist, sich zu engagieren. Ich schließe dies aus Dutzenden von Begegnungen und Tagungen, wo sich stets ein seltsamer Effekt beobachten ließ. Sobald nämlich mal einer aufsteht und selbstbewusst verficht, was viele heimlich empfinden, offenbart sich schlagartig die Diskrepanz zwischen öffentlicher und veröffentlichter Meinung. Sarrazin oder Buschkowsky lassen grüßen.

Ohne Nachfrage bin ich sicher, allein aus meinem Bekanntenkreis rund 20 Personen für die gute Sache gewinnen zu können. Ähnliches gilt gewiss für viele, die wiederum andere für die Idee begeistern. Die Initiative könnte anfangs ja nur durch eine Ein-Personen-Geschäftsstelle befördert werden, da gewiss ehrenamtliche Mitarbeiter hinzustoßen. Vielleicht hilft auch der eine oder andere Prominente, der selbst schon Opfer einer Kampagne war oder Freunde hat, denen Ähnliches widerfuhr. Und warum sollte sich nicht auch mal unter denen, die sich's leisten können, jemand finden, der ein paar Euros in Freiheit investiert? Oder es unterstützten uns einige jener fünf bis zehn Prozent nicht zynischen, nicht intellektuell korrupten, nicht ideologisch festgelegten Journalisten, die es nach wie vor gibt. Die an so altmodischen Idealen hängen wie Fairness und objektive Berichterstattung.

Es müsste nur jemand den Startknopf drücken und erste Eingänge organisatorisch bewältigen, bis daraus ein Verein erwächst. Ein Aufruf wäre zu publizieren, für dessen Verbreitung vielleicht sogar Zeitgeist-Medien sorgten, indem sie gegen das Projekt polemisieren. Alles käme auf diese Initialzündung an, betätigt am besten durch eine etwas bekanntere, nicht ganz einflusslose Person. Und so ergeht an alle Leser die Anfrage:

Ist jemand bereit, diese wichtige Aufgabe zu übernehmen? Kennen Sie andere, die das tun oder die Sache sonstwie unterstützen könnten?

Nach Kommunismus und Nationalsozialismus dämmert hier innerhalb eines knappen Jahrhunderts langsam bereits der dritte Totalitarismus herauf, getarnt als universalistische Toleranz, Emanzipation, Antidiskriminierung oder „herrschaftsfreier Diskurs". Man soll gegenüber den mörderischen Vorgängern die

Dimensionen nicht verzerren. Aber extrem unappetitlich ist das uns gegenwärtig verabreichte Gutmenschentum fraglos ebenso. Und es verpestet die Seelen in einem Maße, dass uns vielleicht schon die nächste Generation fragen wird, wieso wir dagegen denn gar nichts unternommen haben.

Vermutlich schulden wir dann den nie ausbleibenden retrospektiven Schlauspechten (vor Geschichts-Bewältigungskommissionen) abermals Auskunft. Und wir hätten bessere Karten, wenn wir uns wenigstens ernsthaft bemüht hätten, gemäß Kästners Spruch: „Es gibt nichts Gutes, außer man tut es."

Die Zeitschrift, der ich den Beitrag anvertraute, war mir durch ihren vielsagend-programmatischen Titel sowie geistreich-couragierte Beiträge über das hiesige Absurdistan aufgefallen. Ihr Herausgeber und Chefredakteur zeigte sofort ein offenes Ohr für mein Anliegen, das auf eine Lockerung des zunehmend enger geschnürten politisch korrekten Maulkorbs zielte. Und damit sind wir mitten im Thema dieses Bändchens und unserer öffentlichen Misere. Das Buch wie der oben zitierte Aufruf formulieren meinen Überdruss an beschämend undemokratischen Verhältnissen und speisen sich emotional aus dreierlei Provokationen:

Erstens der Entartung einer öffentlichen Debattenkultur zu herrschaftsgenehmen Schauprozessen gegen Abweichler. Zweitens einer über Jahrzehnte währenden intellektuellen Peinigung durch Mainstream-Medien. Drittens einschlägige persönliche Erfahrungen mit dem hierzulande praktizierten „herrschaftsfreien Diskurs", der einem handfest vermittelte, was BRD-Liberalität konkret bedeutet. Denn rechts von der CSU oder den Positionen von Hofhistorikern wie Heinrich August Winkler oder Herfried Münkler lauert offenbar der Abgrund des Unformulierbaren. Zumindest im Sinne zivilgesellschaftlicher Gedankenkontrolleure, die sich zu diesem Zweck an Mao Tse-tungs „goldene" Worte halten: „Bestrafe einen, erziehe hundert!"

Ich selbst lernte diesbezüglich das Durchschnittspensum gängiger Lektionen kennen, auch das erwartbare Maß sozialer Schäbigkeit, das, bedingt durch die Enge im Saarland, lediglich konzentrierter wirkte. Denn bei nur einer Tageszeitung, einem Sender, einer Universität und einer politischen (auf Pseudoskandale abonnierten) Zeitschrift ließ sich durch Kumpanei einer Handvoll Intrigenbereiter schnellstens ein medialer Kokon errichten, der vor Richtigstellungen abschottete. Allerdings liegt in solcher publizistisch pointierten Provinzialität nur eine modellhafte Zuspitzung dessen, was sich bundesweit in der Regel kaum offener vollzieht.

Worin bestanden die Reaktionen? Man sah sich von heute auf morgen in der Presse und im Funk den landesüblichen Schmähvokabeln ausgesetzt. Meine Wikipedia-Seite wurde von gesinnungsstarken universitären „Blockwarten" investigativ behandelt und mit den üblichen steckbrieflichen Signalwörtern versehen. Geschickte Manipulateure zerstörten meine erste, noch unzureichend geschützte Website und verkündeten dies triumphal. Einige Publikations- oder Vortragsprojekte wurden unter fadenscheinigen Begründungen gecancelt oder durch intrigante Interventionen torpediert.

Ich registrierte, zunächst befremdet, bald nur mehr achselzuckend, diverse Infamien oder Verleumdungen früherer Mitstreiter, die sich flugs wie Wetterfahnen gedreht hatten. Ärgerlicher waren Versuche, in Jahren Aufgebautes einzureißen und von mir mitbegründete Kulturinitiativen zu zerstören. Lehrreich war die Beobachtung, dass persönliche Rivalitäten und Konkurrenzen nun plötzlich auf schamlose Weise politisch bemäntelt wurden. Schmerzlich, zu erleben, dass in diesem Denunziantenstadel auch Unbeteiligte nicht verschont bleiben: Familienangehörige, Freunde oder ehemalige Schüler.

Die Möglichkeiten, mich auch beruflich zu schädigen, waren seit der Pensionierung allerdings beschränkt. Materielle Zerstörungen oder körperliche Attacken blieben mir – im Gegensatz zu anderen – erspart. Was allerdings vor zwei Jahrzehnten noch möglich war – einem partiell Illiteraten für seine gröbsten Deutungsschwächen auch öffentlich-rechtlich eins draufzugeben –, verhinderte nun die Mainstream-Praxis: Keine Plattform für jene, die nicht auf unseren ideologischen Schienen laufen!

Doch auch an solche Bräuche gewöhnt man sich bald wie an die strukturelle Ungewissheit, ob ein Vortragstermin tatsächlich stattfindet oder ob dies selbsternannte bundesweite Gesinnungsschützer mal wieder brachial verhindern.

Dennoch besteht wahrlich kein Anlass zu Selbstmitleid, zumal in meiner Erlebnisbilanz den Passiva bedeutsame Aktiva gegenüberstehen. Gab es doch neben menschlichen Enttäuschungen auch bemerkenswerte gegenläufige Eindrücke. Darunter sogar Personen, die sich, ungeachtet politischer Differenzen, ganz anders verhielten, als man es vorher erwartet hätte. Dergleichen bucht man als überraschenden Gewinn. Und auch wo das mehrheitlich anders war, wo sich vermeintliche Freunde, sobald Vorteile ausblieben und Prestigeverlust drohte, eben nur als sogenannte „Freunde" erwiesen, wäre es falsch, dies lange zu bedauern. Welche soziale Gepäckerleichterung lag schließlich auch darin, gerade im Alter, wo Zeit bekanntlich zu den kostbarsten Gütern gehört. Nun bleiben einem sonst durch Konventionen auferlegte Treffen mit jenen Charakterlarven erspart. Und gern tausche ich Scheinharmonie oder Beifall auf der Basis irrtümlich unterstellter Gemeinsamkeit ein für das, was ich im letzten Jahrzehnt an Persönlichkeiten kennengelernt habe, an Mut und Nonkonformismus.

Denn zu ganz anderen Ufern hatte es, wie ich bald entdeckte, etliche wirklich originelle, tatsächlich couragierte Denker getrieben, abseits von den retrospektiven Schreibtischhelden des Zeitgeistes. Hier, jenseits der sumpfigen Mainstream-Gewässer, fanden sich die bedeutenderen Köpfe und nicht zuletzt klügeren Fragen, die die geistig träge gewordenen Sieger eines Kulturkampfs seit 68 nicht mehr stellten: jene diskursfaul gewordenen Vertreter einer geistigen Uniformierung auf dem argumentativen Lotterbett der Postdemokratie. Nein, dahin möchte ich gewiss nicht mehr zurück: in jene sterilen Bereiche einer kulturellen, politischen und moralischen Stickatmosphäre. Und auch das Lehrgeld, um zu erfahren, wie eine real existierende Demokratie oder unser vielgepriesener Rechtsstaat tatsächlich funktioniert, ist vom analytischen Zugewinn her nicht zu teuer bezahlt. Niemand tritt aus dem Stadium der Unmündigkeit ohne eigenes Opfer und entsprechende soziale Kosten.

„Ist das nicht zu pathetisch formuliert?", hat mich nach solcher Beteuerung jüngst ein Freund gefragt. „Lässt sich das nicht leidenschaftsloser sagen?", oder: „Wenn du den Tausch von (durch Anpassung erkaufter) öffentlicher Geltung gegen kritische Dissidenz tatsächlich nicht bereust, warum enthalten deine Sätze so viel Zorn und polemische Emphase?" Nun, die Entscheidung, für das öffentlich einzustehen, was ich für richtig und nötig halte, habe ich tatsächlich nie bedauert, zumal es zu den erfreulichen späten Einsichten gehört, mit wie wenig Anerkennung man auskommt, wenn man von einer Sache überzeugt ist. Darüber hinaus hilft die Erkenntnis, wie viele Lorbeerkränze überteuert gekauft werden oder – in den Worten Flauberts – mit „Disteln" geflochten sind. Was aber meinen in vielen Texten fraglos mitformulierten Zorn betrifft, motiviert er sich anders.

Denn was mich nach wie vor erregt, abstößt und was ich buchstäblich hasse – Herrn Maas, dem Orwellschen Fahnder nach Hate Speech, sei es nicht verhehlt – sind die Zustände, die einen überhaupt vor eine solche Entscheidung stellen. Gehöre ich doch zu einer Generation, die das Demokratie-Versprechen tatsächlich noch ernst nahm. Von daher hasse ich zwangsläufig die „Entartung" – schon wieder so ein vom Mainstream kontaminiertes Wort – eines Rechtsstaats zum Gesinnungsstaat, einschließlich der getarnten Gewalt, die vom Establishment besten Gewissens zugelassen oder nicht wirksam bekämpft wird. Des weiteren die durch solche Kräfte von der Kita bis zur Universität verordnete Konformitätserziehung, bei der Multikulti-, Gender-, Klima-, Geschichts- und diverse andere Dogmen als Bauklötzchen zu einer falschen Sozialidylle dienen. Außerdem den durch solche Verbildung produzierten Problemstau, dessen offene Erörterung durch zivilreligiöse Vorgaben verhindert wird. Und nicht zuletzt die bundesweite Atmosphäre indolenter Dickhäuter gegenüber einer dringend notwendigen politischen Kurskorrektur.

Genug davon an dieser Stelle und zurück zu meinem Aufruf vor fünf Jahren. Er hat mir auf eine einzige derartige Veröffentlichung hin überraschend viele Zuschriften eingebracht. Zwei Dutzend Mails und etliche Telefonate erreichten mich mit Schilderungen von ähnlichen Erfahrungen, Empfindungen oder Wünschen aus den unterschiedlichsten Berufen. Historiker und Ärzte waren ebenso darunter wie Juristen, Unternehmer oder Sekretärinnen. Eine schrieb mir aufmunternd-optimistisch, das Projekt sei spannend „fast wie ein Krimi" und sie sei sicher, dass bereits dieser „Artikel die Leute mutiger macht", und das allein „wäre ja schon ein guter Anfang".

Manche Stimmungsbilder belegen anschaulich, dass die Tendenz, Andersdenkende auszugrenzen, kein singuläres Gefühl, sondern eine verbreitete Erfahrung darstellt. Ein Szenario war besonders bedrückend. Da sollte der Lehrer an einer Privatschule seiner früheren Mitgliedschaft in einer Burschenschaft wegen aus dem Beruf gemobbt werden. Die Presse spielte mit, und der die Familie (sachkundig, erfolgreich, aber anonym) beratende Anwalt wagte es in dieser „gutbürgerlichen" Kleinstadt-Atmosphäre nicht, sie offiziell zu vertreten. Nicht weniger kennzeichnend für die Stimmungslage war die Bitte der Verfasserin, deren emotionalen Bericht ich auch anderen zeigen wollte, in ihrer Mail Namen und zur Identifikation taugliche Details zu streichen. Aufschlussreich auch der Brief eines Hallensers:

„Sehr geehrter Herr Scholdt,

Sie haben vollkommen recht. Das wäre eine gute Sache, und ich würde sie auf Spendenbasis unterstützen, nicht zuletzt für meine Kinder, denn ich bekomme mittlerweile ein Déjà-vu nach dem anderen an DDR-Zeiten, die ich noch erlebt habe. In der DDR übernahmen staatliche beziehungsweise staatlich gelenkte gesellschaftliche Organisationen, Schulen und Betriebe den Exorzismus abweichender Meinungen [...]. Und es hat den Anschein, dass wir Deutschen besonders anfällig für derartige Niederträchtigkeiten sind. Ist das Feindbild erst mal von einer wie auch immer gearteten Obrigkeit abgesegnet, geht's konsequent zur Sache. [...] Wir Deutschen sind sicherlich nicht unmoralischer oder korrupter als andere, aber unsere sprichwörtliche Gründlichkeit wird vernichtend, wenn sie von oben nach unten instrumentalisiert wird. [...] Höchste Zeit also, etwas zu tun. Ich verbleibe mit freundlichen Grüßen."

Er war nicht der einzige, dessen Handeln durch den Blick auf Nachkommen motiviert war. Ein anderer schrieb, er habe „ausreichende Erfahrungen" in Sachen Totalitarismus und ihm sei „äußerst unwohl bei dem Gedanken daran, in welchem Deutschland ich meine Kinder und Enkel irgendwann mal zurücklassen muss." Auch gab es weitere Angebote für Spenden oder praktische Hilfe bei Schreibarbeiten in einer zu gründenden Geschäftsstelle, was gewiss die Ernsthaftigkeit des Interesses beglaubigt. Ein Rechtsanwalt versprach, die Satzung zu erstellen und den Verein anzumelden. Es blieb allerdings, als die Sache gestartet werden sollte, beim Vorsatz, so dass die organisatorische Arbeit weitgehend an mir hängengeblieben wäre. Dies wiederum hätte ich nicht bewältigen können, zumal ich durch Publikationsprojekte mittelfristig gebunden war.

Ohnehin traf es sich, dass praktisch zur selben Zeit eine Gründung erfolgte, die, in welcher Form auch immer, solches Anliegen organisatorisch gewiss leichter befördern könnte: die AfD. Ob sie das einmal tun wird oder – was wichtiger ist – den Grundgedanken der Initiative im Auge behält und politisch voranbringt, bleibt eine spannende Zukunftsfrage. Am Ende des Bandes komme ich darauf zurück. Vorher widme ich mich der Musterung diverser Sozialtypen, die dergleichen ermöglichen oder erdulden. Dies ist gewiss keine angenehme Beschäftigung. Denn sie zeichnet unser Gemeinwesen als politisches Biotop, das mal wieder von Denunzianten geprägt ist. Aber diese Totengräber jeder Demokratie unidentifiziert zu lassen, wäre noch fataler.

2 Der Tugendterrorist

Niedertracht trägt viele Masken, doch keine ist so gefährlich wie die Maske der Tugend.
Johnny Depp in „Sleepy Hollow"

2.1 Grundtypus: Der entartete „Gutmensch"

Es gibt zwei Klassen von Menschen: die Gerechten und die Ungerechten. Die Einteilung wird von den Gerechten vorgenommen.
Oscar Wilde

In den politischen Sümpfen unserer real existierenden Bundesrepublik hat eine sich kaninchenhaft vermehrende soziologische Spezies ihr Revier gefunden: der Tugendterrorist. Diese über Gebühr einflussreiche Gattung entstand aus der malignen Mutation des sogenannten Gutmenschen, einer ursprünglich harmlosen Primatengattung. Er leidet unter dem positiven Zuständigkeitswahn, sich ganztägig (scheinbar) selbstlos für das (Seelen-) Heil aller Lebewesen auf unserem Erdball einsetzen und mindestens die Welt retten zu müssen.

Sein täglich zu beackerndes Ressort reicht von den Maoris in Neuseeland über die Eisbären in Kanada oder die Walfische um Japan bis zu den Beschneidungsriten afrikanischer Frauen. (Vergleichbare verstümmelnde Gruppenzwänge für Männer stehen außerhalb engagierter Wahrnehmung. Das läuft unter Folklore.) Er glaubt per philanthropischem Selbstbetrug, dass seine Vorstellung einer wünschbaren Realität dieser selbst entspricht. Auch ist er überzeugt,

- dass gerade Deutschland aufgrund historischer Belastung eine besondere Verantwortung für das gesellschaftliche, politische, moralische oder kulturelle Wohl der ganzen Menschheit besitze und am deutschen (respektive dem auf die ganze weiße Rasse übertragenen) exhibitionistischen Schuld- und Reuewesen auch die übrige Welt genesen könne,

- dass wir uns dem Himmelreich auf Erden nähern, wenn wir aus dem einzig gekannten und verengt rezipierten Geschichtskomplex „Drittes Reich" vermeintliche überzeitliche Lehren ziehen,

- dass alle Staaten, wenn man deutsche Eigeninteressen standhaft ignoriere und jegliche kulturelle Eigenart verleugne, vorm unseligen Nationalegoismus ebenso bewahrt werden können wie das Klima vor weltweiten Industrieschäden,

- dass es als politisch-diagnostisches Allheilmittel genüge, einen vermeintlich ewigen Faschismus zu verfolgen, gepaart mit einem dauerbekämpften „Sexismus", „Rassismus" oder „Antisemitismus", die sich paradoxerweise nach Hydra-Art desto stärker vermehren, je üppiger die institutionellen Mittel und Anstrengungen zu ihrer Vertilgung wachsen.

Man könnte diesen Typus in seiner blauäugigen Verstiegenheit bedauern oder belächeln. Man könnte ihn auch mit der vor Jahrhunderten auf der Insel Mauritius lebenden Vogelart der Dronten vergleichen, die in ihrer Arglosigkeit gegenüber ihren seefahrenden Entdeckern schlicht ausgerottet wurden. Aber der Vergleich passt nur für eine Minderheit dieser Spezies. Denn nur die wenigsten verharren im Stadium eines unschuldig-naiven Moralismus oder sind sich bewusst, was es heißt, im Sinne der Bergpredigt zu leben. Vielmehr scheuen aus ihren Reihen in praxi nicht wenige vor Konsequenzen zurück, die überwiegend sie selbst treffen, und mildern diese, indem sie die propagierten Opfer sozialisieren.

Darüber hinaus tendiert die Spezies in teils äußerst aggressiver Wucherung dazu, ihre Vorstellung einer wünschbaren neuen Welt dieser zunehmend gewaltsam aufzustülpen. Das wiederum behelligt oder gefährdet alle, die aus Erfahrung zu bedenken geben, dass sich die „böse Wirklichkeit“ in der Regel den jeweiligen Sozialutopien nicht fügt, oder die sich an Huxleys Einsicht halten: „Tatsachen hören nicht auf, zu existieren, nur weil man sie ignoriert.“ Und sobald der entfesselte Gutmensch in engen Kontakt zur Macht gerät – was bei seiner missionarischen Anlage häufig geschieht und leider auch bei uns –, mausert er sich zur Landplage.

Denn die Forderung gesamtmenschlicher Brüderlichkeit entartet durch ihn zum Aufruf: „Willst du nicht mein Bruder sein, so schlag ich dir den Schädel ein.“ Sein inflationäres Toleranzgerede, worunter er im Kern vorwiegend den Zwang versteht, sein touristisch verengtes, pansexualisiertes, traditionslos-universalistisches Anything-goes- beziehungsweise Liberallala-Weltbild zu akzeptieren, mutiert dann umgehend zur hässlichsten Unduldsamkeit. Das passiert gesteigert, wo man auch ihm abverlangt, sich zu rechtfertigen und seine wahren Motive zu ergründen. Oder wo man ihm gar droht, auch er ganz persönlich hafte politisch für die gesellschaftlichen Kosten seiner aus Kollektivkomplexen angerührten Herrschaftssoße.

Wie andere aufwendige Steckenpferde verhilft auch Tugend zu erhebenden Gefühlen. Das gilt vor allem für jene, die sie zu besitzen vorgeben und von ihren Mitmenschen verlangen, es ihnen nachzutun. Klassische Sündenböcke haben es da nicht leicht, und man stürzt sie, wo immer sich die Chance bietet, in gesellschaftliche Schluchten: Verstockte etwa, die Müll nicht in extenso trennen oder nicht einsehen wollen, dass auf jeder Zigarrenschachtel Warnungen oder Ekelbilder aufgedruckt sein müssen. Renitente, die über die Verspargelung unserer Landschaft lästern oder gar alternative Klima-Konferenzen abhalten, in denen man herrschaftskompatiblen „Wissenschaftlern“ Wissenschaftlichkeit abspricht. Gestrige, die unseren (Hoch-) Schulen der 60er Jahre nachtrauern und deren leistungsmindernde Dauerreform als wichtige Ursache für die gegenwärtige Bildungskatastrophe ansehen. Und last not least Kritiker, die Kriminalität in direkten Zusammenhang mit der Immigration bringen und Masseneinwanderung als Invasion bezeichnen.

Diese noch Unbelehrten oder gar Unbelehrbaren müssen nun aus „humanitären" Gründen geschurigelt werden, insbesondere wo sie sich um die penetranten Botschaften ihrer sittlichen Oberlehrer nicht scheren und diese wechselweise für ignorant, lächerlich, hilflos, gefährlich oder zynisch halten. Diese Gefährdung der Stellung und des Selbstbilds jener Unermüdlichen, die sich zuweilen geradezu rauschhaft in die Rolle heroischer Kämpfer für das Gute hineinsteigern, will verhindert sein. Und wo immer es den Sitten- und Gedanken-Wächtern möglich ist, revanchieren sie sich durch Zwangsmittel der Macht. Dabei dienern sie sich jedwedem aktuell dominierenden Interesse an, das ihnen erlaubt, Verfolgungswünsche straflos oder gewinnbringend auszuleben.

Dieser Fanatiker-Typ lebt von einer fixen Idee. Überall wittert er Verruchtes, von der Kinderkrippe bis zum Altersheim. Er will „säubern" und am liebsten in jedem Haus Nazi-, Rassismus-, Sexismus-, Nationalismus-, Klimaleugner- oder Homophobie-Melder installieren. Widerspruch erregt und reizt ihn. Es bringt ihn um den Schlaf, wenn eine Verleumdungskampagne abgebrochen werden muss. Wenn jemand wider Erwarten seinen begrifflichen Fallstricken entkommen ist und nicht „zu fassen" war, wie es der glühende Wunsch von „Professor Unrat" in Heinrich Manns gleichnamiger Novelle war. Ketzerverfolgungen sind seine Leidenschaft. Auch sieht er sich als legitimen Nachfolger der Jakobiner. Diese begannen bekanntlich ebenfalls mit hehren, ganz Europa elektrisierenden Schlagworten wie „Freiheit, Gleichheit, Brüderlichkeit" und endeten in Massenexekutionen mit der Guillotine als traurigem Symbol.

Momentan entfällt in der Bundesrepublik solches Blutvergießen. Die Todesstrafe ist bekanntlich abgeschafft. Gelegentlich wird mal ein junger AfDler ins Koma geprügelt, und jedes Bundes- oder Landesvorstandsmitglied dieser Partei dürfte schon mal einschlägige politische Gewalt erduldet oder miterlebt haben: von der Kopf- oder Handverletzung bis zur Torte im Gesicht. Aber generell gilt, dass sich die gegenwärtigen

Robespierres vornehmlich auf gesellschaftliche Sanktionen beschränken und mit Rufmord begnügen müssen.

Der immerhin gehört zum täglichen Geschäft, auf das sich der Tugendterrorist spezialisiert hat und in nimmermüdem Eifer- und Geifertum konzentriert. Und zum Trost bleibt ihm per Paragraph 130 Strafgesetzbuch die zusätzliche Chance, jemanden bei Gesinnungsdelikten ein paar Jahre ins Gefängnis zu bringen. Wer also leichtgläubig meinte, unser Menschheitsfreund könne nur in gänzlich totalitären Staaten auf seine Kosten kommen, irrt. Auch in halbtotalitären Postdemokratien schwimmt er behaglich wie ein Fisch im Wasser. Die heutigen Surrogate früherer Autodafés für missliebige Texte sind unspektakulärer, aber gewiss kaum weniger wirksam.

Seine Mentalität zielt auf das Ausschalten des Gegners, die physische Behinderung, sich zu äußern. Auf der Frankfurter oder Leipziger Buchmesse etwa tobt er sich aus, indem er Verlage bedroht oder ungewollte Buchvorstellungen durch Gebrüll und Musikinstrumente verhindert und Auslagen alternativer Stände stiehlt. Seine Infamien speisen sich aus einer gedankensparenden Orthodoxie. Denn seine Rechtfertigung respektive mentale Grundhaltung zu allen politisch-gesellschaftlichen Fragen lautet, keine Nazis zu dulden. Dass ihn dieser einfallslose Dualismus paradoxerweise jenen zunehmend angleicht, wird er wohl nie begreifen – ein Typus etwa, der wie bei der Frankfurter Eintracht AfD-Sympathisanten nicht duldet.

In der Fahndung nach dem Bösen und Falschen ist er unersättlich. Und es geht ihm immer weniger um das, was einer gesagt hat, als um das, was jemandem unterstellt werden kann. Nur zum kleinsten Teil bleibt der unmittelbare Wortlaut Gegenstand seines Urteils. Wichtiger ist, was der Delinquent nicht gesagt hat, aber gemeint haben könnte, besser: nicht ausdrücklich dementiert hat – und wer könnte schon vorausahnen, was ihm in kühnster Interpretation alles zugeschrieben wird. Diese Technik erweist sich im moralischen Strafverfahren gegenüber potentiellen Gedankenverbrechern als „Sesam öffne dich“ für Entrüstung und Anklage. Grundsätzlich gilt der Vorausverdacht. Jede ungeschickte Formulierung, jede unüberlegte These wird zunächst einmal nicht als das gedeutet, was sie unschuldigerweise auch sein könnte: ein sprachlicher Lapsus, eine sprachliche Entgleisung, eine anfechtbare Meinung im Rahmen üblicher Irrtümer.

Auch muss der Personenkreis der Verdächtigen ständig ausgeweitet werden. Und die wohlige Obsession, ihm sei die publizistische Mission zugefallen, einen neonazistischen Stall auszumisten, gebiert ständig weitere Meinungssünder. Nicht nur wer falsche Lehren vertritt, wird geächtet. Auch wer Verständnis zeigt für frühere Irrtümer und Fehlhandlungen, verfällt dem Bann. Desgleichen wer Verständnis dafür zeigt, dass man Verständnis zeigen kann, oder wer ungeschickt begründetes Verständnis nicht als Sakrileg betrachtet. Und der Verbreitung von Irrlehren macht sich ebenfalls schuldig, wer nun wiederum Verständnis dafür aufbringt, dass man Verständnis hat für einen, der fehlerhaft glaubte, Verständnis haben zu dürfen für einen, der ... und so weiter ad infinitum.

Der Tugendterrorist existiert in sechs Unterarten, die allerdings nur selten in chemischer Reinheit auftreten. Der jeweiligen Motivation entsprechend, unterscheidet man sinnvollerweise in propagandistisch bestrahlte Kümmerer, bornierte Halbdenker, wahnhafte oder sadistische Denunzianten, Zyniker und schließlich Verfolger, die sich gern selbst belügen.

2.2. Subspezies

Der Kümmerer

Der Gutmensch ist voller Grundsätze, die nirgendwo gelten.
Billy alias Walter Fürst (2010)

Wiederholen wir es! Es gibt einen spontan-naiven Sorger-Typ (in hohem Maße von Frauen vertreten), der mit dem Tugendterroristen nicht identisch, aber vielfach auf dem Weg zu ihm ist. Er hört das Wort „Gerechtigkeit“. Schon entflammt bei ihm spontane Sympathie für alle Forderungen weltweiter Egalisierung. Für Frauenquoten in Aufsichtsräten fühlt er sich ebenso verantwortlich wie für jegliche Inklusionsansprüche. Der Meerespegel der Fidschi-Inseln, auch wenn der gar nicht steigt, beschäftigt ihn rund um die Uhr. Schadstoff- und Feinstaub-Hysterien plagen ihn Tag und Nacht, nur nicht die ökonomischen und sozialen Folgen seiner Gschaftlhuberei. Er ereifert sich landesweit für die Umbenennung von Straßen, Gebäuden oder Institutionen. Und wo immer, von Sumatra bis Feuerland, die Lebensart, Sprache und kulturelle Identität einer Ethnie bedroht sind, verfasst er Flugblätter oder Blogs. (Es sei denn, es handle sich um Deutschland.) Selbstverständlich will er auch allen erdenklichen oder zu konstruierenden Geschlechtern vorab sofort Gleichberechtigung und Steuerprivilegien einräumen.

Bilder von Mittelmeer-Toten lassen ihn vor Mitleid zerfließen, was man ja grundsätzlich verständlich finden kann. Zu tadeln ist lediglich, dass er in solchen Momenten schlechterdings unfähig ist, auch andere (nicht selten ebenfalls von Leichen begleitete) Gesichtspunkte der äußerst komplexen Frage „Einwanderung“ zu bedenken. Dieses „Seid umschlungen, Millionen!“-Gefühl hält ihn derart besetzt, dass er nicht einmal ahnt, welche teils blutigen Opfer er seinen Mitbürgern abverlangt. Er ahnt nicht oder billigt gar, wenn es sein Anliegen befördert, wie wir täglich medial manipuliert und für ganz andere als humanitäre Zwecke eingespannt werden.

Vor derartigen teils äußerst dubiosen Zielen weltweiter Netzwerke verschließt er konsequent die Augen. „Flüchtlinge" – für ihn figurieren alle Immigranten unter diesem Begriff – werden in solcher Verblendung zu Heiligen. Dass ihnen üppige Wohltaten, vom Weihnachtsgeld bis zur Rundumversicherung, zustehen, bedarf keiner Diskussion. Er bietet auch persönlich praktische Hilfe an und versteht die Rückfrage seiner politischen Gegner kaum, warum es offenbar einer anderen Hautfarbe bedurfte, plötzlich sein karitatives Herz schlagen zu lassen, während ihn früher einheimische, nichtexotische soziale Brennpunkte schlechterdings nicht interessierten. Und schließlich tappt er bei Demonstrationen gegen alles mit, was zum Beispiel in der Kirche unter „Wehret den Anfängen!" proklamiert wird. Er ist noch kein militanter Rechtgläubiger. Aber wenn er Parolen wie „Unser Kreuz hat keinen Haken" plärrt, steht er bereits im Lager der Verleumder – eine Klassifizierung, die er niemals für sich akzeptieren würde.

Flach- oder Halbdenker

Ein Dummkopf bleibt ein Dummkopf nur
Für sich, in Feld und Haus.
Doch wie du ihn zu Einfluß bringst
So wird ein Schurke draus.
Franz Grillparzer (1845)

Beste Voraussetzungen für tugendterroristischen Aktivismus bietet auch ein gewisses Maß Dummheit beziehungsweise Ahnungslosigkeit, wozu unsere Blockjournalisten nach Kräften beitragen. Und wer lebenslang ohne Neugier auf alternative Informationen seine Medienhöhle nie verließ, erfüllt solche Kriterien. Wer zudem der Komplexität politischer Probleme analytisch nicht gewachsen ist, aber gleichwohl zu apodiktischen Urteilen neigt, behilft sich durch Umwandlung von Politik in Moral respektive Pseudomoral. Diese findet ihren Ausdruck in einfältigen Slogans wie „Bunt statt braun“, „Herz statt Hetze“, „Deutsche Täter können keine Opfer sein“, „Kein Mensch ist illegal“, „Dresden bleibt nazifrei“ oder „Faschismus ist keine Meinung, sondern ein Verbrechen“.

Deren fast physische Pein verursachende intellektuelle Dürftigkeit erschließt sich ihm nie. Stattdessen entfalten solche Schlagworte ihre Massenwirkung als linksgrüne Quasi-Theologie. Im Rahmen eines geistigen Kindergeburtstags erscheinen dann aktuelle Feen wie Katrin Göring-Eckardt und präsentieren „menschliche Geschenke“, während alle zweifelnden „Nazi-Teufel“ die Kasperle-Plätsch zu spüren bekommen. Zudem zeigt uns das globale Showbusiness mit weltweit umherjettenden Sport- oder Pop-Millionären täglich, wie herrlich und unterhaltsam Umvolkung sein kann. Welche multinationalen Zentrifugalkräfte einst die Donaumonarchie blutig zersprengten, interessiert diejenigen nicht, deren genossener Geschichtsunterricht seit Jahrzehnten auf Geistespygmäen zugeschnitten war. Und so hinterfragt er auch nicht, dass zahlreiche US-Milliardäre, die in humanitärer NGO-Verkleidung Multikulti propagieren, in einem Land leben, das sich nun gewiss nicht als Werbung für ethnische Vielfalt präsentiert.

Der Flachdenker erweist sich als klassischer Eindimensionaler, unfähig, mit einem Weltbild voller Widersprüche zu leben oder es wenigstens theoretisch für berechtigt zu halten. Dass es Wahrheit schlechthin gar nicht geben kann, sondern jegliche Vorstellung multiperspektivischer oder dialektischer Relativierung bedarf, erfasst er bestenfalls als Wahlkampffloskel zur Diskreditierung vermeintlich tumber Volksansprüche. Auf ihn selbst bezogen, liegen solche Einsichten außerhalb seines Denk- und vor allem Empfindungsvermögens.

Ernsthaften Widerspruch erträgt er nämlich nicht, und ein Meinungsaustausch mit ihm ist in etwa so ergiebig, wie mit einem Maulwurf über Farbe zu diskutieren. Dogmatiker vom Scheitel bis zur Sohle, ist er unfähig, den Nutzen zu begreifen, der einem durch Gegner zuwächst, die unbehindert argumentieren dürfen. Er ahnt nicht einmal, dass Meinungswettbewerb auch seine eigenen, bislang kaum entfalteten intellektuellen Fertigkeiten höbe und sein Weltordnungskonzept verfeinerte. Seine Handlungsmuster orientieren sich lieber an Religionsdisputen mit vorgegebenen machtpolitischen Vorteilen in der Art, wie sie Eck oder Cajetan Luther gegenüber besaßen. Geschichtsforschung unter seinen Händen entartet zur Disziplinierungswissenschaft mit der Tendenz zu permanentem Großalarm.

Eigentlich könnte man diesen Typ um die ihm so geschenkte emotionale Gewissheit beneiden. Muss es doch beseligend sein, wenigstens einmal in der Woche so niveaulos aus der Sicherheit des Ahnungslosen zu leben. In so einfachen Gut-Böse-Kategorien zu urteilen. Ohne selbstquälerisches Grübeln von vorneherein zu wissen, was „Wahrheit" und ein zu gestattendes Weltbild ist. Welche seelische Entspannung! In Gottfried Benns großem Gedicht „Gesänge" wird dieser Zustand herbeigesehnt: „Oh, dass wir unsre Ur-ur-ahnen wären. / Ein Klümpchen Schleim in einem warmen Moor." Bloß keine „Hirntier"-Gefühle empfinden müssen: „Schon ein Libellenkopf, ein Möwenflügel / Wäre zu weit und litte schon zu sehr." So beglückend kann offenbar auch Borniertheit sein! Und diese einfach gestrickten Denunzianten-Naturen erreichen diesen quasi paradiesischen Seelenzustand bereits zu Beginn ihrer Laufbahn – eine beneidenswerte intellektuelle Schonhaltung.

Oder veranschaulichen wir uns diese bedenkenlose Parteilichkeit am Beispiel des Fußballpublikums. Gut zwei Jahrzehnte – Kaiserslautern oder Saarbrücken spielten, heute kaum vorstellbar, noch in der Bundesliga – habe ich es ausgiebig kennengelernt. Fraglos sympathisierte auch ich mit der Heimmannschaft und nahm kleinere Schiedsrichter-Begünstigungen billigend in Kauf. Der von Ratio befreiende Rausch in der Masse tat ein übriges, und primitive Freund-Feind- und Gut-Böse-Konstellationen wurden bekräftigt. Doch mit mancher extremen Blindheit von Fans kam ich nie klar und kabbelte mich auch mal mit besonders exaltierten Schreiern im Block, während mein „pragmatischerer" Sohn dies für sich nonchalanter löste: „Beim

Fußball will ich nicht objektiv sein. Außerdem gleicht sich das bei Auswärtsspielen aus."

Damit ließ sich leben. Doch darüber hinausgehende Sehschwächen irritierten mich, wie sie mich zugleich als Studienobjekte faszinierten. Da gab es Fanatiker, die von der ersten bis zur letzten Minute zutiefst davon überzeugt waren, strukturell benachteiligt zu werden. Sie widersprachen hochroten Kopfes selbst dann, wenn der Schiedsrichter gegen die Heimmannschaft glasklare Elfmeter pfiff. Sie hätten auch noch wütend protestiert, wenn der eigene Verteidiger in Superzeitlupe dem gegnerischen Stürmer den Unterschenkel mit einer Motorsäge abgetrennt hätte. Sie wollten nicht nur parteiisch sein, sie waren es von Natur oder Charakter aus in einem Maße, dass man ihnen keine Macht wünschte. Denn das Perverse betraf ihre scheingerechte Empörung.

Aufgrund solcher pseudo- oder hypermoralischen Affekte qualifiziert sich diese Subspezies zu dauererregten ideologischen Blockwarten. Und die notwendige Bestätigung erfahren sie im Rudel der Hunderttausend, das unsere politische und kulturelle Szenerie bevölkert. Ihre Skizzierung bedarf allerdings präzisierender Einschränkung. Denn Borniertheit zeigen solche Verfolgungssüchtige lediglich im Urteil jenseits des Zeitgeists. Innerhalb der politischen Vorgaben ihrer Epoche funktionieren solche Gehirne vorzüglich. Es fehlt ihnen lediglich (auch zugunsten ihres Einkommens) ein Sensorium für die Primitivität und Banalität ihres Mainstream-geprägten Weltbilds.

Der wahnhafte Denunziant

Das Böse ist immer und überall.
Erste Allgemeine Verunsicherung

Üblicherweise gehört es zu den (eigentlich zu vermeidenden) argumentativen Fouls, politischen Kontrahenten die Zurechnungsfähigkeit oder geistige Gesundheit abzusprechen. Aber hier geht es nicht um missbilligte Ansichten oder Gegner, die auf so drastische Weise disqualifiziert werden sollen. Vielmehr geht es um Zwangsvorstellungen und keineswegs harmlose Verfolgermentalitäten, die der Sozialhygiene wenig zuträglich sind. Und so seien auch sie benannt respektive der entsprechende Typ analysiert, angefangen mit jenen Antifa-Helden, die sich in Robin-Hood-Pose gefallen – das Ganze im Bewusstsein, dass eine vielfach linksgesteuerte Justiz ihnen letztlich nicht wehtut.

Übergehen wir dabei Schläger- und Hooligan-Naturen, die bloß ins Politische abgedriftet sind, weil sie hierzulande dann privilegiert Gewaltphantasien ausleben können. Schließlich erteilen ihnen die herrschenden ideellen Paten quasi die Lizenz zum Prügeln oder stufen auch derbe Straftaten als Kavaliersdelikte ein. Klammern wir auch jene Groupies aus (darunter Töchterlein aus „bestem" Hause), denen Horrorfilme nicht mehr genügen und die sich stattdessen an solcherart maskuliner Ausdünstung aufgeilen möchten. Beschränken wir uns auf den harten Kern Überzeugter, die sich tatsächlich in die Wahnwelt hineinsteigern, sie müssten in den paar hier verbliebenen Widersachern des Zeitgeists nachträglich Hitler besiegen.

Die Vorstellung einer hübsch sauber in Gut und Böse aufgeteilten Welt kommt hinzu, die es bei der Jagd auf den politischen Satan vermeintlich gestattet, auf einen Schlag auch alle persönlichen Probleme zu vergessen. Schwierigkeiten in Schule, Uni, Lehre, mit sich selbst oder innerhalb der Partnerschaft entgleiten dem Bewusstsein, wenn man soziale Erzfeinde bekämpfen darf, die letztlich für alles verantwortlich scheinen. Ein Lebensplan scheiterte, eine Karriere misslang, und für alles winkt als Generalpardon und Standarderklärung eine böse Gesellschaft mit vermeintlichen Politteufeln als treibender Kraft.

Gehört es noch zu den harmlosen Verstiegenheiten, wenn ein Gedicht von Eugen Gomringer an der Fassade der Alice-Salomon-Hochschule überstrichen werden soll, weil Studentinnen vor „Sexismus" geschützt werden müssten? (Hatte der Poet doch verruchterweise Frauen mit Blumen in Zusammenhang gebracht und beide beim Straßenbummel bewundert.) Ich weiß es nicht. Doch sind das Entschlüsse, bei denen es schwerfällt, dem dortigen Asta nicht wenigstens eine freiwillige Therapie zu verordnen. Und wie steht es im Fall einer Phobie des Chemnitzer Stadtrates? Ließ dieser doch ein 30-Quadratmeter-Stadtbild von Benjamin Zschocke übermalen, weil darauf angeblich ein walnussgroßes Keltenkreuz auf dem Kirchturm zu sehen sein sollte. Eine so staatsgefährdende Botschaft, die zuvor niemandem aufgefallen war, hatten eigens herbeitelefonierte Antifa-Experten (teils mit einschlägiger SED-Vergangenheit) enttarnt. Und die Stadtmütter und -väter sahen keinen anderen Ausweg als solchen Exorzismus, der als zeitgemäße Variante des Umgangs mit „Entarteter Kunst" gelten kann.

Mir persönlich stehen zwei traurige Fälle konkret vor Augen aus jenem Akademiker-Milieu, das besonders in den sogenannten Geisteswissenschaften (einschließlich Psychologie) nicht selten seelisch Gestörte anzieht. Beide, bereits diplomiert, waren hochintelligent und analytisch versiert. Aber berufliche Aussichtslosigkeit, kombiniert mit erotischen Beziehungsproblemen, löste spontan Denunziationsorgien gegen einen ganzen Lehrstuhl aus, Familienmitglieder des Ordinarius eingeschlossen. Auch ich geriet in den Verleumdungskosmos. Und natürlich zählten zu den „Anklagepunkten" auch Faschismus-Vorwürfe. Obwohl ich beide zuvor besonders gefördert hatte, hinderte sie dies nicht an ehrabschneidenden öffentlichen Vorwürfen. Es war die Zeit, als in Österreich die FPÖ erstmals in die Regierung eintrat und Außenminister Joschka Fischer als Einpeitscher eines Embargos brillierte. Und so rechtfertigte einer diese üble Nachrede sinngemäß mit der Begründung: Wo Haider nun „die Macht ergriffen" habe und es ein weiteres 1933 zu verhindern gelte, zählten bürgerliche Verhaltensstandards nicht mehr. In seinem Furor fühlte er Verpflichtungen in der Tradition von Willi Graf, und nicht lange danach nahm er sich tragischerweise selbst das Leben.

Als letztes Beispiel unter Hunderten sei auszugsweise auf einen Kommentar von Hans Heckel verwiesen, der am 29. November 2013 in der „Preußischen Allgemeinen" erschien:

„Alarm: Drei- bis sechsjährige Neonazis unterwandern unsere Kitas, meldet die ‚Zeit' ihren zutiefst schockierten Lesern. Das Hamburger Intelligenzblatt zitiert zum Beweis Heike Radvan, Leiterin der ‚Fachstelle Gender und Rechtsextremismus' bei der ‚Amadeu-Antonio-Stiftung'. Radvan wörtlich: ‚Einige dieser Kinder versuchen, in der Kita offensiv die Ideologie zu verbreiten.' Gemeint ist der braune Ungeist ihrer Eltern.

Entsetzlich. Was soll man nur machen? Es sei diskutiert worden, ob man diese Jungen und Mädchen wegen Kindswohlgefährdung aus ihren Familien herausholen müsse, so die ‚Zeit'. Im Klartext: Wenn der Vater irrtümliche Ansichten über Kriegsschuldfragen vertritt oder die Mutter Vorurteile gegen irgendwelche Völker hegt, kommt das Amt und rettet die Kinder in eine weltanschaulich zuverlässige Pflegefamilie? Nein, das dann doch nicht gleich, beruhigt Frau Radvan und hat eine bessere Idee: Ganztagsschulen und Tagesstätten, in denen die Kinder ‚früh demokratischen Alltag' lernten. Mit anderen Worten: Nehmt die Familien zumindest solange auseinander, wie es irgend geht. In den Wahlprogrammen laufen solche Forderungen dann unter der Überschrift ‚Mehr Familienfreundlichkeit in der Politik'. Gut, aber damit ist das Problem der Nazi-Knirpse, die zwischen Hoppehäschen und Bauklötzchen ihren ‚Lebensraum' abstecken, noch nicht gelöst. Die kniffligste Frage ist nämlich: Wie erkennt man die kleinen Monster überhaupt?

Heike Radvan weiß, wie man die Nazis enttarnt: ‚Das sind Kinder, die besonders gut spuren und daher meist kaum auffallen.' Wenn Sie Kleinkinder haben, die sich einigermaßen ‚artig' verhalten, müssen Sie also auf einen bösen Brief von der Kita-Verwaltung gefasst sein: ‚Ihr Sohn hat bislang weder ein anderes Kind verprügelt noch etwas zertrümmert und noch nicht einmal der Betreuerin ins Gesicht gespuckt. Wir […] machen uns daher ernste Sorgen und möchten Sie bitten, mit uns in einen Dialog […] zu treten.' […] Was aber ist mit den Gören, die zu Hause bleiben? Die flächendeckende Kita-Pflicht ist unabdingbar […] Derlei Opposition darf nicht toleriert werden, schon um der Toleranzerziehung der Kinder wegen."

Der Sadist

Der Teufel hat mehr als zwölf Apostel.
Persischer Spruch

Wie genussvoll ist es, Macht auszuüben, und sei sie nur verbaler oder demonstrativer Natur! Den Sadisten freut es, wie Kinder sich zuweilen freuen, wenn Mitschüler bestraft werden. Wie in Heinrich Manns Roman „Der Untertan" geschildert, umkränzt er den Rohrstock mit Blumen, in der Erwartung, dass dieser andere zur Raison bringt. Er genießt das als Glücksgefühl, selbst wo es durch boshafte Verleumdung erkauft ist. Sein Ideal ist mitnichten das Duell, sondern das Inquisitionstribunal oder der Hexenprozess. Da ist er ganz in seinem Element. Das regt ihn an bis zur Sinnlichkeit. Alle Inquisitoren-Naturen genießen die Ausnahmesituation, andere in die Enge treiben, ihnen Geständnisse, Dementis oder Widerrufe abpressen zu können. Je nach Temperament treiben sie ihr trauriges Geschäft scheinbar kühl oder mit per Heuchelei erzeugtem Schaum vorm Mund, ständig voller Empörung, dabei innerlich höchst vergnügt. In einer auf Denunziation gestimmten Gesellschaft wie der unsrigen kommen sie fraglos auf ihre Kosten.

Betrachten wir exemplarisch für eine Vielzahl täglicher Beispiele für dergleichen Niedertracht jenes ominöse „Zentrum für politische Schönheit", das vor Björn Höckes Privathaus einen privaten „zivilgesellschaftlichen Verfassungsschutz" installierte. Dabei sollte der Thüringer AfD-Chef mit einem Holocaust-Denkmalsverschnitt nach maoistischem Unterwerfungsmodell zur „Selbstkritik" gezwungen werden. Inwiefern im Motivgeflecht noch andere Beweggründe rumoren, stehe dahin. Bände sprach jedenfalls das grausame Vergnügen im Grinsegesicht jenes pharisäischen „Künstlers" Philipp Ruch, als er dem Interviewer erklärte: „Gegen Nazis wenden wir nur Nazimethoden an." Es war der sadistische Genuss schlechthin – im Bewusstsein seiner hiesigen, auf moralistischer Perversion fundierten Macht. Und die Jagd im Rudel ist ihm Lebenselixier und Aphrodisiakum zugleich. Man möchte sich ihn und seine

Komparsen besser nicht als Funktionär zwischen 1933 und 1945 vorstellen.

Oder nehmen wir jene peinliche Episode in Sachen Alexander Gauland. Man hat ihm beim Schwimmen seine Kleider samt Schlüssel gestohlen und somit zusätzlich gezwungen, die Schließanlage auszutauschen. „Nazis brauchen keinen Badespaß!“, lautete die schlagende Begründung des Diebes. Hei, welch gesinnungsstarke Heldentat, die noch beschämender wirkt, wenn wir einzelne Pressereaktionen mustern. Die „Märkische Allgemeine“ ließ sich das Badehosen-Foto natürlich nicht entgehen. Andere folgten, teils mit hämischen Kommentaren. Während wenigstens einige Leitmedien Skrupel bekamen, den 77-Jährigen derartig bloßzustellen, brillierte exemplarisch der „Stern“ mit antifaschistischer Geschmacklosigkeit. Carsten Heidböhmer, laut Impressum „Kultur“-Redakteur, statuierte am 6. Juni 2018: „Dürfen wir uns darüber amüsieren? Aber ja doch!“ Noch übler liest sich eine am Vortag erschienene Satire auf theolounge.blog, einer Plattform, die sich vorgeblich der Theologie und Ethik widmet. Und Jörg Thomanns Statement vom 10. Juni in der „Frankfurter Allgemeinen Sonntagszeitung“, betitelt: „Da hört der Spaß echt auf“, bot eine so verschwurbelte Scheindistanzierung von der Tat, dass sie fast auf das Gegenteil hinausläuft. Pharisäer aller Länder, vereinigt euch!

Der Zyniker

Lache nie über die Dummheit der anderen.
Sie ist deine Chance.
Winston Churchill

Er wenigstens hat vollkommen durchschaut, dass es beim alternativpolitischen Meinungsstreit im Kern nicht um Recht oder Unrecht, Wahrheit oder Plausibilität geht, sondern um pure Macht. Und die ist sein Metier. Hier zeigt er sich in schamloser Nacktheit als Exponent eines zumindest geistigen Totalitarismus. Als Zyniker jagt er zudem im Bewusstsein, dass das Wild in der Regel ohne Gegenwehr erlegt werden kann. Umso überraschter jault er auf, wenn er ausnahmsweise mal eine Gefahr unterschätzt hat und wie im Falle Jutta Ditfurth gegen Jürgen Elsässer ein „Jagdunfall“ passiert. Hat hier doch tatsächlich mal jemand „zurückgeschossen“ und sogar gerichtlich obsiegt. Auch im Prozess Heino gegen einen gedankenlosen Popsänger ging's mal schief. Der durfte doch tatsächlich nicht mehr, wie jahrzehntelang Usus, seinen wenig geschätzten musikalischen Konkurrenten straflos „Nazi“ nennen, obwohl der so Skandalöses gesungen hatte wie „Schwarzbraun ist die Haselnuss“. O tempora, o mores!

In aller Regel riskiert dieser Typ jedoch wenig. Denn er hetzt im Verbund mit der kompakten Moralität, weiß um seine überlegene Position und nutzt sie ohne Scheu. Wenn etwa der Antisemitismus-„Forscher“ spricht, so abwegig seine Anklagen auch sein mögen und so wenig davon im nachhinein übrigbleibt, wird es zunächst einmal still im Raum wie bei der Urteilsverkündung hoher Gerichte. Und natürlich spürt er, dass viele den Weg zum Kadi scheuen. Schützt ihn doch weithin eine vielfach buckelnde Justiz und die Furcht der meisten vor Öffentlichkeit, das heißt jenem von Luther drastisch beschriebenen Effekt: „Wer mit Scheiße rammelt, er möge gewinnen oder verlieren, er geht beschissen hinfort.“

Auch persönlich rechnet sich diese „Staatstugend“. Man kann jemanden beruflich erledigen und als Konkurrenten ausstechen oder alte Rechnungen begleichen. Ein exemplarischer Blick auf den Wagenpark vor einschlägigen Denunziationsstellen dieses Landes (Zentralen für politische Bildung eingeschlossen), in dem es an Luxuskarossen nicht fehlt, vermittelt bereits optisch, wie einträglich solcher Kampf für richtige Gesinnung ist. Ansonsten ist der Zyniker stets bei den Siegern. Ich konnte es im Bekanntenkreis anschaulich beobachten, als nach der Wende kurzfristig Kommunismus out war und Stasi-Kontakte desavouierten. Dieser Typ wäre bei einem politischen Umschwung auch sofort wieder unter den ersten neuen „Bewältigern“. Hat er doch im Mainstream gebadet wie Siegfried im Drachenblut und giert nach dem Glückslos von Erfolgstypen. Wo immer der Zeitgeist sich hinbewegt, wird er sagen können, wie im Märchen der Schweineigel: „Ick bün all hier."

Der Selbstbetrüger und -belüger

Ausreden kann man sich einreden.
Andrea Mira Meneghin

Nun finden sich reine Zyniker gar nicht so häufig, wie man denkt. Verlangt diese Charakterhaltung doch zumindest analytische Distanz zum Geschehen, zur plakatierten Moral und zur eigenen Rolle. Schonungslose Selbstdiagnose hieße, sich die als Erfolgsmodell gelebte Niedertracht einzugestehen und auf rechtfertigende Verzuckerungen zu verzichten. Die meisten Machtmenschen sind jedoch viel zu selbstverliebt unehrlich, um ganz ohne Ethik auszukommen. Ich kenne etliche unter ihnen, die auf Kanzeln predigen oder auf Kirchentagen Betroffenheit heucheln. Und sie heucheln noch nicht einmal gänzlich bewusst, sondern praktizieren eher eine moralische Schizophrenie. Man denke an Mafiosi, die bedeutende Summen für „die Madonna" spenden oder ihre Kinder wie selbstverständlich zur Kommunion schicken.

So bekennen sich häufig um ihres „Seelenheils" willen auch Vollblutzyniker nicht zur puren Niedertracht, sondern leben charakterliche Mischformen. Sie handeln reflexartig zynisch, wo sie Vorteile erwarten oder der Gesellschaftsrahmen dies nahelegt. Doch am Gutmenschen-Image ist ihnen vor sich selbst und anderen gleichwohl gelegen. Verfolger belügen sich und bemänteln ihre Infamien besten Gewissens mit vermeintlich höheren Motiven und gesellschaftlichem Nutzen. Vereinfacht formuliert: Kaum einer ist „moralischer" als der Tugendterrorist.

Illustrieren wir es am Beispiel eines Mainstream-Journalisten, der, wenn er nicht gänzlich blind und taub ist, eigentlich nicht dauernd verdrängen kann, dass er tagtäglich durch Nachrichten-Auswahl, -Akzentuierung oder tendenziöse Auslegung manipuliert. Zwar genießt er dabei seine weithin monopolistische Macht, die ihm erlaubt, Gegner schlicht nicht zu Wort kommen zu lassen, während er selbst Galle und Geifer verspritzt. Zudem weiß er natürlich, was sein Arbeitgeber von ihm erwartet. Aber er verhehlt sich, dass seine Artikel meist nicht ihrer Brillanz, sondern ihrer Konformität wegen geschätzt sind. Auch redet er sich schön, warum er nicht selten journalistische Mindeststandards und Berichts- beziehungsweise Rezensionspflichten verletzt. Denn er muss ja dem Bösen wehren. Und dafür darf man gelegentlich schon mal die Unschuld opfern.

Dabei sind solche inneren Vorgänge einigermaßen kompliziert und psychisch anstrengend. Man muss Schurkereien umetikettieren und höchst zweifelhafte verleumderische Attacken für lebensrettende chirurgische Eingriffe halten beziehungsweise ausgeben. In schwachen Stunden oder lichten Momenten rebelliert so ein Durchschnittsgehirn auch mal vor den ständigen Anforderungen einer Doppelmoral. Bei Zweifeln hilft Alkohol. Aber irgendwann kapituliert auch ein jesuitisch beziehungsweise ideologisch „korrekt" Geschulter vor einem gedanklichen Disziplinierungssystem, wie es Orwell so plastisch als „Neusprech" oder „Doppeldenk" beschrieben hat: jener täglichen „Realitätskontrolle", die darin liegt: „Zu wissen und nicht zu wissen, absoluter Wahrhaftigkeit innezusein, während man sorgfältig konstruierte Lügen erzählte, gleichzeitig zwei einander ausschließende Ansichten zu vertreten, zu wissen, dass sie widersprüchlich waren, und an beide zu glauben". Auch Bigotterie will lebenslang trainiert sein. Zudem braucht es sophistischer Handlanger. Der Tugendterrorist lebt daher in fast lebensnotwendiger Symbiose mit etlichen Vertretern einer zweifelhaften Zunft von Wortgauklern, Begriffsverdrehern und herrschaftskompatiblen Welterklärern, denen im Folgenden die Aufmerksamkeit gilt.

3 Moralpolitische Dienstleistungsbranche

Freiheit ist Sklaverei / Unwissenheit ist Stärke.
George Orwell: „1984“

3.1 Begriffsfälscher

Im Auslegen seid frisch und munter!
Legt ihr‘s nicht aus, so legt was unter.
Goethe (1821)

In der politischen Welt tobt, vielfach unterschätzt, ein folgenreicher Krieg um Worte. Denn das Establishment besetzt Begriffe, Werte oder Kriterien und fälscht sie um. Zurück bleiben Sprachhülsen als PR-Instrumente, die auf falsche Spuren führen, indem sie Probleme und eigene Politziele verklären, Gegner entmutigen oder diffamieren. So entstand eine Art „Lingua Quarti Imperii“ („Sprache des Vierten Reiches“), wie man in Analogie zu Victor Klemperers „Lingua Tertii Imperii“ formulieren könnte, die weniger abbildet als denunziert. Das Ganze mit voller Absicht und strategischem Kalkül. Solche vergifteten Worte unbefragt zu verwenden, die nicht selten zum Gegenteil ihrer früheren Bedeutung pervertiert sind, kann argumentativ tödlich sein. Man denke an (Kampf) Begriffe wie „Populismus“, „Menschlichkeit“, „Verhöhnung der Opfer“, „Stammtischparolen“, „einfache Wahrheiten“, „postfaktisch“, „Hass“, „Sexismus“. Von üblen Gewaltbeschönigungen wie „wehrhafte Demokratie“, „Zivilcourage“ oder „Zeichen setzen!“ ganz zu schweigen.

So sprechen ausgerechnet diejenigen von „Toleranz“, „Offenheit“ und „Vielfalt“ einer freiheitlichen Gesellschaft, die das einfältige Gegenteil dekretieren, indem sie Nichtüberzeugte mit Gewalt globalistisch uniformieren möchten. „Fortschritt“ sei schließlich Pflicht. Und selbst Relikte früheren Denkens oder Empfindens sind nicht mehr zu billigen. Wer hier opponiert, riskiert soziale Verbannung in einem moralischen Schwarzen Loch, in dem alles zu verschwinden hat, was der projektierten „Schönen Neuen Welt“ im Wege steht. Solche Formeln politischer „Korrektheit“ sind vielfach in ihrer perfiden Funktionsweise entschlüsselt worden, beispielhaft in Manfred Kleine-Hartlages „Die Sprache der BRD“.

Und vergessen wir nicht den Zustimmung heischenden Begriff „wissenschaftlich“. Er suggeriert Transparenz, methodische Sauberkeit, Überprüfbarkeit, intersubjektive Gültigkeit, Rationalität und vieles mehr. Und zu welchem akademisch ummantelten Blendwort verkommt er im politischen Raum, wo er im günstigsten Fall „herrschende Lehre“ bedeutet, im ungünstigsten alles ausgrenzt, was nicht Mainstream ist. Solche Verbalscharmützel sind alles andere als harmlos und bei zunehmender Tendenz zum Gesinnungsstaat stets mehr als bloße Kulturdebatten. Schließlich werden hierdurch scharfe Waffen für den politischen Tageskampf geschmiedet, und die Justiz lauert ständig im Hintergrund. Bei straf- und verfassungsrechtlicher Relevanz ist es daher äußerst bedenklich, dass entsprechende Definitionen von einflussreichen (ethnischen, geschlechtlichen oder anderweitig politischen) Lobbygruppen vorgefertigt werden, deren Interesse an einer möglichst weiten, nicht selten überbordenden Auslegung unverkennbar ist.

Wo solche Tabuzonen erst errichtet sind, ist es eine Frage der Zeit, wann sich Alternative in ideologischen Fangeisen und Käfigen wiederfinden, mal aus Ungeschick, mal aus provokatorischem Trotz. Und hier schlägt die Stunde von medialen Fallenstellern im Verbund mit Begriffspantschern und ihren teils abenteuerlichen Subsumierungen. Im Dutzend klassifizieren sie etwa Anti-Haltungen als tendenziell staatsgefährdend und illegal, als da sind: „antieuropäisch“, „antiamerikanisch“, „antisemitisch“,

„antiislamisch“, „fremdenfeindlich“, „misogyn“, „homophob“, „rassistisch“, und so weiter.

Antiamerikanisch ist aber gewiss nicht, wer mit der Nonchalance diverser US-Präsidenten Probleme hat, Gott und die Welt zu befreien, wo immer es ihnen nützlich scheint, und dabei von global-humanitären Interessen zu reden. Es hat nun mal seinen Sympathie-Preis, wenn man so forsch Weltmacht spielt und dem Globus einen way of life nahelegt, den man, gelinde gesagt, nicht mögen muss. Ich bin auch nicht antiislamisch, weil ich es ablehne, das hiesige Gesellschaftsleben an fremder Tradition und Religion auszurichten, wo ich doch gleichzeitig davon abrate, unser westliches Polit- und Sozialmodell per Waffen oder revolutionären „Frühlingen“ anderen Kulturen aufzupfropfen. Ich bin keineswegs unempfänglich für uns wenig vertraute Lebensstile, aber zu Hause ziehe ich näherliegende Optionen vor.

Und da alles, was im Umfeld von „Rassismus“ verortet wird, zu den beliebtesten verbalen Dreckschleudern gehört, sei eine kleine Begriffskunde gestattet: Wer in den Immigrantenströmen aus der Dritten Welt ein beachtliches Gefahrenpotential erkennt, macht sich dadurch nämlich nur für beinharte Ideologen verdächtig. Dass grundsätzliche Offenheit Fremden gegenüber nicht mit der Aufgabe des Eigenen oder einer Bereitschaft zu ungezügelter von uns finanzierter Einwanderung zu verwechseln ist, muss heute leider eigens betont werden. Auch ist nicht antisemitisch, wer sich den jeweiligen Tageshysterien einer Gesinnungsindustrie verweigert, deren ursprüngliche Berechtigung vielfach zum Lobbyisten-Selbstläufer verkommt.

„Antisemitismus“ sinnvoll definiert, hat (durch historische Monstrositäten grundiert) eine ausgesprochen intensive wie makabre Bedeutung: krankhafte Abneigung gegenüber einer gänzlich abgewerteten Ethnie, die man schließlich sogar umbrachte. Wer heute durch ausufernde Worterweiterung und inflationäre Vorwürfe Schindluder treibt, verfolgt andere als Aufklärungsinteressen und betreibt nicht zuletzt Einschüchterung dogmenfreier Geister.

Zu weiteren Umdefinitionen: Ich bin nicht frauenfeindlich, weil ich von Frauen- wie anderen Quoten, die übrigens im Bergwerk oder bei Schacholympiaden niemand fordert, schlechterdings gar nichts halte, dafür mehr von organischer Entwicklung. Und ich neige nicht deshalb schon zu Homophobie, weil ich glaube, dass das Intimleben generell die Öffentlichkeit nichts angeht und ein zweigeschlechtliches Elternpaar um der Heranwachsenden willen die vom Staat zu fördernde Bestlösung darstellt. Ich bin nicht antieuropäisch, wenn ich zögere, uferlos ausländische Schulden zu übernehmen, und Deutschlands Wirtschaftskraft für zu schwach halte, die Gesamtlasten einer jahrzehntelang verfehlten Finanz- und Sozialpolitik in Europa zu tragen, die ökonomisch schwächeren Staaten sogar schadet. Ganz davon abgesehen, dass wir dadurch in eine europaweit wenig geschätzte Aufseherposition über andere Haushalte kommen oder ihnen gar ungeliebte Einwanderungsquoten aufdrängen.

Kurz: Solches ausufernde Anti-Gerede, das kurioserweise in der Regel ausgerechnet den grassierenden Antigermanismus übergeht, erscheint als billige Methode, Widerspruch auszuschalten oder sich Privilegien zu ertrotzen. Was als Antidiskriminierung zunächst breite Zustimmung erfuhr, mutierte durch ihre Aufladung der Begriffe mit zahllosen Wünschbarkeiten längst zu einem Diskriminierungsinstrument ersten Ranges.

3.2 Ideologiekritische „Trüffelschweine“ und „Edelratten“

Wer von Stinktieren verfolgt wird, muß gegen den Wind laufen.
Ernst Jünger: Strahlungen (1988)

Wie die Literaturgattung Fabel belegt, dient es der Anschauung, sich gewisse menschliche Verhaltensweisen, Sozial- und Mentalitätstypen am Beispiel von Tieren vorzustellen. In Frage kämen etwa Geier und Hyäne, Schmeichelkatze, Stink- oder Trampeltier (im Porzellanladen), Schlange, Angsthase, Schaf oder Haifisch. Ganz so derb geschieht das nur in diesem Kapitel ansatz- und ausnahmsweise, um durch karikierende Überspitzung bestimmte leider existierende Verhaltensmuster zur Kenntlichkeit zu bringen. Um Dehumanisierung von Einzelpersonen geht es dabei natürlich nicht.

Dazu angeregt haben mich plastische Begriffsprägungen Ernst Jüngers, der über Jahrzehnte publizistischen Kampagnen ausgesetzt war. In „Strahlungen“ etwa definiert er das ideologiekritische „Trüffelschwein“ als Intellektuellen-Spezies eines Zuarbeiters der Macht. Seine dialektische Beschlagenheit reiche dazu aus, (scheinbar) Verfängliches aus Texten zu filtern, das sich dem Durchschnittsblick sonst verbirgt. Selbstverliebt in seine anklagende Rabulistik, wirkt er als Erfüllungsgehilfe für Gesinnungs-Staatsanwälte, fahndet nach „Gedankenverbrechen“. So ergänzt er die Einschüchterungsarbeit der Straßenköter, die fürs Grobe zuständig sind. Seine Witterung schlägt heute sofort an, wenn jemand etwa zum 8. Mai 1945 „Untergang“ statt „Befreiung“ sagt, „Reichskristallnacht“ statt „Reichspogromnacht“. Ständig ist er auf der Fährte nach potentiellen „Relativierern“ und bedient sich dabei Dutzender von Netzwerken und Zitierkarussellen. Er ist allzeit verfügbar als Gutachter, Kriterien-Ersteller oder Leiter von Instituten, deren wichtigste Funktion darin besteht, neue moralische Tatbestände zu kreieren.

In diesem Bestreben wächst auch die „Feinfühligkeit" der Diagnose-Instrumente. Man begnügt sich nicht mehr mit simplen vermeintlichen Gedankenübeln, sondern präsentiert bereits Vorstufen, rudimentäre Ansätze oder was man dafür hält, als sekundäre, tertiäre oder quartäre Verbrechen. Neuester Schrei ist der „softe Antisemitismus", für dessen „Bekämpfung" eigens Netzwerke aufgebaut werden müssen. Auch „Extremismus der Mitte" steht im Raster ideologischer Zielfahndung, worunter natürlich keineswegs linkstotalitäre Neigungen unserer „Elite" verstanden werden. Da genügt es bereits, dass eine Ex-Ministerpräsidentin die Homo-Ehe nicht privilegieren wollte, um mal wieder „Volksverhetzung" ins Spiel zu bringen. Für klassische Sprachschluderer ist eben Nicht-Bevorzugung bereits Diskriminierung.

Dass sich Professoren und deren Gehilfen für solche und ähnliche Dienste nicht zu schade sind, hat Jünger bereits 1977 im Roman „Eumeswil" sarkastisch kommentiert. In diesem Akademikerspiegel dominieren die Angepassten und Ausgrenzer von Nonkonformisten. Als probate Techniken nutzen sie (scheinbar) verfängliche Zitate, die häufig „aus dem Zusammenhang gerissen", „doch wortgetreu" präsentiert werden. Denn der Typ weiß, wie Jünger ironisch ergänzt, „was er der Wissenschaft schuldig ist". Der Gegenwart abgeschaut ist auch ein geschildeter Nachwuchstypus als zelotischer „Konvertierter", dem der jeweilige Modetrend zu neuen „Einsichten" verhilft und der nun schwärmerisch „autoritäre und bald auch gefährliche Züge" annimmt. „Die Universität ist von solchen Halbgeistern erfüllt", die im Besitz der Macht als Verfolger „jedes Maß" verlieren:

„‚Mit jedem Schüler hegt man eine Schlange am Busen' – so Vigo einmal zu mir in einer dunklen Stunde über Barbassoro, der freilich eher zur Spezies der Edelratten zählt. / Die Edelratte ist hochintelligent, gefällig, arbeitsam, geschmeidig und von subtiler Einfühlung. Das ist die Zierde ihres Wesens, die sie zum

Lieblingsschüler prädestiniert. Leider – das liegt in ihrer Art begründet – kann sie der Lockung des Rudels nicht widerstehen. Sie hört den Pfiff – und gälte er selbst dem verehrten Meister, so gesellt sie sich den vielen, die über ihn herfallen. Besonders gefährlich wird sie durch ihr Wissen und die intime Kenntnis, die sie sich in seinem Umgang erworben hat. Sie wird zur Leitratte."

Bliebe noch die Minderheit standhafter Dozenten, deren Ethos den Kotau vor der Massenmeinung verbietet. Denn dass „ein Mensch von hoher Kultur mit dem Zeitgeist harmoniert, war schon von jeher ein Glücksfall, eine seltene Ausnahme". Selbst bedächtige, relativierende Vertreter, die sich im Erkenntnisbemühen vorschneller Parteilichkeit enthalten, stören im Universitätsbetrieb durch ihre bloße Existenz:

„Die Dummköpfe haben dafür einen sicheren Instinkt. Es kommt nun darauf an, nachzuweisen, daß dieser Lästige einerseits zwar unbedeutend, andererseits aber auch gefährlich ist. Dieser Nachweis wird durch Gelehrte vom Schlage Kessmüllers geführt. Das sind die Trüffelschweine, die den Leckerbissen ausgraben. Die Ratten fallen dann darüber her."

3.3 Kumpane des Korrekten: „Wissenschaftliche“ Hof- und Schoßhunde

Die einzige Pflicht, die wir der Geschichte gegenüber haben, ist, sie umzuschreiben.
Oscar Wilde

Damit befinden wir uns im Zentrum von Jüngers historiographischer Fachkritik, die nachfolgend – exemplarisch für die (Geistes-) Wissenschaften – noch ein wenig vertieft wird. Dies gilt zunächst für die durchgängige rückschauende Moralisierung im Sinne des Zeitgeists, der mangelnden Selbsterkenntnis wie dem Konformitätsdrang. Es sei unmöglich, notiert Jüngers Romanheld, mit seinem Vater „ein Gespräch über Tatsachen zu führen, das er nicht zu sozialen und ökonomischen Plattheiten auswalzt und mit Moralismen würzt, die daraus abgeleitet sind. Zu sagen, was alle sagen, ist eine Wonne für ihn. Man hört von ihm Sätze wie: ‚Ich drücke damit die öffentliche Meinung aus.‘ Er tut sich darauf noch was zugut. […] ‚Der ist umstritten‘ – das gilt ihm, wie allen Eunuchen, als Abwertung […]; God bless him – wieso aber Historiker?“

Als Opfer solcher Gepflogenheiten sieht der Autor nicht zuletzt das Fach selber. Denn das Unergiebige solcher Forschung innerhalb eines festgelegten dogmatisch-scholastischen Rahmens entwertet eine einst faszinierende Wissenschaftsdisziplin. Und hätte es noch eines aktuellen Belegs für solches tagespolitische Handlangertum bedurft, lieferte es der Deutsche Historikertag 2018 mit seiner entlarvenden Antipopulismus-Resolution. Deren Verfasser/innen gebührt immerhin das unbeabsichtigte traurige Verdienst, die geschichtsschreibende und -lehrende

Branche endgültig vom Verdacht unparteilicher Wahrheitssuche befreit zu haben:

„Es ist ohne Zweifel angenehm, als Zeitgenosse von einer großen Welle getragen zu werden; von allen Seiten echot Bestätigung. Sie führt zur kollektiven Selbstbefriedigung. Wenn man aber als elitäre Weisheit vorgetragen hört, was schon beim Frühstück in den Leitartikeln langweilte, dann wird es ärgerlich."

Soweit Jüngers Meinung. Konzedieren wir, dass Geschichtsschreibung zu allen Zeiten zu einem (volks-) didaktischen Rinnsal verdünnt wurde, um überhaupt in der Breite gelehrt werden zu können. Stellen wir uns auch nicht kategorisch gegen jedes daraus geschichtspolitisch gefilterte Erziehungsideal. Doch zu keiner Zeit sei es dem Staat gestattet, Strukturen aufzubauen oder zu fördern, die eine Forscher-Minderheit an anspruchsvolleren (durch Differenzierungen und Paradoxien statt Gewissheiten charakterisierten) Zeitbildern hindern. Als Anreiz für herrschaftskonforme Kompendien ad usum Delphini sollte genügen, dass sich die einfacheren, erwünschten „Wahrheiten" materiell lohnen. Schließlich winken öffentliche Fördertöpfe oder hohe Auflagen, heute etwa durch die Zentralen für politische „Bildung". Und ließe man seine Gegner unbehelligt, profitierte man wenigstens von der Illusion einer herrschaftsfreien Forschungsatmosphäre, was die eigenen Resultate aufwertet. Gleichwohl verzichtet kaum ein historiographischer „Schoßhund" auf das Gekläff moralischer Anklagen.

Rede ich hiermit dem widerspruchslosen Durchwinken alternativer Thesen das Wort? Propagiere ich Relativismus gegenüber jedweder historischen Deutung? Keineswegs. Auch etablierte Meinungen verdienen engagierte Verteidiger, die sich zuweilen fraglos zu Recht zu geharnischten Repliken provoziert sehen. Wehleidig sollten also auch harsch Attackierte nicht sein, solange Mindeststandards einer Diskussionsetikette eingehalten werden. Doch wer hierzulande bei bestimmten Themen neben der geschichtlichen Offizialerzählung angeblich „falsch" liegt, wird umgehend zum demagogischen Volksfeind, dem man aus moralischen Gründen keine Bühne geben darf.

Es kommt zu regelrechten Kampagnen persönlicher Anschuldigung und darüber hinaus zunehmend zu physischer Beeinträchtigung der freien Rede. Man denke an das, was Ernst Nolte erdulden musste, an die inkriminierende Agitation der 1990er Jahre gegen den Ullstein-Verlag, bis dieser „gesäubert“ war, an Konrad Löws Studie, die durch die Bundeszentrale für politische Bildung eingestampft wurde, was selbst das Bundesverfassungsgericht rügte. Auch Fritz Tobias, Hellmut Diwald, Johannes Rogalla von Bieberstein, Bogdan Musiał, Karlheinz Weißmann, Stefan Scheil, Rainer Zitelmann, ja sogar Joachim C. Fest, Jörg Baberowski und viele andere sahen sich übler Nachrede ausgesetzt oder juristisch bedroht.

Wie ist nun eine Historiker-Szene besetzt, die solches durch (geistige) Zuträgerschaft ermöglicht oder zumindest nicht eindämmt? Ganz oben in der Typologie stehen klassische Hofhistoriker, glücklich, wenn ihre Tagungen von höchster Prominenz wie Bundespräsident, Kanzler (oder -in) beehrt werden, die ihnen wiederum in oberlehrerhaften Geleitworten geschichtspolitische Hausaufgaben stellen. Sie sind Großmeister der Gremien-Herrschaft, von DFG bis Exzellenz, die nie gegen den Stachel löcken, Gutachten-Könige, Talkshow-Koryphäen, von Organisationen getragen und von hoher Brauchbarkeit für die aktuelle Politik, was sich zudem einträglich auswirkt. Man denke an die reichhaltige Förderung einer dilettantischen und deshalb hochgelobten Studie wie „Das Amt“ durch den damaligen Außenminister-Darsteller.

Ihnen zur Seite stehen die Repräsentanten einer historiographischen Theokratie, Inquisitoren, die nach verfänglichen Textstellen fahnden, „Müllkutscher“ der Geschichte, wie Ernst Jünger einst spottete. Dieser Typus ist immer noch Produkt der NS-Zeit, jenes als Erbsünde statuierten historischen Übels schlechthin, dem sie ständig zu wehren vorgeben, während sie offenbar gleichzeitig davon infiziert sind, indem sie manche Methoden kopieren. Befriedigt von der geistigen Inzucht einer Kongresswelt, in der die Rechtgläubigen unter sich bleiben (müssen), fehlt ihnen jeder sportliche Ehrgeiz, dass man nur im

Duell mit Gegnern, denen gleiche argumentative Waffen zur Verfügung stehen, einen nennenswerten Sieg erringt.

Todfeind sind sie den wenigen verbliebenen genuinen Historikern, derentwegen das geschichtsschreibende Sodom und Gomorra noch nicht verbrannt werden sollte. Haben sie sich doch, ungeachtet persönlicher und gegenwartspolitischer Folgen, mit Leib und Seele der Forschung verschrieben. Passionierte Polit- und Sozialdetektive von brennender Neugier, wie es nun tatsächlich gewesen sein könnte, motiviert in Max Webers Sinn als kompromisslose Kämpfer selbst um scheinbar nebensächliche Details. Immer im Dienst eines bestenfalls anzustrebenden Ideals nach der Devise: „Wer nicht alles weiß, weiß nichts." Ihr Einfluss ist eher subkutan. Kaum eine Talkshow lädt sie ein, weil man ihrer Ergebnisse nicht sicher sein kann. Von seichten Dokumentarfilmern werden sie als wissenschaftliche Berater gemieden, da sie die Kumpanei mit dem bloß Korrekten statt Richtigen verweigern. Auf den Punkt gebracht, handelt es sich um ethosgeprägte Fossilien, die der Orthodoxie als Prügelknaben dienen.

Was bietet die Mehrheit der Zunft? Mainstream-Schwimmer aus ehrlicher Überzeugung, geistiger Indolenz oder Furcht vor gesellschaftlichen Folgen bei Abweichung. Ihr schlechtes Gewissen, wenn sie es haben, outet sich nicht. Bestenfalls gleichen sie Diplomaten, die in delikaten Punkten zu dunklen Formulierungen finden oder gesellschaftlich Heikles gänzlich meiden. Sie sind mehrheitlich nicht maliziös, kennen zuweilen sogar ideologische Bauchschmerzen, besprechen sich in privaten Zirkeln. Aber alles läuft letztlich auf eine resignative Erklärung ihrer Unzuständigkeit hinaus. Solcher Mangel an Solidarität mit verfemten Kollegen, an Korpsgeist und der Bereitschaft, einen Skandal zu sehen oder gar so zu nennen, macht jenen Defekt aus, der zunächst ihr persönliches Niveau und Ethos beschädigt, alsdann das ganze Fach.

„Persönlich", weil es zur historischen Erkenntnis einiger Basisvoraussetzungen bedarf. Wer nicht grundsätzlich für möglich hält, dass man auch das Gegenteil der eigenen Thesen vertreten kann, ohne ein Schuft zu sein; wer nicht in gewissen Abständen seine Forschungsresultate nochmals auf den inneren Prüfstand stellt und wie Schopenhauers Ödipus ständig gegen sich selbst ermittelt; wer sich in ungeliebte historische Bewegungen oder Ideen partout nicht einfühlen kann und bereits das Verstehenwollen als moralisches Versagen kritisiert – der meide besser diese Disziplin! Und ein Fach, das solche (zumindest halbtotalitäre) Forscherperspektive jahrzehntelang duldet, degeneriert, und sein ganzes Selbstverständnis, das sich paradoxerweise aus dem Kontrast zu 1933/45 ableitet, entpuppt sich als bigott.

Es wird immer einen breiteren, konventionellen Forschungsweg geben neben einem schmalen und steinigen Bergpfad für Querdenker. Dabei ist es keineswegs ausgemacht, dass sich „Wahrheit" nur auf letzterem findet. Aber wenn eine Berufsgruppe sich überwiegend gleichgültig zeigt gegen Ausgrenzung von Außenseitern, wenn fachlich illiterate Massen und ihre aufgeputschten wie interessegesteuerten Emotionen entscheiden, ob ein Buch erscheinen, ein Raum zum Sprechen erteilt oder ein Text verlesen werden darf, haben für Historiker, die diesen Namen verdienen, alle Alarmsirenen zu schrillen. Hier verlangen Anstand und Berufsehre auch von Vertretern der herrschenden Meinung, die das Neue erbittert befehden, die Klarstellung, dass es Wichtigeres gibt als Rechthaben. Das gemeinsame Interesse nämlich zur Verteidigung eines pressionsfreien Streitens unter Kollegen. Von solcher Grundpflicht zur Rettung seines Fachs ist niemand dispensiert.

In Brechts „Galilei" heißt es: „Selbst ein Wollhändler muß, außer billig einkaufen und teuer verkaufen, auch noch darum besorgt sein, daß der Handel mit Wolle *unbehindert* vor sich gehen kann." Oder: Wenn sich durch „selbstsüchtige Machthaber" eingeschüchterte Forscher auf Wissensanhäufung beschränken, ohne die Bedingungen zu reflektieren, unter denen sie zu Handlangern werden, „kann die Wissenschaft zum Krüppel" werden. Das maximal zu Erhoffende sei dann „ein Geschlecht erfinderischer Zwerge, die für alles gemietet werden können". Dem ist wenig hinzuzufügen.

4 Schmuddelkinder der Republik

Je inniger deutsche Journalisten vor einer Gefahr warnen, desto sicherer darf man sein, daß ihnen dadurch keine droht.
Michael Klonovsky: „Junge Freiheit", 16.05.2008

4.1 Definitionsversuch per Schmuddel-Parabel

„Spiel' nicht mit den Schmuddelkindern", hieß ein seinerzeit populärer Protestsong des DKP-Barden Franz Josef Degenhardt. Und gerade heute scheint mir, abgesehen vom generellen Handlungsprinzip „Brot und Spiele", die einzig erkennbare innenpolitische Staatsraison der Berliner Republik auf diesen Slogan hinauszulaufen. Denn im Lande grassiert allenthalben Abgrenzeritis, wonach ein beachtlicher Teil dessen, was heute tatsächlich gedacht, für richtig gehalten und im engsten Kreise mit mehr oder weniger schlechtem Gewissen geäußert wird, eigentlich illegitim sei.

Schmuddelkinder, das sei zu Beginn dieser Begriffsbestimmung festgestellt, sind immer braun. Schließlich spielen sie ja auch im Schmutz, und ein Ministerpräsident darf sie deswegen, ungeachtet üblicherweise geächteter Vokabeln aus dem Wörterbuch des Ungeistes, „braunen Dreck" nennen.

Rote Schmuddelkinder gibt es nicht (mehr). Sie sind inzwischen politisch und medial weißgewaschen und dürfen ihre einstigen Spielgenossen in den Schlammgruben dieser Republik nach Herzenslust anbräunen. Dies bereitet ihnen offenbar soviel Spaß, dass sie auch bislang unbefleckte Kinder fröhlich mit

Schmutz bewerfen. Und die übrige Gesellschaft sieht zu oder unterstützt das Spielchen gar durch abgeführte „Spenden“ aus unseren Steuergeldern, Rundfunkgebühren, Parteien-, Kirchen- oder Gewerkschaftsbeiträgen. Das Ganze nennt sich „Aufklärung“ und „wehrhafte Demokratie“.

Schmuddelkinder waren offenbar vom ersten Tag an schmutzig. Und was sie aus ungewaschenen Mäulern vernehmen lassen, legt es nahe, ihnen bereits vor der ersten Äußerung das Maul zu stopfen. So hat man sie, wie immer sie sich nannten oder was auch immer sie tatsächlich bezweckten, Generation für Generation mundtot gemacht. Und das Geniale wie Praktische für die Sauberwarte lag darin, dass man sie nirgendwo anders als in Schmutzlöchern spielen ließ. Dadurch war ihr Platz in der Gesellschaft ein für allemal bestimmt. Und meist wurden sie, isoliert in ihren Schlammpfützen, bald tatsächlich so schmutzig oder köterhaft bissig, dass man sich auch ohne direkten Zwang vor ihnen hütete. Einige organisierten sich unter Namen wie „NPD“ oder „Republikaner“, andere verlegten sich auf Untergrund-Raubzüge. Sie konkurrierten dabei in Sachen Gewalt mit jenen sich inzwischen ständig vermehrenden Scharen roter Schläger, bei denen sich‘s heute sogar besonders gut leben lässt. Werden sie doch, kaum wirklich verdeckt, aus Dutzenden von geheimen oder öffentlichen Kassen tüchtig gefüttert.

Offenbar besteht bei roten Straßenkriminellen keine Gefahr, dass sie staatlich anerkannte Schmuddelkinder werden. Schließlich gelten sie nicht als gefährlich, wie Frau Ministerin Schwesig aus erster Hand und kraft ihres hohen Amtes genauestens wusste. Selbst wenn sie doch mal aus Jux und Dollerei Teile Hamburgs abfackeln – man gönnt sich ja sonst nichts –, urteilt ein bereits durch seine Pöbel-Rhetorik als Schmuddelkinder-Experte Ausgewiesener wie Ralf Stegner, dass sie keine sein können. Denn Gewalt ist bekanntlich immer rechts. Bei Linken, die es scheinbar doch sind, handelt es sich somit um optische Täuschungen, genauer gesagt: um verkappte Rechte. Ja, selbst als der gute Joschka F., „letzter Politrocker“ dieser Republik, noch Polizisten „klatschte“ und sich an Molotowcocktails delektierte, diente er eigentlich der Sauberkeit unseres Staates. Seine Schlägergang, die sich ausdrücklich „Putztruppe“ nannte, belegt es.

Soweit, so übersichtlich. Doch mittlerweile hat sich in anderen Stadtvierteln eine neue Szene gebildet mit Dutzenden von Einzelkämpfern und einigen Gruppen, die zuweilen ganz Unerhörtes aussprechen, wie wir es bislang nur aus den Sumpflöchern der Geächteten vernommen haben. Sie formieren sich im Chor und behaupten dreist, viele in den sauberen Vierteln seien die eigentlichen Schmuddelkinder, nur welche mit weißem Kragen. Sie finden sogar manchmal Gehör, wenn sie aufzeigen, wie verdreckt viele Stadtviertel sind. Und tatsächlich gibt es gar nicht so wenige nie beseitigte Müllhaufen, die der Magistrat auf öffentlichen Druck jetzt wenigstens wahrnehmen muss. Die rotzfrechen Schmuddelkinder machen den Leuten gar weis, sie hießen nur Schmuddelkinder, weil sie etwas schlauer sind als die allwissende Regierung und die Beseitigung der Misthaufen schon *früher* gesehen beziehungsweise angemahnt hätten. Welche Dreistigkeit!

Was tun mit ihnen? Die vielfach bewährte Methode lautet: Ab in die Drecklöcher-Quarantäne wie seit Generationen schon! Vor allem darf kein Wort von ihnen nach außen dringen in Gegenden, die als sauber gelten. Sperren wir ihnen einfach die Zugänge. Noch sind wir schließlich Herr im Haus. Das half und hilft in vielen Fällen. Doch es werden immer mehr, und manche behaupten sich auch außerhalb der Löcher, „in der Mitte der Gesellschaft“ gar – wie furchtbar. Sie organisieren sich unter Namen wie „AfD“, „Identitäre“, „Pegida“, verschmähen die allseits bewährten Wahrheiten und drucken eigene Schmuddel-Zeitungen und Nachrichtenorgane wie „Junge Freiheit“, „Sezession“, „Compact“, *eigentümlich frei.*

Sogar Bücher verlegen sie in ihren Sumpflöchern oder tummeln sich im Internet und heißen Klonovsky, Tichy, Wendt oder gar Broder, der per Abstammung eigentlich gegen Anbräunung gefeit sein sollte. Aber in falscher Gesellschaft darf auch er nicht verkehren und gar deren Parolen verbreiten. Sonst lässt etwa die roth-grüne Claudia den Bösen schon mal aus einer bayrischen

Talkshow ausladen. Strafe muss sein. Und überhaupt, wenn's die Jungs und Mädels mit eigenen Blogs im Netz gar zu doll treiben, ist das „Maas“ schnell voll, und wir schalten das Ganze einfach ab.

4.2 „Alles, was rechts ist“

Als rechts gilt heute, wer einer geregelten Arbeit nachgeht, seine Kinder pünktlich zur Schule schickt und der Ansicht ist, dass sich der Unterschied von Mann und Frau mit bloßem Auge erkennen lässt.

Konrad Adam auf dem Essener AfD-Parteitag 2015

Oft heißt es, Deutschland sei das Volk der Frührentner, der Schadenfrohen, der Besserwisser. Alles Unsinn. Es ist ein Volk von Antifaschisten oder vielleicht besser: der Gegen-Rechts-Aktivisten. Denn Rechts heißt das Zauber-, Schmäh- und Schlusswort schlechthin. Mehr muss man gar nicht sagen und auch nicht wissen. Rechts? Alles klar. Sattelt die Pferde!

Markus Günther: „FAZ“, 18.02.2015

Es könnte historisches Klippschulwissen sein, aber im heutigen Deutschland muss man gleichwohl daran erinnern: „Rechts“ und „links“ waren einst selbstverständliche politische Richtungsbegriffe. Sie signalisierten gemäß der Sitzordnung vom jeweiligen Parlamentspräsidenten aus schon optisch Nähe zu Regierung oder Opposition. Aktuell entscheiden sie hierzulande jedoch – lässt man sich auf die Kampfbegriffe des Mainstreams ein – über die Zugehörigkeit zu Zivilität oder Barbarei. Denn während sich selbst zur radikalen Linken zu bekennen (trotz ihrer weltweit neunstelligen Mordbilanz im 20. Jahrhundert), weiterhin irgendwie schick ist, grenzt ein Bekenntnis zur Rechten in unseren Medien fast schon an politischen Selbstmord.

Das Ganze wirkt logikfrei und entspricht reinem Tabu-Affekt. Denn rechts wie links sind epochenabhängige, stets neu zu konkretisierende Begriffe. Dies umso mehr, als Merkels Kannibalisierung fremder Parteiprogramme die politischen Koordinaten völlig verwirrt hat. Und die Annahme, dass das tolerierbare Meinungsspektrum eines intakten parlamentarischen Systems einen Millimeter rechts der CSU zu Ende sein müsse, erscheint so abwegig wie die Zeichnung des Bundesadlers mit nur einem Flügel. Doch befinden wir uns ja nicht im Bereich rationaler, sondern taktischer Definitionen. Und auch wo der Begriff inzwischen jegliche Kontur verlor, behielt er seine propagandistische Stigmatisierungs-Bedeutung. Denn mit dieser Zuschreibung endet jedes ergebnisoffene Gesellschaftsgespräch, und alles, was jenseits des vom Establishment abgesteckten politischen Terrains vorgebracht wird, wird quasi ins Illegale verbannt. Dieses Denunziationsmuster ist deshalb so beliebt, weil es ohne intellektuelle Mühen Gegner diffamierend kleinhält und letztlich den eigenen Politikkurs für alternativlos erklärt.

Indem es ständig vorgibt, ein neues Auschwitz verhindern zu müssen, reklamiert es quasi theokratisch den höchstwertigen Standpunkt als Gralshüter aktiver Vergangenheitsbewältigung. Und der durchschlagende Erfolg solcher „Argumentation" animiert ideologische Trittbrettfahrer im Dutzend, sich als Anschlussberechtigte einzuklinken: Schwule und Lesben, Gender-Konstrukteure und -Konstrukteurinnen, Inklusionisten, die Immigrations-Branche oder diverse vom Staat gehätschelte Künstler und Journalisten, EU-Eurokraten, die ihre Geschäfte ohne Nationen und Völker besorgen wollen. Ja, selbst Klimaforscher beanspruchen alternativlose Akzeptanz ihrer Modellrechnungen. Zu dem Zweck erfanden pfiffige Zyniker per sprachlicher Analogie das Drohwort „Klima-Leugnung". So stehen nun auch „Wissenschaftler" unter umfassendem politischen Artenschutz.

Die Absurdität dieser Rechts-Phobie erschließt sich besonders, wenn wir uns die abenteuerliche Liste dessen vor Augen führen, was bei uns alles schon einmal unter „rechts" respektive „Nazi" lief. Für Achtundsechziger zum Beispiel Adenauer, am Ende auch der als Law-and-Order- oder Aufrüstungskrieger verschriene Helmut Schmidt. Sogar Willy Brandt hatte groteske Vorwürfe zu erdulden, als er zum Ärger nationalmasochistischer Intellektueller gemeinsam mit Kohl die Wiedervereinigung feierte. „Rechts" waren oder sind das Kapital, das dreigliedrige Schulsystem, Elite- und Leistungsvorstellungen, die Nato, bis ein zum Außenminister promovierter Joschka Fischer weiße Hemden tragen und seinen persönlichen Wortschatz mit Phrasen wie „Kollateralschäden“ bereichern durfte. Als „rechts“ gilt die Ablehnung einer (konkrete Lebenschancen gefährdenden) sturen Gleichheitsideologie, einer leistungsblinden Quotenregelung oder Skepsis gegenüber ökologischen, gendermanipulativen oder geschichtspolitischen Dogmen.

„Rechts“ ist, wer ein Europa der Vaterländer und Heimaten der Brüsseler Technokratie vorzieht, eine konzeptionslose Einwanderungspolitik so nennt, wie es Sarrazin und Buschkowsky taten, die sich die enormen Integrationsprobleme nicht schönrednerisch wegdisputieren ließen. Desgleichen, wer schon vor Jahrzehnten die einschneidenden Konsequenzen der demographischen Entwicklung in Deutschland erkannte und von daher die familienfeindlichen Tendenzen oder eine massenhafte Frühverrentung mit großem Unbehagen verfolgte. Oder wer es für falsch hielt, unser Sozialsystem durch anbiedernde Angleichung und weltweite Verteilung zu überfordern.

„Rechts“ war die Einsicht, dass der Belastbarkeit unseres sozialen Netzes Grenzen gesetzt sind, die national wie international zu beachten sind. Dass man vermeintliche „soziale Kälte“ nicht wirklich bekämpft, wenn man die nächste Generation verschuldet und die Rentner durch Geldentwertung um das Ihrige bringt. Und dass die seit langem gängige Volksverschuldung von angeblich verantwortlichen Politikern kein Kavaliersdelikt darstellt. „Rechts“ sein heißt, sich vornehmlich alternativer Nachrichtenquellen statt des Staatsfunks und der „Qualitätspresse“ zu bedienen und gegen den hiesigen alltäglichen Totalitarismus zu opponieren. Und wer gar die Lückenpresse, wo sie zur „Lügenpresse“ entartete – ein von Karl Kraus übrigens bedenkenlos verwendeter Begriff – für weithin gleichgeschaltet hält, zeigt offenbar demokratiefeindliche Gesinnung. Und wenn mal wieder – natürlich stets als „Einzelfälle“! – immigrationsbedingte deutsche Opfer zu beklagen sind, gilt als „rechts“, wer dies „instrumentalisiert“, indem er politische Schlussfolgerungen anmahnt, statt auch noch bei der Trauerfeier pietätslos darauf hinzuweisen, dass just dies nicht geschehen dürfe.

„Rechte" halten die Gender-Ideologie für Hokuspokus, einschließlich der (etwa im evangelischen Kirchenblatt „Chrismon" verbreiteten) Theorie von Prof. Heinz-Jürgen Voß, wonach die klare biologische Zweiteilung auf die Nazis zurückgehe. Sie spotten über Bildungsphantasten, die sich an Abiturienten-, Bachelor- oder Inklusions-Rekorden delektieren, während unser Schul- und Hochschulsystem nicht zuletzt durch internationale Anpassung inzwischen niveaumäßig ruiniert ist und jeder fünfte 15-Jährige als funktionaler Analphabet gilt. Sie empfehlen, sich aus einer fremdbestimmten Haltung zur eigenen Geschichte zu lösen und Historiographie wieder einmal jenseits von aktuellen geschichtspolitischen Opportunitäten zu gestatten. Sie hinterfragen eine Gedenktradition, die sich vornehmlich negativ definiert, und sehen die Humanität skandalöserweise nicht bedroht, wenn sich etwa Dresdner Bürger der Bombardierung ihrer Stadt anders erinnern, als der Magistrat es vorschreibt.

„Rechts" war, bevor das WM-„Sommermärchen" dann offiziell gefeiert wurde, in GEW-Kreisen das Schwenken von Deutschland-Fähnchen und Hymne-Singen. „Nazi" waren angeblich Heino aus der Sicht neidischer Popsänger oder Eva Herman, weil sie unsere Familienpolitik attackierte. Desgleichen – laut aufs Auto gesprühtem Schimpfwort – der Essener Tafel-Chef Sartor, weil er wegen ständigen Ärgers mit Migranten Lebensmittel nur noch an Einheimische vergab. Als Nazi-affin galten für manche Achtundsechziger-Hysteriker sogar aufgeräumte Zimmer oder die Verpflichtung für Betreuer von Jugendcamps, sich hinsichtlich der Sexualität bei Minderjährigen an Grenzen des Strafrechts zu halten. Ich erinnere mich noch genau an entsprechende Kontroversen im Rahmen meines Engagements der Jugendbetreuungsorganisation „Student für Berlin".

Und da nichts so abstrus ist, als dass es hierzulande nicht vorkäme, sei ein als Pädagogikprofessor tätiger Pädophilen-Versteher erwähnt. Sein Handeln lief darauf hinaus, vorbestrafte Homosexuelle mit Straßenjungen zu versorgen, damit sie nicht dem Faschismus anheimfielen. Darüber hinaus amtierte er als Präsident der Deutschen Gesellschaft für Sozialwissenschaftliche Sexualforschung, Gerichtsgutachter und Professor für Sonderpädagogik. Vielleicht hätte man den Lehrstuhl besser „für absonderliche Pädagogik“ nennen sollen.

Wundert es da noch, dass auch die Kabarettistin Lisa Fitz ins Visier der Rechts-Fahnder geriet? Giulia Silberberger, Geschäftsführerin von „Der goldene Aluhut“, einer – was es alles gibt! – Berliner Initiative gegen Verschwörungstheorien, beanstandete ihren (gegen Machenschaften einer globalen Finanzelite gerichteten) Song „Ich sehe was, was Du nicht siehst“. Er enthalte antisemitische Klischees.

Kurz, der heute gängige Sprachgebrauch nähert sich zunehmend der Primitivst-Definition an: Rechts ist fast alles, was die führende politische Klasse nicht mag. Attackierte sollten sich daher darauf einstellen und schlicht nicht mehr einschüchtern lassen. Denn wenn „Rechts“-Sein vor allem bedeutet, dem modernistischen Zeitgeist zu trotzen und klassische staatsbürgerliche Tugenden zu pflegen, kann man entsprechende Vorwürfe gelassener quittieren und sie als Symptome der Hilflosigkeit von Denkfaulen erkennen, denen die Argumente ausgingen. Oder machen wir eine Gegenrechnung auf: „Links“ ist die schöne Utopie, das Wolkenkuckucksheim; „rechts“ die böse Realität und der gesunde Menschenverstand. Bei aller Übertreibung kommt dies den tatsächlichen Verhältnissen erheblich näher.

4.3 Sozialmythos: „Nazis“ und „Faschisten“

Immer wenn ich Nazivergleiche lese, denke ich: Da sind jemandem die Argumente ausgegangen. Da war jemand intellektuell ein bisschen überfordert, deshalb musste er Hitler zu Hilfe rufen. Wenn man es in Deutschland verbieten würde, in Debatten seinen jeweiligen Widerpart mit den Nazis zu vergleichen, würde dies sofort zu einer Niveausteigerung in den Feuilletons führen.
Harald Martenstein: „Zeit Online“, 20.03.2014

Sollte sich in 100 Jahren ein Historiker auf der Quellenbasis unserer Medien mit den gegenwärtigen Deutschen befassen, müsste er schon starke Verstandeskräfte aufbieten, um ein groteskes Zerrbild zu vermeiden. Denn glaubt man den publizistisch gesetzten Schwerpunkten und ihrem Daueralarm, drohte diesem beklagenswerten Land noch zwei Generationen nach dem letzten Weltkrieg nahezu täglich die erneute Machtergreifung durch „Rechte“, „Rechtsradikale“, „Rechtspopulisten“ oder schlicht „Nazis“. Diese würde einzig durch die Wachsamkeit „wehrhafter Demokraten“ verhindert, durch ihr notgeborenes Moralbündnis verantwortungsbewusster Parteien, Gewerkschaften, Kirchen, Anti-Instituten, Juristen, Journalisten, Theologen und Intellektuellen. Nur ihrer „Zivilcourage“ sei es zu verdanken, dass die anbrandende braune Flut nicht schon jetzt das bedrohte Festland der Demokratie überschwemmt habe.

Unterstützung durch den Gesetzgeber sei zwingend notwendig gewesen, der per Volksverhetzungsparagraph 130 StGB dafür sorgte, dass zum Beispiel kein falsches Geschichtsbild verbreitet werde. Sonst sei gewiss die Gefahr groß, dass Abermillionen den Holocaust leugneten oder anderweitig in Verbrechens-Amnesie verfielen. Es habe der Absprache von ARD und

ZDF bedurft, um über den rechten Rand nie sachlich, sondern nur deutlich ablehnend zu berichten. Unbedingt erforderlich seien auch Hunderte von Initiativen gegen rechts gewesen sowie Dutzende von Instituten und Initiativen zur intellektuellen Dingfestmachung falschen Bewusstseins. Denn ohne solches „Wehret den Anfängen" drohten die unzuverlässigen Kantonisten deutschen Geblüts, erneut nazistischen Rattenfängern nachzulaufen.

Sollte es sich bei jenem fiktiven Deutschen-Forscher um 2118 nach Christus – am besten käme er aus dem Ausland, was ihn vor den schlimmsten nationalmasochistischen Verbildungen bewahrt – um einen kritischen Historiker handeln, also nicht um diejenige Spezies, die an bundesrepublikanischen Universitäten gegenwärtig die lukrativsten Stellen besetzt, steht er allerdings vor einem psychologischen Rätsel. Er weiß, dass seit 1945 hierzulande Nationalsozialismus durch mannigfaltige Gesetze strafrechtlich eingehegt ist und dass es, von exotischen Einzelfiguren abgesehen, auch keine nennenswerte Gruppierung gibt, die sich auf ihn bezieht,

Er wird selbst bei der Musterung der 1964 gegründeten NPD als organisatorischer Speerspitze des Bösen erstaunt feststellen, dass sie in ihrer mehr als 50-jährigen Geschichte noch niemals die Fünf-Prozent-Hürde zum Einzug in den Bundestag überschreiten konnte und gegenwärtig etwa bei 0,4 Prozent herumdümpelt. Er wird möglicherweise einzelne ihrer Programmpunkte unerfreulich oder unappetitlich finden, aber keines der aggressiven Ziele erkennen, die den wirklichen Nationalsozialisten zu Recht ihren Schreckensruf eingebracht haben. Denn wäre dies der Fall, hätte man die Partei mit Sicherheit umgehend verboten angesichts hundertfacher derartiger Empfehlungen, die seit Jahrzehnten mindestens vierteljährlich aus fast allen politischen Lagern ertönten.

Und genau das ist ja nun mit der Karlsruher Entscheidung vom 17. Januar 2017 in praxi geschehen, wobei der Daumen nur deshalb nicht gänzlich gesenkt wurde, weil man angesichts der weitgehenden Bedeutungslosigkeit dieser Partei eine Brüsseler

Urteilsrüge fürchtete. Zuvor noch war ein brachialer Verbotsversuch abgeschmettert worden, mit dem sich der Rechtsstaat noch mehr blamiert hätte. Schließlich hatten bauernschlaue Innenpolitiker die jeweiligen NPD-Vorstände massiv durch Verfassungsschutzleute besetzen lassen, um mittels solcher (potentiellen) Agents provocateurs auch noch „Beweise" zu sammeln. Insofern traf Michael Klonovsky mit seinem Bonmot ins Schwarze, wenn er formuliert, er glaubte erst an eine „Bedrohung der Demokratie" durch die NPD, „wenn Journalisten anfingen, neutral über sie zu berichten".

Unser Forscher wird sich dann auch, zunehmend kopfschüttelnd, mit heutigen Gegenargumenten befassen, dass hinter einer offiziellen Wortfassade des Programms sich gleichwohl besorgniserregende staatsfeindliche Ziele verbergen können. Und dass es jenseits der NPD noch zahlreiche andere Gruppierungen gebe, die rechte Ziele vertreten, wie etwa die AfD. Allerdings hilft ihm die Lektüre auch dieses Parteiprogramms kaum weiter. Denn darin findet sich nun gar nichts, was an den aggressiven Nationalismus oder Rassismus der 1920er bis 1940er Jahre denken lässt, wenn man die antiislamistische Ausrichtung nicht böswillig uminterpretiert. Vielmehr operieren sogar Vorstandsmitglieder der Partei zuweilen auf den bloßen Verdacht hin, es könne in Sachen Drittes Reich etwas nicht ganz Mainstream-Kompatibles formuliert worden sein, mit dem schärfsten Instrument der Prüfung von Ausschlüssen.

Doch das – lehrt die gegenwärtige Blockpresse – lenke nur von den tatsächlichen Gefahren ab. Schließlich reiche das Potential der Falschgesinnten weit in die Mitte der Gesellschaft hinein. Insofern sei es auch notwendig, im Jahr rund 10.000 staatsanwaltliche Ermittlungsverfahren gegen rechte Gesinnungstäter einzuleiten – meist mehr oder weniger läppische Propagandadelikte, die man für Linke statistisch nicht erfasst –, auch wenn die meisten später eingestellt werden. Man benötige Hausdurchsuchungen, auch wenn sie sich später als illegal erweisen, und eine fast einzig auf rechts konzentrierte Justizpolitik. Denn im Grunde treffe es ja nicht die

Falschen, wenn sich jemand auch nur ideell in diesem Umfeld bewege.

Vom Jahr 2118 und den Erklärungsnöten unseres virtuellen Historikers zurück zur Gegenwart, zur Minderheit Aufgeklärter, die an solchen Sozialanalysen längst zu zweifeln begonnen haben! Sie mögen mit einigem Grund die NPD meiden, aber sie tun sich nicht ganz so leicht mit denunziatorischen Totschlagvokabeln, wonach nationalistische Kräfte schlicht „Nazis" sind. Denn sie haben zumindest noch Rudimente eines seriösen Geschichtsunterrichts erfahren, um den gravierenden Unterschied zwischen Nazis und dem, was unsere Journaille heute daraus macht, zu kennen. Und was noch weitergehende Obsessionen gegenüber weltanschaulicher Konkurrenz betrifft, die von Gutachterkartellen und entsprechenden Institutionen stammen, können sie nur lächeln. Denn das kennt man bereits. Es entspricht den Ergebnissen einer „Wissenschaft" oder eines Journalismus, die ohne echte Recherche auskommen, weil ihre Wertungen bereits feststehen.

Sie stellen nicht in Abrede, dass es vereinzelt jenen Typ revitalisierter Nazis tatsächlich gibt, von dem Rechts-„Experten" und -„Expertinnen" aufgrund reichlicher Opfer-Steuern so üppig leben wie die Götter in Goethes „Prometheus". Unser Land ohne Selbstbewusstsein, Identität und erhebende Leitbilder kennt schließlich viele Formen gesellschaftlicher Verwahrlosung, darunter auch eine bestimmte Form ahnungslos-perverser Nostalgie. Das müssten eigentlich diejenigen am besten verstehen, die seinerzeit „Ho, Ho, Ho-Tschi-Minh" grölten oder einen Massenmörder wie Mao verherrlichten – eine andere Art „Sympathy for the Devil".

Zudem existieren wohl auch wie zu jeder Zeit in einem pseudopolitischen Gefühlsspektrum hassvolle Gewaltkriminelle, darunter Leute, die sich an verbotenen SS-Dolchen aufgeilen wie zahlreiche ihrer Kontrahenten an Palästinenser-Schals oder Che-Guevara-Plakaten. Aber es gibt jene Szene eben nicht in der vom Mainstream herbeiphantasierten Größe und Bedrohung. Und auch der immer wieder ins Gigantische hochgeschriebene NSU-Komplex ist, verglichen mit dem Terror der 70er und 80er Jahre, als reihenweise Mordanschläge erfolgten, die Stockholmer Botschaft abbrannte oder ein Flugzeug entführt wurde, akklamiert von einem Sympathisantenkreis von mehreren Hunderttausend, eher eine Fußnote der bundesrepublikanischen Geschichte.

Gibt es den Nazi also nicht als nennenswerte, die Gegenwart bestimmende soziologische Größe, so gibt es ihn zweifellos als sozialmythologischen Typus, der das Denken der Nation beherrscht beziehungsweise beeinträchtigt. Er ist der heutige Gottseibeiuns wie früher die Hexe, der Ketzer oder der „vaterlandslose" Sozi, den man offenbar in allen Zeiten braucht, um illiberal-obrigkeitliche Maßnahmen nicht weiter rechtfertigen zu müssen. Er erleichtert den Blockparteien das Regieren als wahnhafte geistige Generalmobilmachung oder dauernder postdemokratischer Ausnahmezustand, der letztlich fast alle Druckmittel rechtfertigt. Für die verbundenen Medien wiederum ist diese Hetzjagd auf wirkliche oder vermeintliche Rechte ein fast todsicheres Geschäft. Sex sells, Hitler noch mehr, wie jeder „Spiegel"- oder „Stern"-Redakteur fraglos bestätigen dürfte. NS wirkt – sogar international – als Aufmerksamkeitserreger schlechthin und verspricht ultimative Verkaufshits.

Doch jenseits von politischer oder geschäftlicher Spekulation sind die Anti-rechts-Kampagnen für sogenannte Gutmenschen ein seelisches Bedürfnis. Es ist schließlich gar nicht so einfach, auf den Teufel zu verzichten, der über Jahrtausende das eigene Dasein strukturierte. Das absolut Böse ist normalerweise aus unserem täglichen Leben verbannt. Heutige Kirchen muten ihren Gläubigen keine Höllenvorstellungen mehr zu. Selbst der blutigste Verbrecher gilt zunächst einmal als Opfer der Gesellschaft. Auch schwere ethnische Konflikte dürfen in der Regel nicht klar benannt werden. Alles muss letztlich gut und sozialkompatibel ablaufen.

Der „lernbereite", scheinemanzipierte Bürger kämpft ständig mit den Tücken der Political Correctness. Darf ich diesen oder jenen Begriff noch anwenden, noch ein „Zigeunerschnitzel" bestellen? Darf die traditionsreiche Schornsteinfegerfirma Ernst Neger noch ihr Logo und die Mohrenapotheke ihren Namen behalten? War es ein politischer Affront, wenn ein Ministerium seinen türkischen Gästen nicht geschächtetes Fleisch vorsetzte? Wie psychisch belastend ist solche innere Dauerkontrolle, der Verzicht auf jegliche Spontaneität von Äußerungen, ein grundsätzliches Vertrauen in das, was man eigentlich empfindet. Und nun gibt es gegen all diese Unlust ein großartiges Entlastungsventil: „Nazi"-Bashing.

Wie das im Einzelnen läuft, zeigt das nächste Kapitel. Zur Einstimmung auf den ideologischen Rahmen vorab Auszüge aus Markus Günthers brillantem Artikel „Kampf gegen rechts". Der bereits am 18.02.2015 online gesetzte Beitrag, den Zeile für Zeile zu lesen lohnt, ist gut doppelt so lang. Doch auch dieser Extrakt spricht Bände. Erstaunlich an ihm ist nur, dass ihn die „FAZ" publizierte, deren Redakteure sich doch meistens wenig an seine Essenz halten:

„Über 200 Initiativen im Kampf ‚gegen Rechts' verzeichnet die Bundeszentrale für politische Bildung schon heute, und seit es die AfD und Pegida gibt, werden es immer mehr. Warum, ist klar. Nichts tut so gut wie das Gefühl, gegen Rechts zu kämpfen. Denn dann steht man garantiert auf der richtigen Seite. […]

Hinzu kommt, dass Antifaschismus noch nie so billig zu haben war wie heute. Früher konnte er das Leben kosten, heute kostet er nicht mehr als ein Lippenbekenntnis unter Gleichgesinnten – und schon gehört man dazu, zum erlesenen Kreis der Aufrichtigen, Anständigen, Tapferen. Die Kämpfer gegen Rechts bilden den Adelsstand der aufgeklärten Gesellschaft. […]

Das Repertoire ist beträchtlich: Es gibt den Rock gegen Rechts und das Rappen gegen Rechts, natürlich singen und schreien gegen Rechts, aber auch Faschingskostüme gegen Rechts und Fußballspiele gegen Rechts. Die ‚Grüne Jugend' in Hamburg lädt regelmäßig zum ‚Feiern gegen Rechts', […] im westfälischen Warendorf tanzen [sie] sogar gegen Rechts – früh übt sich, was ein Antifaschist werden will. Schwer messbar ist dagegen der Erfolg der mutigen Kampagne der DGB-Jugend in

Dortmund: ‚Kein Sex mit Nazis'. Und womöglich vermischen sich unterschiedliche Beweggründe bei der Berliner Initiative ‚Laut ficken gegen Rechts'.

Zu den pfiffigsten und meistgepriesenen Initiativen gehört die von einem Regensburger Kneipenwirt gestartete Kampagne ‚Wir bedienen keine Nazis'. [...] Die Story wurde dermaßen hochgejubelt, dass sich bald Hunderte von bayerischen Wirten anschlossen und jeder, der sich weigerte, das alberne Schild aufzuhängen, dem Verdacht ausgesetzt war, er freue sich wohl auf Nazis an seinem Tresen. [...]

Der ungeheure Erfolg der Initiative bestand natürlich nicht darin, dass alle Nazis in Bayern auf Kräutertee im heimischen Wohnzimmer umgestiegen wären. Sondern darin, dass die Initiatoren selbst mit Anerkennung überhäuft wurden und einen Menschenrechtspreis nach dem anderen abräumten. Auch katholisch.de, die offizielle Internetseite der katholischen Kirche, bejubelte ‚Keine Bedienung für Nazis' als volkspädagogisch besonders wertvoll und stellte fest, es handele sich um einen ‚Exportschlager' – denn bald wollten auch die Wirte in Schleswig-Holstein und Sachsen den Aufkleber, weil sich herumgesprochen hatte, dass man damit in die Lokalpresse kommt, und weil es jetzt alle machen und überhaupt. Die evangelische Kirche setzte gleich ein Zeichen gelebter Ökumene und verlieh den Wirten gegen Rechts den Martin-Luther-Preis. Die aberwitzige Pointe ist, dass die falschen Antifaschisten so mit einem Preis geehrt wurden, der nach einem echten Antisemiten benannt ist. [...] Kein Wunder, dass kleine Kinder, wenn sie das erste Mal von ‚Nazis' hören, an Tiere oder Außerirdische, mindestens aber an Ausländer denken. [...] Es ist viel leichter, ‚Nazis raus' zu brüllen, als der Frage auf den Grund zu gehen, wie widerstandsfähig das eigene Gewissen heute ist und ob es nicht schon in den kleinsten Herausforderungen des Alltags, zumal im Unternehmen, am Arbeitsplatz, unter dem Erwartungsdruck einer sozialen Gruppe oder eines Vorgesetzten, allzu oft den Weg in den kommoden Selbstbetrug weist. [...] Doch es gibt noch ein anderes Problem: Der Kampf gegen Rechts braucht immer neue

Nahrung. Er muss immer neue Objekte finden, die sich für Ableitung und Übertragung eignen – oder eben passend gemacht werden. Da es aber echte Nazis, Rechtsextremisten, Antisemiten und Rassisten nicht in ausreichender Zahl gibt, geraten auch Akteure und Strömungen ins antifaschistische Visier, die sich nur schwer unter den Begriff Rechts bringen lassen. Da verwischen dann schnell mal die Unterschiede zwischen NPD und AfD, da steht der konservative Flügel der CSU unter Faschismusverdacht, und Thilo Sarrazin liegt auf der Linie von Jean-Marie Le Pen. Auf Details kommt es nicht an. Wo antifaschistisch gehobelt wird, fallen sehr grobe Späne.

Stolz und frohgemut berichtete die Berliner ‚Antifa' vor wenigen Monaten, dass sie eine Apotheke in Neukölln gründlich demoliert habe. Der Besitzer hatte öffentlich mitgeteilt, aus Gewissensgründen keine ‚Pille danach' abzugeben. Dem ‚Moralisten, Fundamentalisten und Faschisten' hat es die Antifa dann mal richtig gezeigt. Auch dem ‚Bundesverband für Lebensrecht' in Berlin haben die wackeren Antifaschisten in bester deutscher Tradition die Schaufenster zertrümmert und Parolen auf die Hauswand gesprüht. Abtreibungsgegner beim jährlichen ‚Marsch für das Leben' werden immer wieder von Gegendemonstranten als Faschisten beschimpft. Jeder, der ein rohes Hühnerei in die Demo wirft, darf sich einmal fühlen wie Stauffenberg im Kampf gegen Hitler […].

Mitunter nimmt der Wunsch, sich in die Pose des Kämpfers gegen Rechts zu werfen, geradezu pathologische Züge an wie im Fall des im Januar ermordeten Asylbewerbers Khaled Idris Bahray. Der zwanzig Jahre alte Mann aus Eritrea war in Dresden erstochen worden, und weil Dresden die Hauptstadt von Pegida ist, gingen 3000 Menschen ohne jede Kenntnis über Tat und Täter auf die Straße, um ‚Pegidas erstes Todesopfer' zu beklagen. Volker Beck von den Grünen erstattete sogar unverzüglich Strafanzeige gegen die Kripo, die er mit den rassistischen Mördern irgendwie im geheimen Bunde wähnte. Auch hielt Beck es für denkbar, wenn nicht gar wahrscheinlich, dass die Polizisten die Spuren der rassistischen Tat verwischt hätten. Als dann ein

Landsmann des Mannes den Mord gestand, ließen sich die Demonstranten davon kaum aus dem Tritt bringen und behaupteten trotzig: ‚Rassismus tötet!'"

5 Wie Sauberfrauen und -männer „säubern"

5.1 Einmal Schwein sein zum Billigtarif

Wenn sich die Antifa anmeldet, um ihr Verständnis von Toleranz zu demonstrieren, gilt es schon als Erfolg, wenn anschließend nicht die halbe Stadt brennt.
Jan Fleischhauer, „Spiegel Online", 24.04.2017

Deutsche Gutmenschen, vom Pöbler bis zum Sanft-Gemüt, deren angewachsener Aggressionsstau zur Entladung drängt, können aufatmen. Denn der „Kampf gegen rechts" bietet die Chance schlechthin, alle erzwungene Zurückhaltung zu vergessen und mal richtig Schwein sein zu dürfen. Während ihnen sonst ständig die Schere im Kopf klappert und sie bei Beschuldigten der Links- oder Immigranten-Szene (inklusive Sittlichkeitsverbrechern) niemals ein „mutmaßlich" vergäßen, ist gegen zu „Nazis" Erklärte plötzlich alles erlaubt. Vom Dreigroschen-Journalismus bis zum „staatsmännischen" Verdikt à la Gauck darf man Andersdenkende dunkeldeutsches „Pack", „Dreckspack", „Mob", „Dreck", „braunen Sumpf", „Spinner", „Säue", „Brut" und dergleichen nennen. Das gehört inzwischen zum sprachlichen Standard. Wer es etwas origineller hält, vergleicht die AfD mit „Bodensatz" (Winfried Kretschmann) oder „Schimmel zu Hause" (Christian Lindner), während die üblichen Schimpfbolde bei Allerweltsfloskeln bleiben: „rechtsextreme AfD-Bande" beziehungsweise „AfD-Idioten" (Ralf Stegner), „Haufen rechtsradikaler Arschlöcher im Parlament" (Johannes Kahrs) oder „wahnsinniger Faschist" (Staatssekretärin Yasmin Fahimi).

Man kann Beatrix von Storch mittels Torte malträtieren – offenbar als medial beklatschte, preisgekrönte Tat eines „Aktionskünstlers". Und die gleichfalls tortengeschädigte Sahra Wagenknecht verweigerte zur Steigerung noch Solidarität durch ihr abgeschmacktes Bonmot, das eigentlich Unangenehme liege in der Parallelisierung mit jener AfD-Dame. Berufsethische Gepflogenheiten (Vertraulichkeit des Gesprächs, unverzerrte Aussagen) wirft ein „FAZ"-Schmock kurzerhand über Bord, um in der sogenannten Boateng-Affäre Alexander Gauland Rassismus anzudichten. Von Journalisten-Ehre auch keine Spur im Fall Botho Strauß, wo der Herausgeber von „Theater heute" gegen den ausdrücklichen Willen des Dramatikers dessen persönliche Briefe publizierte. Er sah sich offenbar in einem Anfall von Tugendheroismus dazu ermächtigt. Sonst hätte Strauß' „Anschwellender Bocksgesang" sicherlich bereits 1995 das deutsche Volk ideell vergiftet.

Ähnliches empfand offenbar Frank Schirrmacher, zuvor immerhin Martin Walsers Intimus und Friedenspreis-Laudator. Gleichwohl drängte ihn wohl sein Gewissen, dessen „Tod eines Kritikers", noch bevor der Roman überhaupt gedruckt war, in einem offenen Brief als mordlüsternes antisemitisches Machwerk zu charakterisieren. Als einer der ganz wenigen Vertrauten hatte er bereits das Manuskript einsehen dürfen und witterte anscheinend Gefahr in Verzug: „Ihre Freiheit", diesen Text drucken zu lassen, hieß es volltönend in der „FAZ" vom 29.05.2002, „ist unsere Niederlage", und danach: „Mit bestem Gruß". Wo die Last des Gewissens drückte, blieb diesem Moralhygieniker keine andere Wahl. Oder etwa doch? Naivere Gemüter fragen sich (bereits ohne inhaltliche Diskussion), ob es statt eines medialen Bannfluchs nicht zunächst einmal die Möglichkeit gegeben hätte, seinem „Freund" von der Veröffentlichung abzuraten. Aber heutige Vorbilder, nach denen man unbedenklich einen Journalisten-Preis benennen kann, zeigen nun mal Flagge (inklusive Geschäftssinn).

Ein anderer Gewissensakt: Als Höhepunkt der Kampagne gegen den gehassten Immigrationskritiker Akif Pirinçci kündigte ein Buchhändler an, dessen Bücher öffentlich zu schreddern, wozu Kunden weitere Exemplare mitbringen sollten. Es lebe der Geist des vermeintlich seit sieben Jahrzehnten Bekämpften! Noch widerlicher ging es in der „heute-show“ des ZDF am 02.02.2018 zu, wo Oliver Welke einen Berater der AfD Baden-Württemberg regelrecht vorführte. Er zeigte den Filmausschnitt seiner Anhörung, in der dieser über mangelnde Deutschkenntnisse von Immigranten referierte. Das Gesagte kontrastierte er boshaft mit der Sprechbehinderung des Beraters, unterstützt von eingeblendetem Publikumsgewieher. Der Referent war nämlich Stotterer, wofür er vor Beginn seines Vortrags um Verständnis gebeten hatte. Aber Verständnis der bösen AfD gegenüber sieht eben anders aus.

Weitere (gut bezahlte) Moralarbeiter hetzen Nachbarn von Falschmeinern gegen diese auf oder setzen wie zu besten Stasi-Zeiten familienzersetzende Maßnahmen in Gang. Lediglich die Einweisung in die Psychiatrie ist heutigen Gesinnungsschützern (noch) versagt. Auch Sippenhaft feiert fröhliche Urständ, etwa im Fall des alternativen Internet-Satirikers „Dr. Alfons Proebstl“. Nachdem sein richtiger Name enttarnt war, verlor seine Frau sofort ihren Job. Darüber hinaus wurde in Potsdam eine 37-jährige Polizistin entlassen, weil ihr Ehemann der rechten Szene angehören soll und sich die Beamtin laut Polizeipräsident nicht ausreichend von der Familie distanziert habe. Früher schon hatte ein Funktionär unseres Olympia-Kaders eine Ruderin nach Hause geschickt, weil sie einen NPD-Freund hatte.

Selbst Kinder verfallen hierzulande der Ausgrenzung, wie die Wiener Waldorfschule eindrucksvoll belegt. Nicht etwa durch eigenes Dazutun, weil sie ihren Klassenkameraden etwa erschröckliche rechtsideologische Botschaften vermittelt und sie damit unrettbar seelisch vergiftet hätten. Heutzutage genügt es bereits, wenn sie sich die falschen Eltern ausgesucht haben. „Falsch“ hieß beim Ehepaar Lethen zum Beispiel, dass sich Caroline Sommerfeld-Lethen neuerdings publizistisch im Umfeld des Antaios-Verlags und der Identitären tummelt. (Das Vorleben ihres Gatten als ehemaliges Mitglied der maoistischen KPD-AO interessierte natürlich nie, zumal er noch heute Linksideale vertritt.) Erst durch die Aktivitäten der Mutter schrillten bei der Schulleitung zeittypische Alarmglocken, und die Söhne wurden aus den heiligen Waldorf-Hallen verwiesen. Denn mochten politische Differenzen der Lethen-Eltern auch nicht deren Familienfrieden zerrütten, für die gefährdeten Kinderseelen dieser bedeutenden Bildungsanstalt galten andere Maßstäbe. Besorgte Eltern liefen Sturm. Potentielle dialektische Spannungen waren Waldorfianern offenbar unzumutbar und Säuberungen im Sinne heutiger „Toleranz"-Vorstellungen alternativlos.

Der ultimative Kick, seine Feindschaft herauszubrüllen, beseelt auch einschlägig prominente Theologen. Dass Jesus mit Zöllnern aß und den Schächer amnestiert hat, ist für diese politisierte Zunft kein inneres Hemmnis. Lieber bekämpft man unter dem Segen der Bedford-Strohm, Woelki und Marx die AfD mit Kreuzzug- und Hakenkreuz-Rhetorik. Und dann lasst uns doch auch richtig klotzen nach Art von Ansgar Mayer, der im Erzbistum Köln die Kommunikation verantwortete und am 24. September 2017 per Twitter den sprachsensiblen Scherzbold gab: „Tschechien, wie wär's: Wir nehmen Euren Atommüll, Ihr nehmt Sachsen?" Solche geschmackvolle geistliche Anregung macht natürlich Schule. Man denke an das aktuell modische Sachsen-Bashing zahlreicher vermeintlicher Anti-Hass-Kämpfer: allen voran als kaum unterbietbaren Tiefpunkt an Jakob Augstein mit seinem volksverhetzenden Pamphlet auf „Spiegel Online" vom 27. August 2018. Doch Schwein-Sein bietet auch kuriose Facetten. So darf frau (zum Beispiel als Anne Helm oder Mercedes Reichstein), wenn ihr danach ist, auch mal öffentlich nackte Brüste zur Schau stellen. Und wenn sie zusätzlich „Bomber Harris, do it again!" draufpinseln lässt, rubriziert das Ganze unter humanitärem Links-Event.

Beliebt sind des weiteren „Hausbesuche" alias militante Aufmärsche bei exponierten Vertretern der Rechten ohne Respekt vor deren Privatsphäre. Auch Steckbriefe eignen sich vorzüglich zum Tugendterror. Sie treffen selbst kleinste AfD-Funktionäre, die in ihrem bürgerlichen Umfeld ausgegrenzt werden sollen, von bekannten Meinungsträgern ganz zu schweigen wie etwa Jürgen Elsässer, den Chefredakteur von „Compact“ (siehe Abbildung unten). Wir befinden uns damit bereits in jenem

Liebe Nachbarn!

Seit April 2016 wohnt und arbeitet mit Jürgen Elsässer eine der prägenden Personen der rechtsextremen Szene des Landes hier in im Haus

Elsässer ist Chefredakteur des Magazins Compact, das seit 2010 monatlich erscheint und zu den einflussreichsten Presseerzeugnissen der extremen Rechten in Deutschland zählt. Das Haus dient als Redaktionssitz und Treffpunkt der Redaktionskonferenzen. Ständige Autoren des Magazins gehen hier ein und aus. Überdies werden im Haus auch Videos für den Kanal des Magazins produziert.

Das ist nicht hinnehmbar!

Mehrfach trat Elsässer als Redner bei den islamfeindlichen Aufmärschen von Pegida und Legida auf, Cover des Compact-Magazins werden bei den Demonstrationen als Plakate verteilt. Das Heft wird in diesen Kreisen etwa für seine extrem flüchtlingsfeindliche und rassistische Haltung geschätzt; so hetzt Elsässer etwa über „Gang-Bang-Asylanten", und fabuliert von einer muslimischen „Invasion". Schuld an den Schutzsuchenden sei Bundeskanzlerin Angela Merkel, die auf Heft-Covern als „Königin der Schlepper" bezeichnet wird, die zu „verhaften" sei. Stattdessen wird in einem eigenen Sonderheft sogar die Freilassung der NSU-Rechtsterroristin Beate Zschäpe gefordert.

Einen Ausweg sieht das Magazin in der Partei "Alternative für Deutschland" (AfD), wobei man sich klar auf Seiten des national-völkischen Flügels um den Thüringer Partei- und Fraktionschef Björn Höcke positioniert. Dessen Dresdner Rede, in der Höcke eine „geschichtspolitische Wende um 180 Grad" forderte, wurde im Magazin begeistert abgedruckt.

Die Verbreitung all dessen wird zentral aus dieser Nachbarschaft heraus gesteuert. Wir wollen nicht länger hinnehmen, dass Elsässer aus dem Schutz dieses Wohngebietes heraus, seine Propaganda verbreitet. Wir rufen Sie dazu auf, gemeinsam aktiv zu werden, um Jürgen Elsässer zu zeigen, dass er in nicht willkommen ist. Es ist nur noch eine Frage der Zeit bis die Öffentlichkeit aufmerksam wird. Lassen Sie uns vorher gemeinsam über Strategien reden.

Bei Interesse, Rückfragen, Anregungen etc. schreiben Sie einfach an:
stop-compact@posteo.de
Mit freundlichen Grüßen, Stop Compact

Bereich, wo Denunziation praktisch in Exekution mündet. Und das galt ja schon von Anfang an. Selbst Bernd Lucke, dessen liberalistische mentale Grundausstattung gewiss keinen sozialen Umsturz befürchten ließ, wurde vom linken Kölner Fußballpöbel aus einem ICE-Abteil gemobbt und musste die Bahnpolizei zu Hilfe rufen. Die Mitreisenden hatten durch Schweigen einen entsprechenden jämmerlichen „Abstimmungsbeschluss" praktisch durchgewinkt, und etliche Medienkommentare verschlimmerten die Misere noch durch Häme.

Und natürlich halten sich Tugendterroristen auch für berufen, darüber zu befinden, welche Lesekost dem politischen Seelenheil der Deutschen bekömmlich ist und welche nicht. Wie brachial dies häufig geschieht, zeigte etwa die letzte Frankfurter Buchmesse. Beim Verlag Antaios wurden zweimal über Nacht etliche Bücher gestohlen beziehungsweise verdreckt. Bei Manuscriptum betraf dieses Beutemachen sogar das gesamte Verlagskontingent einschließlich der Zeitschrift „Tumult". Offenbar eine modische Form von Bücherverbrennung.

Zudem wurde eine Buchvorstellung durch linksextremistische Krawallmacher verhindert, konkret durch Trillerpfeifen, Pauke, Ghettoblaster und infernalisches Gegröle. Der Messeleiter ließ nicht räumen, obwohl Antaios für die Veranstaltung bezahlt hatte, und begründete dies groteskerweise mit „Meinungsfreiheit". So erlebten wir ein Szenario à la „Weimar", und ohne Polizeikordon wäre Blut geflossen. Den ersten Kommentar, den ich am nächsten Morgen darüber bei „Spiegel Online" las, verfasst von einer steindummen Journalisten-Darstellerin, lautete: „Dialogversuch gescheitert: Rechte rasten aus". Das war nun selbst anderen Vertretern der Qualitätspresse zu plump. Sie relativierten diese stereotype Sicht, wofür man eigentlich gar nicht erst zum Ort des Geschehens hätte reisen brauchen. Dies genierte schließlich selbst die in Sachen Fake News hartgesottene „Spiegel"-Redaktion, weshalb sie die Überschrift später änderte.

Und so lautet der O-Ton, wenn Linkskriminelle im Netz unser Grundgesetz interpretieren, in diesem Fall am 22.02.2018 unter dem geschmackvollen Titel: „STAAT.NATION.BUCH-

MESSE.SCHEISS. Meinungsfreiheit für Nazis? – Theoretische Überlegungen zum praktischen Vorgehen gegen rechte Stände auf der (Leipziger) Buchmesse“: „Bereits jetzt ist klar: die Buchmesse hat vor, den rassistischen Verlagen ‚Antaios‘ und ‚Junge Freiheit‘ Stände zu gewähren. Weiterhin gibt es das Potential für einen massiven antifaschistischen Widerstand – und wir freuen uns darauf, dass Leipziger Antifaschist_innen ihre Möglichkeiten ausschöpfen werden. Ziel antifaschistischer Praxis muss es sein, Rechten die Bühne zu verwehren und den Veranstalter_innen der Buchmesse praktische Anreize zu geben, die rassistischen Fans patriarchal-autoritärer Zustände beim nächsten Mal nicht mehr einzuladen.“ (nationalismusistkeinealternative.net.)

Was dann folgt, sind dialektische Sottisen, die nur noch mit Orwellschen Kategorien zu deuten sind und die jeder, der die intellektuelle Kloake samt gewaltlegitimierender Rabulistik nicht scheut, lesen mag. Bemerkenswert neben der kriminellen Arroganz ist die Selbstverständlichkeit, mit der solches in einem rund um die Uhr von Tausenden „gesäuberten“ Internet unbeanstandet passiert. Naiv, zu glauben, dass ein Verfassungsschutz, der diesen Namen zu Recht trüge, oder schlicht die Polizei sich ernsthaft für dergleichen Aufrufe interessierte. Und Erfolg hat man auch noch damit, wie man an der Absage der „Jungen Freiheit“ ersehen kann.

Aufschlussreich war auch, was mir Teilnehmer an Pegida- und besonders Legida-Demonstrationen glaubwürdig berichteten. In Leipzig, erzählte einer, ließen bewaffnete parallelgesellschaftliche Blockwarte des Stadtteils Connewitz Protestwillige schlicht nicht durch. Er habe deshalb die spärlichen Polizisten auf deutsches Demonstrationsrecht hingewiesen, wonach es verboten ist, genehmigte Kundgebungen derart zu stören. Der Polizist habe Verstärkung angefordert, die dann eine winzige Gasse freimachte. Nur war man in ihr – wie beim Spießrutenlauf – schubsenden, prügelnden und spuckenden Chaoten ausgesetzt. Zuvor habe er einen Polizisten gebeten, Fotos zu machen, da er diese Ungesetzlichkeit anzeigen werde. Der antwortete unverblümt: „Wollen Sie, dass die mich totschlagen?“

Ein anderes Beispiel: Ein identitäres Haus gegenüber der Universität Halle ist der Antifa ein Dorn im Auge und muss daher von seinen Bewohnern ständig bewacht werden. Es gibt einen regelrechten Alarmplan rund um die Uhr mit eingeteilten Nachtwachen. Trotzdem wurde seine Fassade einschlägig besprüht oder auch mal mit Pflastersteinwürfen gegen die Fenster beschädigt, die Tür aufgebohrt, Buttersäure reingespritzt, und was Destruktiven sonst noch einfällt. Die Polizei weiß von der Bedrohungslage und vermutlich auch, wer die Täter sind. Fahndungserfolg oder Medieninteresse an solcher Gewalt: in der Nähe von Null. Stattdessen halten Uni-Gremien Beratungen ab, wie man aus Imagegründen die bösen Nichtkonformen von der Werbung für ihre Ziele abhalten könne. Und bei solchem „Engagement" steigen plötzlich selbst überregionale Qualitätsmedien ein.

Was körperliche Angriffe oder Sachbeschädigungen betrifft, kenne ich allein aus Reihen der AfD ein Dutzend persönlich. Vor diesem Hintergrund erhält die Begrüßungsrede 2017 von Bundestagspräsident Schäuble ihr Geschmäckle. Gestattete sich dieser Gelegenheitshumorist in Richtung AfD doch die herablassende Bemerkung: „Prügeln sollten wir uns hier nicht." Nein, das will von dieser Partei gewiss niemand. Aber zeigt es mehr Etikette, solche Drecksarbeit anonym auf der Straße erledigen zu lassen? Wer finanziert denn, wie direkt oder indirekt auch immer, diese gewaltgeile rotlackierte SA? Und selbst wer nur durch skandalöse Passivität gegenüber Linksextremismus diese Zustände mit zu verantworten hat, möge sich dergleichen Scherze sparen. Denn die Umstände und Zahlen sprechen gewiss nicht für ihn.

Bereits 2016 hat Udo Ulfkotte in seinem Buch „Volkspädagogen" (Seite 208-210) eindrucksvoll darauf aufmerksam gemacht. Er kompilierte dabei von „linksunten.indymedia" lediglich deren „Leipziger Erfolgsbilanz des Jahres 2015 im Wortlaut ihrer Urheber" – rund zwei Seiten abstoßende Gewaltprotzereien. Daraus sei nachfolgend nur Weniges stellvertretend zitiert, wobei man sich bewusst sein muss, dass es hier nur um eine

Stadt geht:

„7. Januar: Angriff auf Polizeiposten in Connewitz in Erinnerung an Oury Jalloh. / 15. Januar: Scherbendemo mit 800 Menschen durch die Leipziger Innenstadt. / 21. und 30. Januar: Brände an Bahnanlagen gegen Legida-Aufmärsche. / 28. Januar: Angriff auf Polizeistation in Plagwitz. / 11. April: Burschenschaftler in Connewitz verprügelt. / 24. April: Ausländerbehörde entglast. / 6. August: Angriff auf Frauke Petrys Firma. / 9. August: Nazis in Connewitz angegriffen. / 26. September: Nazikarre flambiert. / 7. Oktober: Angriff auf AfD-Büro. / 7. November: AfD-Stand zerstört.“ Und so weiter und so fort.

Für politische Gewalt interessiert sich auch die Salzgitter-Dokumentationsstelle der AfD. Natürlich wurde auch ihre Website wiederholt gehackt, und leider fehlt das Personal, um die vielen Belege einzugeben. Man ist momentan immerhin bei 1.300 dokumentierten Fällen. Was die AfD betrifft, summieren sich Übergriffe insgesamt gewiss auf Straftaten in fünfstelliger Größenordnung, zumal ja bereits das Plakatezerstören ein Delikt ist. Man beschimpft und bedroht sie im Wahlkampf oder ersinnt zahlreiche Techniken, um sie von öffentlicher Debatte oder unbehelligter Straßenwerbung auszuschließen. Wie viele Gebäudeschmierereien, Einbrüche und Zerstörungen kommen hinzu? Auf Plakatkleber wurde sogar mal in Wildwest-Manier geschossen. Oder Linkskriminelle publizieren im Netz illegal erworbene persönliche Daten von AfD-Parteitagsbesuchern. Gewalttätige Randale bei Parteitagen ist die Regel. Wer kennt die Gesamtsumme abgefackelter Autos ihrer Partei oder diejenigen anderer willkürlich unter „Nazis“ Subsumierter: von Ernst Nolte über Martin Sellner bis Beatrix von Storch oder der Frau von Uwe Junge. Bei der „Jungen Freiheit“ war‘s sogar die zuliefernde Druckerei.

Wer alternative, politische, gesellschaftliche oder historische Anliegen öffentlich zu Gehör bringen möchte, kann ständig damit rechnen, dass Kioskbesitzer gewaltsam „ermahnt“ oder Wirte per Telefonterror bedroht werden. Dass man ihre Fassade verschmiert oder Winkeladvokaten in Gang setzt. Praktisch jede

Woche liest man jenseits der Blockmedien, dass mal wieder eine Veranstaltung von einschlägigen Randale-Gruppen gestört wird. Berlin, Leipzig, Köln, Düsseldorf, Dresden, Bremen, Hamburg – man kommt nicht nach mit der Auflistung jener Städte, in denen das systematisch geschieht. Ausgerechnet die Lebensschützer sind fast ungehemmter Aggressivität ausgesetzt, wovon periodisch auch die Bibliothek des Konservatismus in Berlin per Farbbeutel betroffen ist. Und zur Machtklüngelei passt, dass etwa die Berliner TU ihre Räume der Antifa für einen Kongress zur Verfügung stellte, um weitere Meinungsverhinderungs-Strategien auszubrüten.

Neben solchen physischen Verhinderungsaktionen gegenüber Aufklärung steht wirtschaftliche Vernichtung auf der Agenda ganz oben. So liefen etwa gegen „Tichys Einblick“, „Die Achse des Guten“ oder *eigentümlich frei* Kampagnen zur Einschüchterung von Werbekunden. Noch Spektakuläreres geschah Martin Sellner, dem auf gezielten Druck hin Konten im halben Dutzend gekündigt wurden. Dergleichen Schikanen bei einer gleichzeitigen Werbung zur Abschaffung des Bargelds haben ihren ganz eigenen perversen Charme. In Zukunft lässt sich Opposition, der man so die Geldzuflüsse sperrt, quasi aushungern.

Und beim Koblenzer Treffen der EU-Parlamentsfraktion Europa der Nationen und der Freiheit wurde generalstabsmäßig, unter dem Beifall unserer Kulturschickeria, demonstriert, wie man durch Meinungsterror das Wesen der Demokratie pervertieren kann: mit stornierten Hotelbuchungen, mafiösem Druck der Altparteien und Stadtverwaltungen, das Ganze gestützt durch Brüsseler Informationen. Man erpresst Wirte durch imageschädigende Kampagnen oder droht mit verschärften Wirtschaftsprüfungen. Kongressteilnehmern wurde das Frühstück verweigert; das Zimmer war nur über die Tiefgarage zu betreten, und was der Schäbigkeiten mehr sind, wenn Gutmenschen menscheln (siehe Michael Klonovsky auf „Acta diurna“ vom 24.01.2017). Nach der Bundestagswahl 2017 haben pöbelnde Demonstranten diverse AfD-Partys gesprengt, und Bundessprecher Jörg Meuthen gelangte nicht, wie verabredet, ins SWF-Fernsehstudio, weil die

Berliner Polizei seine Sicherheit nicht garantieren mochte.

Da das anscheinend der vom Mainstream geforderte „Aufstand der Anständigen“ ist, ahnt man, welche Begriffsverwirrung mittlerweile hierzulande herrscht. Das gilt gleichermaßen für „Zivilcourage“. Und geradezu albern kommt neuerdings der Vorwurf rechter Larmoyanz in Mode. Ausgerechnet von Leuten, die keinen Tag in ihrem Berufsleben auch nur ein Rebelliönchen in der Redaktionsbesprechung gewagt haben. Die schon Verfolgtenstatus reklamieren, wenn sie bei Talkshow-Heimspielen auch mal ein paar schwachsinnige Mails gegen sich präsentieren können, was von wirklichen Oppositionellen schon gar nicht mehr registriert wird.

Testhalber seien sie herzlich eingeladen, sich zum Beispiel in Leipzigs „Conne Island“ oder einschlägigen Göttinger Kreisen mal vernehmbar für das selbstverständliche Äußerungsrecht von Alternativen auszusprechen. Das wäre ein Schnellkurs in politischer „Opferkunde“. Und wer‘s doch lieber distanziert hält, studiere mal im Internet wenigstens ein paar Hundert über Björn Höcke erschienene Auslassungen, den zur Zeit wohl meistbefehdeten Politiker der deutschen Rechten. Unmittelbar gefolgt von Medienunholden wie Jürgen Elsässer oder dem Antaios-Verleger Götz Kubitschek, den hiesige Edelrechercheure wörtlich als „Spinne im Netz“ finsterster antiziviler Verschwörung vorstellen, während sein „Rittergut“ offenbar sämtlichen politischen Teufeln Europas zur Herberge dient.

5.2 Deutschlands Unperson Nummer eins

Wer in der Zukunft einmal unter Schaudern nachschlagen möchte, wie Andersdenkende im Jahr 2017 in der Bundesrepublik Deutschland von der Pressemeute fertig gemacht wurden, und das alleine als Mittel zu einem Zweck, der braucht nur unter „Björn Höcke" nachzuschlagen.

André F. Lichtschlag in eigentümlich frei, 15.02.2017

„Von der Parteien Gunst und Haß verwirrt, schwankt sein Charakterbild in der Geschichte", schrieb Schiller über Wallenstein. Ob man Ähnliches im Rückblick von Jahrzehnten einmal auch über Björn Höcke sagen wird, steht in den Sternen. Aber das mit der Verwirrung seines Charakterbilds durch heftige Emotionen statt rationaler Wertung träfe sicherlich zu. Und ein Anrecht auf künftige Erwähnung lieferte bereits der Umstand, dass sich an seinem Beispiel modellhaft die Konstruktion einer medialen Unperson illustrieren lässt.

Gewiss ist Höcke kein Politiker ohne Fehl. Er kam, wie viele AfD-Protagonisten der ersten Stunde, nicht aus einem klassischen Altparteien-Milieu, wo man bereits in der Jugendorganisation darauf abgerichtet wird, was öffentlich zu sagen und vor allem zu verschweigen ist. Die Anfänge seiner neuen Partei waren vielmehr auch durch etliche Unangepasste charakterisiert, die man – je nach Standpunkt – als mit Macken oder mit Ekken und Kanten versehen bezeichnen kann. Die haben wahrlich nicht alle Fettnäpfchen und Fallen gemieden. Und in letztere ist auch Höcke öfters getappt, zunächst als eine Art Simplicius, der erst durch Rückschläge und bittere Erlebnisse über die Grundpraktiken im Haifischbecken Politik belehrt werden musste. Insbesondere unterschätzte er die unerbittliche mediale Feindschaft und Infamie, die seiner Partei entgegenschlug.

Dies erklärt diverse unglückliche Interviews wie das manipulativ verkürzte der „Thüringer Allgemeinen", wonach ihm diverse Journalisten das Etikett eines NPD-Sympathisanten anhefteten. Zur „antirassistischen" Treibjagd nutzte die politmediale Klasse des weiteren einen Vortrag, bei dem er überflüssigerweise biologisch theoretisierte, statt schlicht das unterschiedliche Völkerwachstum in Afrika und Europa festzustellen. Und schließlich hat er das Berliner Mahnmal, das deutsche Schande dokumentieren soll, auch so genannt und (in einer missverständlichen Formulierung) eine „180-Grad"-Wende unserer Erinnerungskultur gefordert. Statt sittliche Kloaken solle man künftig wie andernorts in der Welt Beispielgebendes ins Zentrum der Aufmerksamkeit stellen. Dies kritisierten selbst Parteigenossen als mangelndes Gespür für den richtigen Moment und die zu erwartende Skandalisierung durch die hiesige Zivilreligion.

Die erfolgte natürlich umgehend und versimpelte Höckes Anregung zu einer Forderung nach historischer Amnesie unter Herabwürdigung der Ermordeten. Besonders verbohrte oder skrupellose Auslegungskünstler suggerierten ihren Hörern oder Lesern sogar, dass hier der (kriminelle) Tatbestand der Holocaust-Leugnung erfüllt sei. Dergleichen hat in der Kampfpresse Tradition, wobei man sich immer wieder fragt, ob bei solchen Verzeichnungen, Übertreibungen oder Falschmeldungen Unwille oder Unfähigkeit zu journalistisch vertretbarer Berichterstattung dominiert. Als jüngere Beispiele solcher Praxis könnten einige alberne Artikel dienen, wonach Höcke den antiislamischen Religionskrieg auch noch in die Türkei tragen wolle. (Einige „Informanten" beschränkten sich darauf, diese Auslegung als eine mögliche zu skandalisieren.) Dabei konnte jede(r), der auch nur rudimentäre Interpretationskenntnisse besitzt, Höckes Worte eigentlich nicht missverstehen, der ein Übergreifen des Islam nach Europa verhindern will. Die Redaktionen von „Welt", „Stern", „Zeit", „Handelsblatt", „Bento" und ein Dutzend andere beschäftigen Journalisten mit solchen Kenntnissen offenbar nicht. Zudem schreibt vermutlich ein Organ vom anderen ab, worauf sich der Realitätsgehalt der Meldungen wie bei der stillen Post verflüchtigt.

Momentan letzter Medien-Schrei ist eine (vom „Spiegel" weiterverbreitete) Schmuddelstory der AfD-Renegatin Franziska Schreiber. Danach hätten sich Höcke und Kubitschek verschwörerisch zusammengetan, um Goebbels-Reden nach brauchbaren Versatzstücken für eigene Vorträge zu durchforsten. So malt sich dies in vernagelten Antifa-Hirnen nun mal aus. Nur schade, dass der im „Enthüllungsbuch" genannte „Zeuge" dies per Eid bestritt und sich auch sonst keine Belege für die dreiste Unterstellung fanden. Das Landgericht Halle verfügte daher die Streichung der entsprechenden Passage und die Rückrufung ungeschwärzter Exemplare.

Kurz: Höcke übernimmt für unsere Qualitätsmedien den deutschen Part eines Donald Trump, über den laut Harvard-Studie etwa die ARD mit einer ihre Vielfalt belegenden traumhaften Quote von 98 Prozent negativ berichtet. Was sind die Gründe für dieses Image? Um mit den rationalen zu beginnen: Die gegenwärtig führenden Parteien und Medien missbilligen seine Ziele. Man hält diese für falsch oder gefährlich. Höcke steht schließlich für einen energischen Konfrontationskurs zur hiesigen politischen Klasse. Er protestiert gegen Massenimmigration, Islam in Deutschland oder Genderisierung der Gesellschaft und plädiert für traditionelle Familienpolitik zur Verbesserung der demographischen Schieflage. Dazu für mehr nationales Selbstbewusstsein und weniger Eurokratie. Seine Initiative zur „Erfurter Resolution" gegen Luckes Anbiederungskurs ans Establishment hat ihn zum populärsten Vertreter des rechten Flügels werden lassen mit zuweilen harschen Äußerungen über von ihm so gesehene Opportunismen in der AfD. Auch sucht er mit weniger Scheuklappen Bundesgenossen in der alternativen Protestszene generell. Er mobilisiert Massen, was andere Landesverbände teils nicht vermögen, teils scheuen.

Höcke ist also ein Faktor im Spiel um die Macht, mit dem das Establishment rechnen muss, auch wenn sein Einfluss innerhalb der Partei angesichts seines nur kleinen Bundeslands und mächtiger Rivalen um den Programmkurs maßlos und tendenziös übertrieben wird. Hinzu kommt sein Politikstil. Er polarisiert und emotionalisiert, auch durch zuweilen undiplomatische Direktheit. Dies spricht zwar vielen aus dem Herzen, bereitet aber selbst manchem im Vorstand Bauchschmerzen, wenn er an Reaktionen der Blockmedien denkt. Als Wahlkämpfer neigt er zur Drastik. Und wo ihm die Publikumszustimmung schmeichelt, gibt er rhetorisch auch mal dem Affen Zucker.

Das ist nicht jedermanns Sache und weckt – wie in Deutschland fast reflexartig – Assoziationen an Redetriumphe zwischen 1933 und 1945. So wollen denn auch einige Kritiker Anklänge an Hitler entdecken. Analytisch ergiebiger wäre es, zeitübergreifend-allgemeine Muster effektvoller Massenkommunikation ins Auge zu fassen, die eine wechselseitige Gefühlsbeziehung zwischen Redner und „Gemeinde" aufbauen. Alle erfolgreichen Ansprachen gleichen sich in bestimmten Punkten. Auch könnte ein Blick über den deutschen (ständig auf Braunau fixierten) Tellerrand helfen. Nicht zuletzt Kennedy oder Obama („Yes, we can") taugen zum Vergleich.

Stein des Anstoßes sind des weiteren bewusst positive Bezüge zu Werten wie „Heimat", „Vaterland", „Nation", wo diese, ginge es nach den Achtundsechzigern, doch ewig im Orkus der Vergangenheit versenkt bleiben sollten. Solche Entsorgung akzeptiert Höcke nicht. Und die häufige Anrede seiner Zuhörer als „Patrioten" gehört zum selbstverständlichen Standard. Auch sonst herrscht Pathos, und er verweigert sich neusachlichen Sprachgesten oder Konzessionen an unsere Unterhaltungsgesellschaft. Das erleichterte es seinen Gegnern, ihn zu den „Ewiggestrigen" zu zählen, zumal er ein bewusst antimodernes Lebensmodell pflegt mit vier Kindern, Rückzug aufs Land, erwandertem Heimatbezug und Interesse für die scheinbar nur biederen Wünsche des kleinen Mannes. Alles widerspricht fundamental dem kosmopolitisch-emanzipatorisch-globalistischen Menschheitsentwurf, den sich unsere Funktionselite als alternativlose Bewusstseinsform des Fortschritts erdacht hat. Und so bläst sie gegen den „Reaktionär" zur Attacke. Mit solcher Gegnerschaft muss einer rechnen, der nicht zuletzt den Kulturkampf auf seine Fahnen geschrieben hat. Auf dem Forum herrscht ein rauher Wind. Und wer selbst austeilt, sollte nicht wehleidig sein.

Doch das erklärt nur die Grundrichtung der Polemik, die Überreaktionen noch nicht. Denn natürlich nutzt das Establishment seine zum Schreckgespenst stilisierte Person, um potentiell abspenstige Wähler der Mitte vom Überlaufen ins andere politische Lager abzuhalten. Man zielt damit zugleich auf die Sollbruchstelle zur Spaltung der AfD, worin von jeher die bevorzugte Strategie der Altparteien bestand. Und das klappt(e) ja auch selbst bei einigen AfD-Mitgliedern, denen das mediale Dauerfeuer die Nerven zerrüttet hat. Die Lucke- und Petry-Krise zeugen davon, wobei auch personelle Rivalitäten und programmatische Richtungskämpfe mitspielten, wenn einige glaubten, ohne ihn zu einer Frontbegradigung zu gelangen.

Und vergessen wir beim Höcke-Bashing den kommerziellen Faktor nicht. Denn Agenturbeiträge wollen gekauft werden. Im täglichen Angebot Tausender von Nachrichten, die per Life-Ticker eintreffen, stehen entsprechende Storys hoch im Kurs. Wenn gar keine Tagessensation vorliegt, taugt irgendeine vermeintliche Ungeheuerlichkeit dieses negativen Medienstars vielleicht doch noch zum Aufmerksamkeitserreger. Natürlich darf der Bericht kein Langweiler sein, der differenzierend alternative Deutungen oder ein Sowohl-als-auch enthält. Lass krachen! Nur eine auf abstrus oder monströs getrimmte Meldung garantiert Cash. Und so schafft sich die Nachfrage nach unterhaltend Skandalisierbarem auch ihre adäquaten Textinhalte, meist verfertigt von Leuten, die ihren journalistischen Prügelknaben kaum kennen.

Aus diesen und anderen Gründen ersteht eine Unperson schlechthin, die man bedenkenlos zum Nazi erklärt. Von „Bild“ über „FAZ“ bis „taz“ darf Höcke, gerichtlich ungerügt, durch perfide Fotoausschnitte mit dem „Deutschen Gruß“ abgebildet werden, und die behaupteten Gemeinsamkeiten mit NS-Größen in hiesigen Blättern sind Legion. Justus Bender beglaubigt seinen eher schlichten Sinn für Satire, indem er am 07.10.2017 einen Anti-Höcke-Artikel à la Timur Vermes betitelt: „Er ist wieder da". Eine geschmackvolle „Spiegel"-Journalistin spekulierte darüber, wie man ihm per falschem Metoo-Outing ein Strafverfahren anhängen könne (vergleiche Kapitel 6.4). Dutzende „Toleranter" delektierten sich öffentlich an der Vernichtung auch seiner bürgerlichen Existenz durch die Forderung, ihm die Lehrerlaubnis als Studienrat abzuerkennen. Politiker, Blogger und Medienschaffende feiern diverse (einer freiheitlichen Gesellschaft unwürdige) Haus- beziehungsweise Hotelverbote. Und wer einmal beobachten konnte, dass Höcke angesichts aufgehetzter Linkskrimineller ohne massiven Begleitschutz zumindest seine Gesundheit riskierte, weiß, welcher Hass und welche Vernichtungsinstinkte von solchem Journalismus entfesselt werden.

Hinzu kommt, dass auch seine Privatsphäre beziehungsweise die seiner Familie (samt unmündigen Kindern) keineswegs respektiert wird. Sei es, dass am Feiertag sein Haus im Dörfchen Bornhagen von Demonstranten belagert wird, sei es als vorläufiger Höhepunkt und offenbar „zeitgemäßer" Pranger, dass man auf seinem Nachbargrundstück ein Holocaust-Modell plazierte, inklusive Dauerbeschallung mit Inschallah-Rufen, der Internationale, NS-Reden und einigem mehr. Auch drohte man ihm, wenn er nicht Abbitte leiste, mit peinlichen Veröffentlichungen. Zehn Monate lang habe man privateste Vorgänge ausgespürt, bis ins Wohnzimmer und in den Urlaub hinein. Was immer davon sich als Prahlerei erweisen mag, bereits die versuchte Erpressung durch eine selbstermächtigte Stasi 2.0, nun „privat" finanziert von dubiosen Netzwerken und Institutionen zu angeblich moralischen Zwecken, überschreitet eine rote Linie, bei der eine Zivilgesellschaft, die diesen Namen verdient, hellhörig werden müsste.

Stattdessen bietet die gnadenlose Auslieferung einer Familie an den Rufmord exemplarisches Anschauungsmaterial dafür, bis zu welchem Ausmaß „Vergangenheitsbewältigung" hierzulande zum erbärmlichen Instrument aktueller Politinteressen verkommen ist. Und wenn sich ein Mainstream-Organ einmal tatsächlich herablässt, den Betroffenen selbst zu hören, trifft der auf einen sprachlich „hochskrupulösen“ Interviewer wie Matthias Kamann von der „Welt“. Der fragt das Opfer erst einmal, ob seine Einstufung dieser politischen Afterkünstler als „terroristische Vereinigung“ nicht „eine Nummer kleiner“ ginge („Welt“, 30.11.2017). Wohl dem, der keine anderen Sorgen hat!

Die selbst für Boulevard-Normen unverhältnismäßige Medien-Feindschaft nährt den Verdacht, dass die beteiligte Herrschaftsschicht mittlerweile selbst Opfer ihrer Dämonisierung geworden sein könnte. Von der Grundschule an (oder noch früher) hat man seit Jahrzehnten mental den „Ernstfall“ beschworen und alltäglich „Nazis“ besiegt. Nun wollen Scharfmacher unter ihnen die ganze Szene mal richtig aufmischen und zum Teil auch mal wirklich marschieren lassen. Handlanger im doppelten Wortsinn stehen ja zahlreich bereit. Allerdings seien die Einpeitscher bereits heute an ihre Verantwortung erinnert. Schließlich reagierten sie ja selbst stets ungemein feinfühlig, wenn sich ein Exzesstäter der anderen Seite ausnahmsweise mal einen Vertreter des Establishments zum Frustabbau aussuchte. „Hier hat Pegida mitgestochen“, tönte es dann so larmoyant wie weit hergeholt.

Ich mag eigentlich allzu lange Kausalketten nicht. Denn natürlich ist selbst schärfste Kritik an Höckes Programm oder Person kein Anstiftungsdelikt. Sonst müsste jeglicher verbalbefeuerte Wettbewerb eingestellt werden. Dennoch ist in seinem Fall etwas aus dem Ruder gelaufen. Wer einen Unbequemen Tag für Tag zu einem fast schon mystischen Bösewicht stempelt, nimmt Übergriffe zum Teil mit in Kauf. Ein solches Risiko nicht zu sehen, wäre unstatthafte Naivität. Wo ein Politiker so systematisch in die Hitler-Rolle hineinpolemisiert wird, wird man sich kaum herausreden können, wenn ein geistig noch Verwirrterer als die ihn stützenden Hintermänner und -frauen sich irgendwann mal in die Georg-Elser-Mission hineinphantasiert. An Götz Kubitschek und Ellen Kositza haben während der letzten Frankfurter Buchmesse verhetzte, feige und natürlich vermummte Dunkelmänner ja schon gewaltsam ihr trauriges Demokratieverständnis exemplifiziert.

5.3 Gerechtigkeit light

Es ist das natürliche Bestreben der Machthaber, den legalen Widerstand und selbst die Nichtannahme ihrer Ansprüche als verbrecherisch darzustellen, und diese Absicht bildet besondere Zweige der Gewaltanwendung und ihrer Propaganda aus. Dazu gehört auch, daß sie in ihrer Rangordnung den gemeinen Verbrecher höher stellen als jenen, der ihren Absichten widerspricht.

Ernst Jünger: Der Waldgang (1951)

Die schärfste Form politisch-moralischer Denunziation tendiert zum Gericht. Und dort landet ja auch vieles, was als Meinung der deutschen Öffentlichkeit angeblich nicht zumutbar ist, weil es zeitgeisthörigen Staatsanwälten in die Hände fällt. Eine jährlich fünfstellige Zahl einschlägiger Politverfahren spricht Bände, selbst unter der Annahme, dass auch berechtigte Urteile darunter sind. Und angezeigt wird, was das Zeug hält, von einer auf Denunziation getrimmten Bevölkerung beziehungsweise deren „zivilgesellschaftlichen" Instanzen. Die folgende (durch andere vielfach zu vermehrende) Meldung eines Provinzblatts illustriert das:

„Sulzbach (red) Die Polizei ermittelt gegen den Betreiber eines Motivwagens beim gestrigen Dudweiler Fastnachtsumzug. Ein Bild des Wagens, das auf Facebook kursiert, zeigt einen Badezuber, aus dem bärtige Puppen mit Turbanen ragen. Auf dem Zuber steht: ‚Die Wanne ist voll' – eine Umwandlung des Ausspruchs ‚Das Boot ist voll', den Gegner des Flüchtlingszuzugs verwenden. Da das Motiv den Verdacht der Fremdenfeindlichkeit erfülle, sei auch der Staatsschutz der Polizei eingeschaltet worden. ‚Wir nehmen die Sache sehr ernst', sagte ein Polizeisprecher der ‚SZ'. Ob und wenn ja welcher Straftatbestand vorliege, müssten die laufenden Ermittlungen zeigen." („Saarbrücker Zeitung", 12.02.2018)

Beim Lesen dieser Nachricht ging mir dreierlei im Kopf herum. Erstens, dass wir mittlerweile zu einer kindischen Verpetz-Gesellschaft regrediert sind. Zweitens als schreckhaft erneuerte Einsicht: Wenn solch ein Scherz bereits als prüfenswerter Straftatbestand gilt, scheint mir inzwischen der „Staatsschutz" selbst die Demokratie zu gefährden. Denn von Meinungsäußerungsfreiheit kann dann keine Rede mehr sein. Zumal dies drittens auch noch im Rahmen von Fastnacht geschah, wo man üblicherweise verbal über die Stränge schlägt. Selbst im angeblich so finsteren Mittelalter, als ein Bischof Exekutivgewalt und zuweilen Halsgerichtsbarkeit besaß, was antiklerikalem Spott wenig Raum bot, trieb man zu Karneval auch mal Esel in die Kirchen, die mit der Mitra geschmückt waren.

Oh, wie „fortschrittlich" sind wir dagegen heute. Aber wär's da nicht noch besser, per Reform gleich festzulegen, dass Faschingsvereine Texte und Konzeptionen rechtzeitig einer Korrektheits-Kommission einreichen, die alles Verfängliche eliminiert und so juristisch ungetrübten Spaß ermöglicht? Helau! Doch solche Vorzensur nach dem Modell der Karlsbader Beschlüsse meidet die BRD. Und es fragt sich, ob Berechenbarkeit überhaupt erwünscht ist. Denn die jetzige staatsanwaltliche Nachzensur leistet noch geschickter einem Klima Vorschub, bei dem vox populi besser schweigt.

An närrisches Kleinkind-Beleidigtsein erinnerte mich auch ein Vorfall aus dem Kieler Landtag, als sich das Establishment mal wieder „menschenverachtend" beleidigt sah. Hatte doch AfD-Fraktionschef Jörg Nobis angesichts der Aussicht auf Neuwahlen tatsächlich getwittert: „Dann fahren wir den Schulz-Zug in den Hochofen." Aber neuerdings gilt offenbar selbst Schadenfreude als justitiabel, zumindest nach dem grünen Parlamentsvizepräsidenten, der Strafantrag wegen „Volksverhetzung" stellte (Joachim Kuhnle auf *eigentümlich frei*, 14.02.2018). Und als Beatrix von Storch sich über die Arabisch-Durchsagen der Kölner Polizei an die Adresse potentieller Rechtsbrecher echauffierte, provozierte sie laut Qualitätspresse umgehend 100 (!) Anzeigen.

Und das ist bei all diesen Affären oder Pseudoaffären nun gar nicht mehr komisch. Denn welches irrwitzige Rechtsverständnis, welcher Obrigkeits- beziehungsweise Untertanen-Wahn spricht aus der Auffassung, alles politisch Unerwünschte unterliege dem Urteil der Justiz. Natürlich kommt nur ein Bruchteil der zahllosen Anzeigen auch zur Anklage. Aber wo eine solche gesamtgesellschaftliche Mobilisierung gegen Unkorrektes in Gang gesetzt wurde, lässt sich von Rechtsfrieden eigentlich nicht mehr sprechen.

Hinzu kommt, dass sich die politische Klasse mit Verfassungsschutz und Bundesverfassungsgericht zweier Instrumente bedient, die Systemkritiker strangulieren und den Rest der Zweifelnden durch Überwachung oder Verbotsdrohung robust vor „falschen" Auffassungen bewahren. Hier fehlt der Raum, sich mit beiden Institutionen grundsätzlich auseinanderzusetzen: etwa mit der wenig liberalen Einzigartigkeit des Verfassungsschutzes im Rahmen westlicher Standards, den zum Beispiel Josef Schüßlburner 2016 einer vernichtenden Analyse als „Extremismus der politischen Mitte" unterzog. Es muss bei Schlaglichtern bleiben im Rahmen meines Themas. Dazu gehört der Missstand, wie in den letzten Jahrzehnten diverse gesellschaftspolitische Neuerungen, normativ draufgesattelt, plötzlich zu Staatsschutzzielen wurden.

Eine problematische Funktion erfüllt auch der verschärfte Paragraph 130 des Strafgesetzbuchs, der etwa in Sachen „Holocaust-Leugnung" kein Pardon kennt. Und so schickt man aktuell, falls nicht gesundheitliche Gründe dies im letzten Moment verhindern, eine 89-jährige Oma für rund zwei Jahre ins Gefängnis, weil sie ein abwegig-irrationales Geschichtsverständnis zeigt. Die Gerichte bis zur höchsten Instanz folgten damit einem Formalismus, den ich (nicht zuletzt angesichts diverser Freisprüche von linksextremistischen oder immigrierten Gewalttätern) nicht unbedingt mit Gerechtigkeit in Verbindung bringe. Und ich möchte nicht in der Haut dieser Richter stecken, auch wenn ihnen ob solcher ideologischen Folgsamkeit etliche Bonuspunkte für eine künftige Beförderung sicher sein dürften.

Die millionenfache Tötung europäischer Juden gilt fraglos auch mir als gesichertes Geschichtswissen. Aber zweifelte ich daran, hätte ein strafrechtliches Glaubensgebot auf meine Überzeugung gewiss den ungünstigsten Effekt. Das Gesetz ist bestenfalls gut gemeint. Und stammte es von 1945, um unmittelbar nach dem Sturz des Regimes Ewiggestrigen erst mal den Mund zu stopfen, ließe sich günstiger darüber urteilen. Aber angesichts einer völlig veränderten Grundstimmung sind etliche vergangenheitsbezogene Gesetze (auch Devotionalien und Kennzeichen betreffend) mittlerweile schlicht obsolet und einer selbstbewussten Demokratie unwürdig geworden. Stattdessen laden sie eher zu trotziger Fehlreaktion und viele Rechtgläubige zu Denunziation ein. Die Wahrheit, heißt es, sei zumutbar. Doch die wie immer zu definierende Lüge auch. Sonst drohen uns Wahrheitstribunale und -ministerien, wie sie heute schon viel zu sehr in Mode kommen. Konkret: Hausdurchsuchungen bei Verlagen, weil dort revisionistische Schriften vermutet werden, Gefängnis für Starrsinn und vieles mehr.

Ohnehin lässt sich kaum ernsthafte Forschung treiben, wenn die Ergebnisse strafrechtlich fixiert sind. Nicht umsonst wehren sich genuine Historiker länderübergreifend gegen eine staatlich verfügte Offizialgeschichte. Denn die darin kristallisierte Moral erscheint, wie schon Kleist in Sachen Wahrheit zu bedenken gab, als Sache des jeweiligen Breitengrads. Während in Frankreich die Leugnung des Genozids an Armeniern strafrechtliche Folgen hat, gilt in der Türkei just diese Behauptung als illegal. Polen wiederum hat ein Gesetz erlassen gegen jeden, der behauptet, das Land habe gegen das 1945 von den Alliierten erlassene „Londoner Statut" verstoßen. Strafbewehrt ist damit die Auffassung einer Mitverantwortung für die unter deutscher Besatzung begangenen Verbrechen und besonders die Formulierung „polnische Lager". Bis zu drei Jahre Haft sollte darauf stehen. Wenigstens das wurde inzwischen auf israelisch-amerikanischen Druck aus dem Gesetz gestrichen. Allerdings verwies der polnische Ministerpräsident in der Debatte darauf, dass nach wie vor der Weg offenstehe, „zivilrechtlich gegen eine Verleumdung Polens vorzugehen". Auch in Russland und der Ukraine mischen sich Gerichte in die Auslegung der Vergangenheit ein. In Argentinien darf man Verbrechen der Militärjunta nicht bestreiten, in Tschechien und Ungarn neben dem Holocaust die der Kommunisten. Jüngst ist mit der Deutung der Sklaverei ein neuer historischer Tatbestand hinzugekommen, den Lobbygruppen justitiell geregelt sehen wollen.

Und wo gar noch das Relativieren strafrechtlich bedroht ist, wird es grotesk. Denn welcher ernst zu nehmende Historiker täte das nicht? Jedes Objekt oder Phänomen verliert bei genauerer Betrachtung seine scheinbar eindeutige Kontur, offenbart neue Details, Widersprüche, irritierende Umstände. Die Oberfläche verschwimmt durch Tiefenanalyse. Eine vermeintlich glatte Billardkugel erscheint fast inkompatibel mit dem, was wir unterm Elektronenmikroskop wahrnehmen. Relativieren unter Strafe zu stellen, heißt also, Volkspädagogik statt Forschung zu treiben, Dogmen zu installieren und den Inquisitor dazu.

Ein weiterer Punkt staatlicher Meinungsbeschränkung: das jüngst ergangene verfassungsgerichtliche Quasi-Verbot der NPD. Thor von Waldstein („Unterwegs zur Karlsruher Republik") hat dieses Urteil in seinen teils absurden Begründungen und Folgen scharfsinnig analysiert. Dazu zählt etwa die Paradoxie, dass eine Partei auf dem Wahlzettel bleibt, die angeblich wesensmäßig der NSDAP entspricht, deren Wähler aber gut daran tut, sein Votum oder gar seine Mitgliedschaft zu verbergen. Denn als Sympathisant einer als verfassungsfeindlich eingestuften Partei wird er für Vermieter, Arbeitgeber oder seine Bank sonst geradezu zum rechtlichen Freiwild. Auch kann er sich nur so lange seines Wahlrechts freuen, wie seine Partei nicht ins Gewicht fällt. Sonst droht ihr Verbot.

Das Verfassungsgericht hat im Stil einer „Gebrauchsanleitung" für ein potentielles drittes Verbotsverfahren sogar Kriterien dafür aufgestellt (Mitglieder- und Abgeordnetenzahl, Bundes- und Medienpräsenz, Finanzen, Wortergreifungsstrategie, Veranstaltungsstärke beziehungsweise häufigkeit, Verzahnung mit anderen Oppositionsgruppen und vor allem Wahlerfolge), wann Relevanz gegeben wäre. Von Waldsteins sarkastisches Kompliment für diese raffinierte „Schwimmerschalterkonstruktion", bei der eine „ungefährliche Partei weiter fröhlich drauflos plantschen darf", während sie bei Erstarken umgehend „abgeschaltet" wird, ist berechtigt. Ein kluger Anhänger der Partei müsste in solcher Lage sogar auf sein Stimmrecht verzichten, um sie nicht zu gefährden. So etwa hat man sich Pseudorechte und Pseudodemokratie vorzustellen.

Die aktuelle politische Auftragsarbeit dieses Urteils lässt sich also kaum übersehen und wird gleichwohl von der Mehrheit der Deutschen ignoriert. Denn die verfällt der Propaganda-Formel von der „wehrhaften Demokratie". Natürlich darf ein Staat nicht selbstmörderisch zusehen, wenn seine Grundordnung gestürzt werden soll – noch dazu gewaltsam. Und just dies unterstellt man offenbar weithin im Lande, wenn ich diverse Gespräche sogar mit scheinbar Gebildeten verallgemeinere. Das höchstrichterliche Urteil, die NPD wolle die freiheitlich-demokratische Rechtsordnung beseitigen, evoziert Vorstellungen von paramilitärischen Verbänden, Waffenlagern, Untergrundaktivitäten oder Umsturzplänen. Was hierzu allerdings konkret vorgetragen wurde, erscheint äußerst dürftig gegenüber dem, was im Zentrum des Verbots steht: eine delikate ideologische Konstruktion, abstrahiert aus Menschwürdegarantie, Demokratie- und Rechtsstaatsprinzip sowie vermeintlicher sprachlicher, symbolischer oder historischer Nähe zur NSDAP.

Selbst diese Vorwürfe ließen sich mit einiger Plausibilität bestreiten, insbesondere die von Gericht statuierte Verfassungsfeindlichkeit des favorisierten Volksbegriffs, der nun höchstoffiziell von abstammungsmäßiger, familiärer, kultureller oder historischer Zuordnung entkoppelt wurde. Laut Gericht verstößt nämlich der ethnische Volksbegriff – ungeachtet seiner bis Ende des 20. Jahrhunderts selbstverständlichen Gültigkeit – plötzlich gegen die „Menschenwürde" und verletzt „das Gebot gleichberechtigter Teilhabe aller Bürger am politischen Willensbildungsprozess". Das ist, zurückhaltend formuliert, sehr kühn gefolgert. Mit von Waldstein ließe sich sogar von Geschichtsfälschung sprechen, wo das Rechtssubjekt Volk nun so stark auf den Nationalsozialismus fokussiert wird, dessen zentraler Orientierungspunkt übrigens die Rasse war.

Erschwerend kommt hinzu, dass sich die „Hüter“ unserer Rechtsordnung anmaßen, alle, die dafür eintreten, zum traditionellen Volksbegriff zurückzukehren, als Verfassungsfeinde zu betrachten beziehungsweise zu behandeln – eine Ungeheuerlichkeit, die den Gesinnungsstaat in nuce verrät. Denn natürlich implizieren Vorliebe und Werbung für den früheren Zustand nicht automatisch, dass man fremdstämmig Eingebürgerten ihre erworbenen staatsbürgerlichen Rechte bestritte. Und mögen wir auch seit knapp zwei Jahrzehnten eine andere staatsrechtliche Definition zugrundelegen, so legitimiert dies gewiss keinen generellen Zwang, darin auf ewig höchste Weisheit zu erblicken und etwaige Änderungswünsche zu kriminalisieren. Sonst landen wir wieder bei „Gedankenverbrechen“. Und vor dergleichen Unklarheiten hat der Jurist Horst Meier, gewiss kein „Rechter“, schon vor Jahren ausdrücklich gewarnt:

„Wo die Legalität politischer Opposition nicht nach rechtsstaatlich bestimmten eindeutigen Kriterien garantiert ist, sondern unter Berufung auf die Legitimität einer Grundordnung jederzeit widerrufen werden kann, steht die Freiheit aller zur Disposition.“ („Welt“ vom 21.05.1999.)

Wer hingegen einwendet, Staatsrecht sei eine so komplizierte Materie, dass sich Laien dazu besser nicht äußerten, unterliegt typischer postdemokratischer Vernebelung. Denn ein Parteienverbot beziehungsweise die verfassungsgerichtliche Indizierung schränkt die Freiheit von Millionen so gravierend ein, dass darüber nicht scholastische Deduktionen in „Experten“-Zirkeln entscheiden sollten. Vielmehr müssen so einschneidende Maßnahmen auch für breite Volksschichten und ihr Rechtsempfinden plausibel und billig erscheinen. Das tat es aber in diesem Fall nur infolge manipulativer Berichterstattung einer Blockpresse, die dieses Urteil als weisen liberalen Kompromiss feierte, der gleichwohl weitere (diesmal wirtschaftliche) Vernichtungsaktionen erlaubt.

Zum Atmosphärischen solcher Sicht gestatte man mir auch eine persönliche Anmerkung. Ich bin um 1968 politisch sozialisiert worden. Und was seinerzeit nicht zuletzt in Universitätskreisen – unsanktioniert – sagbar war, entzieht sich vermutlich jeglicher Vorstellung heutiger Meinungsschützer. Der Spott über die „FDGO“ gehörte damals jedenfalls zur polemischen Scheidemünze wie zumindest „Gewalt gegen Sachen“. Und bei etlichen Flugblättern und Parolen fragte man sich, ob nicht bereits Anstiftung zu konventionellen Delikten vorlag. Nach Maßstäben heutiger politischer Hexenjäger jedenfalls hätten fast ganze Fachbereiche geschlossen werden müssen.

Stattdessen plädierte, als ich Strafrecht hörte, der zuständige Ordinarius beredt gegen jegliche Form von Vorfeldkriminalisierung, was damals überwiegend linksterroristische Aktivitäten betraf. „Progressive“ Professoren gutachteten sogar, innerlich feixend, dass Anleitungen zur Herstellung von Molotowcocktails zur Literaturgattung der Satire zählten, und ähnliches mehr. Das muss man nicht gutheißen. Aber es provoziert schon ein wenig, wenn diejenigen, die gesinnungsmäßig so auf den Schultern der Achtundsechziger stehen, nun der Systemkritik gar keinen Spielraum mehr zugestehen.

Zudem ist unverkennbar, dass mit diesem Verfassungsgerichtsurteil sogleich rechtliche Pflöcke gegen die AfD eingeschlagen wurden. Denn natürlich dient hier die Justiz zur Bekämpfung einer Partei, die sich gegen Masseneinwanderung und -einbürgerung zur Wehr setzt. Erweist sich doch die Umwidmung des (immerhin fünf Jahrzehnte fraglos grundgesetzkonformen) Abstammungsprinzips zum verfassungsfeindlichen Tatbestand als kluger Schachzug. Denn nun erhält jede etwas derbere Äußerung eines Funktionärs bereits juristisch erhebliches Gewicht. Wie ernst man dies in der Parteiführung nahm, zeigt im März 2017 der umgehend anberaumte Kongress der AfD-Landtagsfraktionen über Extremismus.

Auf ihm versicherte der Freiburger Staatsrechtler Dietrich Murswiek zwar, gewaltlos geäußerte „bloße Meinungen oder Gesinnungen“ seien „verfassungsschutzrechtlich irrelevant“.

„Nur an politische Aktivitäten dürfen nach Auffassung des Bundesverfassungsgerichts Maßnahmen des Verfassungsschutzes anknüpfen.“ Doch wie ernst nehmen dies die Machthaber, wenn sie faktisch Berufsverbote erlassen oder sonstige Diskriminierungen gestatten, darunter eigentlich illegale Verfassungsschutzberichte im Sinne bloßer „Verdachtsberichterstattung“? Und was nützt der AfD eine Rechtslage, wonach bereits das Zerstören von Wahlplakaten als extremistisch gilt, bei einer Rechtspraxis, die dies faktisch ignoriert?

Heikel wurde es, als Murswiek nun auch die AfD zu innerparteilicher Hygiene ermahnte und dazu aufrief, sich gegen „Problembären, Exzentriker, vielleicht auch Provokateure“ zu positionieren. Zur „Glaubhaftigkeit einer Distanzierung gehört, dass sie nicht erst erfolgt, nachdem der Verfassungsschutz schon begonnen hat, über die Partei zu berichten“ („Junge Freiheit“, 24.03.2017). Das mag taktisch opportun sein. Aber unter dem Aspekt Meinungsfreiheit ist das ein fataler Rat zu vorauseilendem Gehorsam mit der Neigung, dem Kraken Staat ständig mehr zu gestatten, als ihm legitimerweise zusteht.

Dessen jüngster Coup bescherte uns das Netzwerkdurchsetzungsgesetz, mit dem Maas und Konsorten sich praktisch anschickten, Orwells „Wahrheitsministerium“ wiederzubeleben. Hierüber wurde anderweitig so viel geschrieben, dass ich mich auf eine (übersetzte) Kurzcharakteristik beschränke, die der Medienanwalt Joachim Steinhöfel am 10. Januar 2018 für das Ausland vornahm (https://connectiv.events/netzdg-in-30-sekunden-erklaert-video/): „Dieses Gesetz ist ein Frontalangriff der Regierung Merkel auf das Grundgesetz und die freie Rede. Es ist die bedingungslose Aufgabe der Rechtsstaatlichkeit unter ein paralleles Justizsystem, das Facebook und Twitter über die Androhung gewaltiger Strafen aufgezwungen wird. Jetzt gerade findet eine Massenlöschung legaler Auffassungen in den sozialen Netzwerken statt, die nicht von Richtern ausgeführt wird, sondern von Arbeitskräften im Niedriglohnbereich ohne rechtliche Ausbildung. Bei diesem Gesetz geht es nicht um das Bekämpfen von Hassrede. Es geht darum, dass die Elite versucht, die Kontrolle über die politische Debatte in den sozialen Medien zu erlangen."

Abschließend ein Wort zur Unausgewogenheit polizeilicher und richterlicher Ahndung. Sie ist mit Händen zu greifen. Der Mathematiker Emil Gumbel bewies in den 1920er Jahren mit statistischen Gegenüberstellungen die beschämende Einäugigkeit der Weimarer Justiz zu Lasten der Linken. Heute täten uns entsprechende Studien gut, die gewiss das Gegenteil erbrächten. Sie müssten allerdings regierungsunabhängig sein, frei von gängigen Tricks, um zum gewünschten politischen Ergebnis zu kommen. Als da sind willkürliche Zuordnungen in der Polizeistatistik oder das Mitzählen läppischer Propagandadelikte ausschließlich auf der Rechten. Die heutige Verurteilungsbilanz etwa von Gewalttätigkeiten oder nur auf der einen Seite geahndeten Meinungsdelikten ist von grotesker Einseitigkeit.

Vor Gericht kann ein „rechter" Täter praktisch mit keinem Pardon rechnen, während sein politischer Kontrahent immer wieder auf Milde trifft. So zog etwa der MDR ein Jahr nach den schweren linksextremen Leipziger Ausschreitungen von 2015 mit 69 verletzten Polizisten und Feuerwehrleuten ein vernichtendes Fazit: Trotz Ermittlung von rund 100 der über 1.000 Gewalttätern sitzt keiner von ihnen im Gefängnis. Lediglich Geldstrafen in drei Fällen wurden verhängt. Das hätte bei Tätern im rechten Umfeld parlamentarische Sondersitzungen verursacht. Dazu kommt es aber erst gar nicht, wie wir exemplarisch an den langjährigen Haftstrafen etwa für die Gruppe Freital sehen. Und wenn im Dezember letzten Jahres nach endloser polizeilicher Langmut als Reaktion auf die Verwüstungen beim Hamburger G20-Gipfel alibihaft auch mal Hausdurchsuchungen der Sonderkommission „Schwarzer Block" erfolgten, waren wichtige Vorausinformationen bereits durchgesteckt und zentrale Treffpunkte der Randalierer wie die „Rote Flora" ausgeklammert. Die Kritik des AfD-Bundestagsabgeordneten Enrico Komning in einer Presseinfo vom 5. Dezember 2017, an der materiellen Basis dieser Politkriminellen trifft jedenfalls ins Schwarze: „Es drängt sich der Eindruck auf, dass es sich wieder einmal um eine für die Medien groß inszenierte Scheinaktion der Bundesregierung handelt. Solange nicht die Planungszentren der Antifa sowie die Geldgeber und politischen Verantwortlichen dieser offenen und brutalen Kriminalität zur Rechenschaft gezogen werden und so die Bürger weiter in Angst vor Zerstörung ihrer Schaufensterscheiben und Innenstädte leben müssen, bleiben solche Razzien bloße Spiegelfechterei."

Die Unausgewogenheit illustriert zudem beispielhaft ein Göttinger Urteil. Wo ein Zeichen für den fairen politischen Wettbewerb gefragt war, befand das Gericht stattdessen, es sei rechtens, einem Mieter zu kündigen, der seine Mitgliedschaft in der AfD verschwiegen hatte. Offensichtlich gehört es heute zur hiesigen Normalität, dass man dann „antifaschistische" Gewalt auf sich zieht und somit den Vermieter schädigt. Hallo! Gab's da nicht mal so was wie einen Grundgesetzartikel der Art: „Niemand darf wegen seines Geschlechtes, seiner Abstammung, seiner Rasse, seiner Sprache, seiner Heimat und Herkunft, seines Glaubens, seiner religiösen oder *politischen Anschauungen* benachteiligt oder bevorzugt werden." Hab ich da was falsch verstanden und stets anderen vermittelt?

Muss jetzt ein AfD-Mitglied auch bei der Kfz-Versicherung sich umgehend outen, weil die Chance, dass man sein Auto demoliert, erheblich größer ist als bei koscheren Parteien? Selbst schuld. Er hätte ja auch in die CDU, die SPD oder bei den Grünen eintreten können. Natürlich kann man sich auf den Standpunkt stellen, dass jeder Vermieter unbegrenzte Vertragsfreiheit besitze. Nur ist das in anderen Fällen durchaus nicht so. Und man stelle sich das öffentliche Geschrei vor, wenn es bei dieser Urteilsbegründung statt eines AfD-Funktionärs ein Mitglied der Grünen oder einen Ausländer getroffen hätte.

5.4 „Es sind doch nur die Rechten“

Was ist die Zensur für eine schöne Sache! Beruhigen wir uns, sie wird immer bestehen, weil sie schon immer bestanden hat.
Gustave Flaubert: Brief an George Sand, 04.12.1872

Unsere „wehrhaften Demokraten“ rücken aktuell erneut der NPD auf den Pelz. Diesmal per Finanzregelung auf dem Weg, den ihnen das Verfassungsgericht geradezu mit dem Zaunpfahl gewiesen hat. Es lebe der Kampf gegen den Lieblingsfeind, wo man wirkliche Gefahren nicht mal definieren darf! Schon in den Jahren zuvor ließ sich landesweit beobachten, dass bei fast jedem NPD-Parteitag administrative Schummeleien erfolgten. Und der Stolz von Stadtvätern und -müttern, wenn es ihnen durch juristische Tricks gelungen war, einzelne Veranstaltungen zu be- oder verhindern, erhob sie – ihrem Selbstbild gemäß – in den Status des Heiligen Georg nach seinem Drachen-Sieg.

Verharmlost solcher Spott eine tatsächlich gefährliche Partei? Eher sehe ich in ihr im Kern – von profilierteren Einzelnen abgesehen – eine wenig beeindruckende Zahl nostalgischer Fundamentaloppositioneller, vermehrt um ein Anhängsel schlagbereiter Rowdys, die eher ein gesamtgesellschaftliches Problem darstellen. Pauschal gesprochen hat sich in diesen Kreisen keine nennenswerte politprogrammatische Elite bilden können. Qualifiziertes Personal pflegt sich dorthin zu begeben, wo es etwas zu verdienen gibt. Auch wurde vom ersten Tag an so auf die Partei eingedroschen, dass sich ihr nie die Chance zur Weiterentwicklung und Läuterung bot. Es sammelten sich hier meist nur Leute, die ein gewisses Maß an asozialem Ambiente nicht abschreckte. Und solche verbitterten Außenseiter an der Grenze der Gesellschaft konnten, ihrer (teils provozierten) Radikalisierung wegen, zur Lösung aktueller Probleme wenig beitragen.

Gleichwohl hätte man sie als zugelassene Partei nicht ungebührlich drangsalieren dürfen und ihr diejenigen Rechte gewähren müssen, die ihr per Verfassung zustehen. Wir haben hierzulande nun mal (für manche offenbar: dummerweise) Grundrechte, wenngleich man ohne sie leichter regiert. Und damit sind auch Menschen geschützt, die nach verbreiteter Vorstellung Abwegiges oder Absurdes äußern. Für die anderen, die „Vernünftigen" im Sinne unserer Kartell-Demokratie, brauchen wir einschlägige Verfassungsartikel nicht. Daher war ich froh, dass das erste Verbotsverfahren gegen die NPD, das wegen einer Fülle eingeschleuster V-Männer in die Vorstände höchstrichterlich scheiterte, zunächst den Eindruck widerlegte, wir lebten in einer Bananenrepublik.

Doch darauf folgte ein zweites Urteil und damit ein weiterer Schritt in eine Richtung, wo Meinungen und Gesinnungen kriminalisiert werden. Zusätzlich beunruhigt, dass derartige Urteile öffentlich praktisch nie hinterfragt werden. Ähnliches gilt für die Art, wie unsere „Qualitätsmedien" mit dem NSU-Prozess umgehen. Von detektivischer Recherche bemerkt man wenig. Möglich, dass in München, meinen Zweifeln zum Trotz, im Grundsatz Recht gesprochen wurde. Gleichwohl befremdet die unbefragte Herrschaft des Vorausverdachts und des Ressentiments, als hätten wir nie etwas von Dreyfus- und anderen Prozessen gehört. Als wäre in Sachen Barschel alles geklärt. Es dominiert die pauschale Anklage, die vereinfachte Argumentation, eine Stromlinien-Justiz samt -Presse, die Ungereimtheiten kaum aufgreift, sondern von Anfang an den Daumen senkte.

Ich höre die Replik: „Du ereiferst dich für den NSU, für eine Holocaust-Leugnerin oder die NPD. Was interessiert dich an denen?" – Eigentlich gar nichts. Mich berührt keine Gröl-Romantik, und für nationalistischen Untergrund fehlt mir die Sympathie. Auch bedaure ich die Ignoranz, halsstarrig Massenmorde zu leugnen. Doch bleibt bei solchen Verfahren ein Stachel des Unangemessenen. Und wo gar in Schauprozessen volkspädagogische Justiz geübt werden soll, interessieren mich weniger die keineswegs schätzenswerten Angeklagten als das, worüber auch verhandelt wird: Meinungsfreiheit und Rechtsstaat.

Da überzeugt mich der Einspruch wenig, man müsse durchgeknallten Chaoten rigoros die Grenzen zeigen. Was mache es aus, wenn dabei nicht alle in den vollen Genuss unserer Liberalität kämen? Und ob mich das stört. Um seiner selbst willen darf ein Staat solche Haltung nicht begünstigen. Denn am Ende stehen Rechtskorruption, mediale Lynchjustiz und Denunziantentum in Permanenz. Parteienverbote und (wie immer verdeckte) Zensur sind politische Rauschtränke, die das Regieren unzulässig erleichtern. Ihre Chargen gewöhnen sich schnell an sie wie der Junkie an die Nadel. Auch droht ständig ein Ausufern dieser Praxis. Und nachdem die NPD als extremer Vorposten gestürmt ist, kann man's ja mal mit der AfD versuchen, und sei es nur im Zuge von Einschüchterung. Oder mit den Identitären, Pegida, einem alternativen Verlag, Blog und so weiter. Spaßig, wie?

Schauen wir nach Österreich, wo jüngst ein monströser Justizskandal gerade noch erstinstanzlich abgewendet wurde! Ausgerechnet mit dem „Mafia-Paragraphen" (!) sollte den Identitären der Garaus gemacht werden. Und nicht wenige Systempolitiker gieren auch bei uns nach einer entsprechenden Verbotslösung. Wer immer bislang die daraus erwachsende akute Gefahr für den Rechtsstaat verneint, möge zumindest Martin Sellners bestürzende Lagebeschreibungen zur Kenntnis nehmen (https://youtu.be/39woKAA8Gjw sowie https://sezession.de/author/martin-sellner). Auch ein weiterer Missbrauch institutioneller Macht, der praktisch unter dem Radar öffentlicher Wahrnehmung läuft, hat das Format, Ahnungslose schockartig über das tatsächliche hiesige Rechtsniveau aufzuklären. Wie in anrüchigsten autoritären Systemen folgten nämlich auch in Berlin polizeiliche Hausdurchsuchungen und Beschlagnahmungen sämtlicher Kommunikationsgeräte, nachdem sich ein Autor mit Ungereimtheiten im Lebenslauf von Claudia Sünder beschäftigt hatte, der Regierungssprecherin des rot-rot-grünen Berliner Senats („Publico" vom 18. August 2018). Ähnliche Folgen hatte das ins Netz gestellte und kommentierte Handyfoto einer Blutlache, verursacht durch einen nigerianischen Asylbewerber, der zwei Menschen regelrecht geschlachtet hatte. Der Kommunikator, ein Hamburger Blogger, erhielt darauf umgehend Besuch durch Staatsanwalt und Polizei. Für dergleichen gilt Dieter Hildebrandts Bonmot: „Es hilft nichts, das Recht auf seiner Seite zu haben. Man muss auch mit der Justiz rechnen. "

Leben wir doch ständig in einem „antifaschistischen" Agitationskäfig, der wenig Raum für unaufgeregte Sachprüfung lässt. In Hunderten „zivilgesellschaftlichen" Initiativen werden wir schnellstmöglich zu Urteilen und Parteinahmen gehetzt – eine Praxis, die auf Dauer abstoßender und verheerender wirkt als potentielle Konventionsbrüche und Meinungsverstöße. Nicht denen gilt meine erste Sorge. Mehr Angst flößt mir eine Haltung ein, aufgrund derer ein panischer Schuldirektor sich bei Eltern unterwürfig für die angebliche Entgleisung einer Deutschlehrerin entschuldigt. Was hatte die Furchtbares verbrochen? Sie hatte ihren Schülern, damit sie Brechts „Kälbermarsch" besser verstehen können, die Textgrundlage dieser Parodie zur Verfügung gestellt: das Horst-Wessel-Lied. Solche Rückgratlosen aller Zeiten sind nun wirklich keine Stützen unserer Demokratie. Denn wie sagte bereits der Regisseur Wolfgang Staudte: „Feigheit macht jede Staatsform zur Diktatur."

Insofern tut man gut daran, auch bei unserem Gutmenschen-Totalitarismus genau hinzusehen, wie der Staat mit seinen Outlaws verfährt. Sinngemäß gilt auch für rechte Täter oder Nichttäter folgender berühmter Ausspruch Pastor Martin Niemöllers. Indem ich ihn zitiere, höre ich schon den Aufschrei seiner orthodoxen (zivil)religiösen Gemeinde: Unsere evangelische Widerstands-Ikone in so besudelndem Kontext, muss das sein? Ja, liebe Pharisäer, diesen Hinweis erspare ich Ihnen nicht:

„Als die Nazis die Kommunisten holten, habe ich geschwiegen; ich war ja kein Kommunist. Als sie die Sozialdemokraten einsperrten, habe ich geschwiegen; ich war ja kein Sozialdemokrat. Als sie die Gewerkschafter holten, habe ich geschwiegen; ich war ja kein Gewerkschafter. Als sie mich holten, gab es keinen mehr, der protestieren konnte."

6 Profiteure

6.1 Moral als Herrschaftsinstrument

Überhaupt ist pikant, wie gierig der Mainstream das rechte Rinnsal stetig zu vergrößern sucht, das Verpönte immer wieder und noch einmal verpönt, nur um offenbar immer neues Wasser in die Rinne zu leiten, denn man will's ja schwellen sehen, die Aufregung soll sich ja lohnen.

Botho Strauß: „Anschwellender Bocksgesang" (1993)

Regieren war eigentlich schon immer kompliziert, zumindest seit man nicht mehr unbefragt Gehorsam erwarten durfte und gar Volkssouveränitäts-Theorien kursierten. Besonders gilt das für heutige Regierungen beziehungsweise Regierungs-Parteien etwa in Deutschland. Genauer: Sie hätten es wirklich schwer, wenn sie sich für das, was sie laut Amtseid verantworten, in einem freien Meinungswettbewerb rechtfertigen müssten. Denn die bedrückende Minusbilanz ihrer Herrschaft äußert sich in einem gigantischen Problemstau infolge weitgehender Tatenlosigkeit angesichts einer allzu lange verschleierten Großkrise.

Sie reicht von der demographischen Schieflage über eine ungebremste Immigration oder eine (in Rekordmeldungen versteckte) Bildungsmisere bis hin zur Gefährdung der Altersversorgung jener, die nun gerade ins Berufsleben eingetreten sind. Wir erdulden die schleichende Enteignung weiter Schichten durch eurokratische Ausgleichszahlungen und Niedrigzinsen, die Kosten eines grotesken Gender-Wahns und eines Demokratie- wie Nations-feindlichen EU-Zentralismus, darüber hinaus verhängnisvolle Einflüsse fremder Großmachtpolitik, die uns gegen jede Staatsraison in diverse Konflikte treibt, die uns wenig angehen.

Im Bewusstsein von manchem schwer Vermittelbarem wussten die jeweiligen Machtträger in Deutschland wie Europa stets genau, warum bestimmte Völker nicht direkt über die Zugehörigkeit zur EU oder bestimmte ihrer Kompetenzen abstimmen durften. Ebenso wenig wie über Art und Umfang des jeweiligen Subventionstransfers, des praktizierten Gendermainstreamings oder andere Eliteprojekte. Rund 80 Prozent der Gesetze werden daher mittlerweile von der EU verabschiedet, noch dazu auf der Basis von Wahlen, die deutsche Stimmen unterrepräsentieren. Behindert durch eine Informationen filternde Medienglocke, erahnt das Gros der Bevölkerung – ein auch in Krisen solidarisches Volk gibt es durch diverse Sozialmanipulationen kaum noch – von den mittel- und langfristigen Folgen momentan nur die Spitze des Eisbergs. Noch gibt es genügend ökonomische Reserven, um durch Sozial-„Geschenke" und Rundum-Unterhaltung die meisten am rechtzeitigen Aufwachen zu hindern. Doch bereits die spärlichen, im Straßenbild nicht mehr zu verdrängenden Einsichten, die sich den meistbetroffenen Schichten erschließen, genügten, erstmals in der Parlamentsgeschichte der BRD eine „rechte" Partei in den Bundestag zu katapultieren.

Um die Stimmen der Unzufriedenen nicht zu einem gewaltigen Volkschor anschwellen zu lassen, der der bisherigen Parteienkungelei einer selbstsüchtigen Funktionselite ein Ende bereitet, bedarf es außergewöhnlicher oder gesteigerter agitatorischer Mittel. Das Imperium weiß jedenfalls spätestens nach Brexit und Trump, was die Stunde geschlagen hat. Und die Dauerabonnenten auf einen Platz an der Sonne treten freiwillig gewiss nicht ab, sondern werden ihre Macht mit Klauen und Zähnen verteidigen. Zudem sind Parteien Großunternehmen mit Zehntausenden von Mit- oder Zuarbeitern, die alle versorgt werden wollen. Insbesondere die auf den hinteren Listenplätzen haben längst begriffen, welche mageren Jahre ihnen etwa die AfD beschert, und reagieren wie „Grasfresser" im Bundesliga-

Abstiegskampf. Wenn dabei die Demokratie ihrem Geist nach vor die Hunde geht: Sei's drum!

Grundsätzlich gesagt tun Regierende oder von Netzwerken und NGOs Getriebene gut daran, keinen Sachdiskurs über das von ihnen angerichtete Fiasko zuzulassen, sondern lieber auf einer allgemeinen Ebene das vermeintlich zwingend gebotene „Schöne, Wahre und Gute" herauszustellen. Und da zweifelnde Miesmacher diesen Eindruck torpedieren könnten, findet wiederum der Tugendterrorist seine Aufgabe und Beschäftigung. Ihn stört am wenigsten, dass, wer im politischen Raum allzuviel von Moral redet, vermutlich betrügen will oder sanfter formuliert: massive Interessen verbirgt. Er vertritt stets die herrschende Meinung als unverrückbare Basis seiner Existenz.

Insofern handhabt er auch das wichtigste Zwangsmittel mit Bravour, das seit Jahrzehnten erprobt und in Deutschland aufgrund seiner spezifischen Zeitgeschichte zur beinahe tödlichen Waffe gediehen ist: die bürgerliche Ausgrenzung und politische (Halb) Kriminalisierung aller tatsächlichen Opposition. An diesem Spielchen beteiligen sich in einem gewaltigen gleichgeschalteten Interessenverbund Blockparteien, Gewerkschaften, Medien, (Sport) Verbände, Kirchen, die meisten Schriftsteller, Intellektuelle und diverse Lobby-Organisationen, die den Staat unter sich aufgeteilt haben.

Die erfreuliche Folge für Regierungsdarsteller besteht nun darin, dass bei konsequenter Handhabung dieser Zwangsmittel kritische (Zukunfts) Fragen unter den Tisch fallen und ungemütliche Forderungen nach einer grundsätzlichen Wende nicht aufgegriffen werden müssen. Ein wenig Wortakrobatik genügt. Schon haben wir eigentlich allgemein akzeptierte Werte, Empfindungen oder Ansprüche zum Verbotenen umdefiniert. Wer in Jahrzehnten grundsätzlicher Alternativlosigkeit das diffizile Geschäft der Argumentation mit wirklichen Gegnern verlernt hat, wird diese todsichere Methode in den meisten Fällen vorziehen. Eine ganze politmediale Klasse profitiert davon.

6.2 Arbeitsplätze und Gelder

Der größte Feind der Moral sind die Karriereaussichten.
Gerhard Kocher

Das Denunzianten-Handwerk ernährt also fraglos seinen Mann. Seine Frau nicht weniger, wie wir an Anetta Kahane und ihrer Amadeu-Antonio-Stiftung exemplarisch studieren können, mit einem Millionenhaushalt, zu dem allein der Staat pro Jahr rund 900.000 Euro beiträgt. Ansgar Neuhof hat dazu aufschlussreiches Material zusammengetragen (*eigentümlich frei* vom 29.10.2016). Die Gesinnungsindustrie ist eine Wachstumsbranche. Sie generiert Gelder, stampft Stellen oder Institutionen aus dem Boden oder lässt sie auswuchern. Und viele, denen ihre geistige Unfruchtbarkeit sonst im Wege stünde, erfreuen sich in ihr eines fast himmlischen Segens.

Für Tugendterroristen lohnt sich dies, betrachtet man allein die Summen, die jährlich das Bundesfamilienministerium ausschüttet. Unter Manuela Schwesig waren es zuletzt 104,5 Millionen Euro im Rahmen von „Demokratie leben!" – darunter sogar ein (!) Prozent gegen Linksextremismus. „Zusammenhalt durch Teilhabe" bot nochmals zwölf Millionen. Und die Ministerin störte es wenig, dass die Gelder auch Linksextremisten zugutekommen. „Correctiv" tritt hinzu, angeblich besorgt wegen (mutmaßlicher) Fake News, natürlich nur aus einer Richtung. Da schießen Stellen aus dem Boden wie Pilze. Und zu der Anschubfinanzierung von drei Millionen Euro gibt es kräftige Sponsoren à la George Soros und potene Unterstützer wie Bertelsmann, ntv, RTL, Google, Twitter, Facebook, die Bundeszentrale für politische Bildung natürlich und diverse andere Stiftungen. Da sind sechsstellige Zuwendungen pro Einzelspender eher die Regel.

Mit jedem periodisch ausgerufenen Skandal werden neue Antidiskriminierungs- oder Missbrauchsbeauftragte samt erklecklichem Büropersonal eingestellt und gewiss nicht schlecht besoldet. Für Facebook unterhält die Bertelsmann-Tochter Avato in Berlin ein Löschzentrum mit 700 Mitarbeitern. Eine Zensurzentrale mit 500 Mitarbeitern entsteht im Herbst in Essen. Soros‘ Open Society Foundations, deren Agitation in Budapest weniger geschätzt wird, begnügen sich am neuen Standort Berlin zum Einstand erst mal mit 80 neuen Stellen. Tendenz steigend.

Auch zahlreiche nationale und internationale Lobbygruppen, Zentralräte, Parteien, Gewerkschaften, Kirchen und NGOs tragen ihr Scherflein dazu bei, nicht zu vergessen die Medien- und Unterhaltungsbranche, die sich fast komplett der Ausgrenzung von Falschmeinenden verschrieben hat. Schließlich verfügt allein der Staatsfunk über gut 20 auf Vordermann gebrachte Fernseh- und 70 Rundfunksender. Daneben stehen Dutzende Filmfirmen im profitierenden beziehungsweise korrumpierenden Verbund. Selbstverständlich reklamieren auch Schriftsteller-Funktionäre entsprechende Aufgaben respektive Mittel.

So füttert man auch ungezählte Initiativen oder Netzwerke mit so einfallsreichen Namen wie: „Sag nein zu Rassismus“, „www.gib-rassismus-keine-chance.org“, „Laut gegen Nazis.de“, „gegen Rechtsextremismus“, „Rechten Terror stoppen“, „www.gruene-jugend.de/argumente-gegen-rechts“, „Unsere Stadt bleibt bunt“, „Initiative für Zivilcourage“ (ausgerechnet!), „netz-gegen-nazis“, „Netz für Demokratie und Courage“, „Fachstelle gegen Rechtsextremismus, Rassismus und Menschenfeindlichkeit“, „Bündnis ‚Aufstehen gegen Rassismus‘“ (übrigens von einigen Landesämtern für Verfassungsschutz unter „linksextremistisch“ geführt), „Endstation rechts“ oder lokal begrenzt etwa „www.mettmann-gegen-rechts.de“.

Die wachsende Dynamik der Sozialerziehungsbranche ist dadurch gewährleistet, dass ihre direkte oder indirekte Finanzierung nicht etwa an Demokratisierungs-Erfolge geknüpft ist, was die Summen umgehend begrenzte. Denn gäbe es solche Erfolge – messbar wie etwa wirtschaftliche Umsatz- oder Gewinnzahlen –, müssten sie eigentlich schrumpfen. Doch jeder findige Bezieher öffentlicher Gehälter wird genau dies zu vermeiden suchen. Beruhigende Diagnosen also, wonach die Zahl der Gedankenverbrechen oder -täter infolge segensreicher institutioneller Tätigkeit zurückgehen, wären ungefähr das Furchtbarste, was diesen Einrichtungen passieren könnte. Denn dann machten sie sich ja überflüssig. Das genaue Gegenteil ist somit der Fall. Und man darf geradezu gesetzmäßig davon ausgehen, dass mit jeder neuen Einrichtung, die ideologische Übel bekämpfen soll, deren Verbreitung in der Wahrnehmung dieser eifrigen Forscher um Dimensionen wächst.

Und wo sie nicht jedem unmittelbar auffallen, bedarf es weiterer vertiefter „Aufklärungsarbeit". In Studien und Workshops ergeht man sich in sophistischen Haarspaltereien oder ersinnt mannigfaltige Sekundär- bis Oktärdiskriminierungen oder -rassismen. So ertönt allerorts ein in doppeltem Wortsinn lohnender Dauerappell, auch wenn das Ganze mit Wissenschaft so wenig zu tun hat wie Erich von Däniken mit der Archäologie.

Die Gesinnungsarbeiter einer „Gefälligkeitswissenschaft" (Norbert Bolz) produzieren zwar nur Tonnen von Papier, das bekanntlich geduldig ist, so sehr es durch Sottisen auch bekleckert wird. Aber Wirksamkeit kann man ihrer emsigen und medial spektakulären „Aufklärungsarbeit" gewiss nicht absprechen. Dienen sie doch als Koordinations- und Anlaufstelle linksgrüner Agitation und zur Bereitstellung von Ressourcen für diese. Auch verbreiten sie eifrigst Handlungsanleitungen zur konkreten (physischen) Behinderung von Andersdenkenden, vom Anschwärzen bei Nachbarn über die Einschüchterung von Wirten, die sonst Räume zur Verfügung stellen könnten, bis zu Ratschlägen, wie man durch Gebrüll, Musik oder physische Gewalt Alternative nicht zu Wort kommen lässt. Die üblichen Internet-Sudeleien oder sonstigen Insultationen kommen hinzu, in einem Bereich, in dem Verleumdung geradezu zum Geschäftsprinzip gehört. Alles das bietet Planstellen oder sonstige Alimentierung insbesondere für ein akademisches Lumpenproletariat, wie Jürgen Elsässer diese Typen einmal respektlos, aber anschaulich benannt hat.

Sie wurden durch Unis geschleift, in denen besonders die kreativ ausgebluteten Gesinnungswissenschaften an einem staatlichen Geldtropf hängen, der ideologische Vorgaben bedingt. Konsequenterweise dienert man sich also dem politischen Mainstream an. Germanisten etwa bestimmen in Strategiepapieren die Aufgabe ihres Faches als Chance, „völkisches" Denken zu entlarven. Andere warnen vor dem Zurückfahren der „Geisteswissenschaften" gerade in dieser Zeit des europäischen „Populismus", gegen den sie zu Felde ziehen wollten. Auf dieser Welle reitet auch Peter-André Alt, Präsident der Hochschulrektorenkonferenz, der durch „wissenschaftliche" Frontstellung gegenüber solchen „Fanatikern und Ideologen" der Legitimationskrise imagegeschädigter Fächer begegnen will. Im Klartext heißt das, weitere Mittel für „Exzellenzcluster" und Projekte zu verbraten, deren spannungsfreie Resultate einer ergebnisoffenen Forschung Hohn sprechen.

Dass sich pfiffige Ordinarien oder Dekane in die Subventions-Warteschlange stellen, wo man vom Zeitgeist profitiert, ist bei der Unterfinanzierung vieler Unis nicht verwunderlich. Dergleichen beflügelte offenbar auch die TU Dresden bei der Projektierung ihres interdisziplinären Sonderforschungsbereichs „Invektivität". Hier darf man von der frühen Neuzeit bis zur Gegenwart (Stichwort „Trump" wie „Pegida") sogenannte Hassreden untersuchen, ein – laut Qualitätspresse – fraglos unumgängliches Forschungsprojekt, das „einen Nerv trifft". Da darf natürlich die Mainzer Uni nicht zurückstehen. Und in ihrem musiksoziologischen Tatendrang behandelte eine dortige Tagung weltbewegende Themen wie: „Toleranz und Intoleranz in der Musik, dargestellt am Beispiel der Zupfmusik", „Intoleranz und Sexismus im Berufsalltag von Harfenist*innen", „Toleranzfragen in der deutschen Zupforchesterbewegung der Nachkriegszeit" oder – jetzt wird's ganz spannend – „Hetzen mit Gitarre".

Der Überschrift einer Regionalzeitung wiederum entnahm ich des weiteren die alarmierende Botschaft: „Historiker fordert Aufarbeitung der Nazi-Weinbaupolitik an der Nahe". Dass uns darüber jahrzehntelang nichts gesagt wurde, ist fraglos ein prekäres Defizit. Mussten wir uns doch bislang mit der Entlarvung von zehn Dutzend Berufsgruppen begnügen, darunter Diplomaten, Fußballfunktionäre, Schuhmacher oder gar Pfarrer, die unsensiblerweise „Nazi-Glocken" hängen ließen. Und wenn Steve Bannons Ausstrahlung nach Europa droht, muss da nicht schnellstens eine – natürlich „überparteiliche" – neue Stiftung her mit dem hehren Titel „Für die Demokratie – für den liberalen Rechtsstaat"? Ja, beide liegen auch mir am Herzen. Nur reichen mir die Abermillionen Konferenz-, Studien- und Publikationsgelder völlig, die unter solchem Vorwand bereits jetzt von unseren Blockparteien abgegriffen werden.

Sprechen wir noch über die heutige Überschwemmung der Universitäten mit bestenfalls mäßig Begabten. Alle folgten dem Lockruf nach akademischen Abschlüssen, auch wenn dies in (teils wunderschön klingenden) Fächern wie „Kulturwissenschaften" geschieht, bei denen es eigentlich keinen ausreichenden Berufsbedarf gibt, oder nur so diffusen Ansinnen folgt wie: „irgendwas mit Medien oder Soziologie". Das politische Bewusstsein dieser klassischen Umschulungskandidaten tendiert mehrheitlich gegen Null, es sei denn, man verstünde darunter Versorgungsansprüche an den Staat. Und so viel verstehen sie sofort: dass es dazu der richtigen Gesinnung bedarf.

Bevor ein in solcher Atmosphäre ausgebildetes Studierenden-Wesen nun seine Politik- oder Medienkarriere beginnt, hat es in (von Gehirnwäsche imprägnierten) Hörsälen nie anderes gehört als jene rührselige Gesellschaftssoße, die auf alles gegossen wird, was an ungeliebte Realitäten erinnert. Höchstens theoretisch akzeptieren diese Leute, dass Demokratie tatsächlich Wettbewerb heißt und sie sich plötzlich einem Kulturkampf stellen sollen, der nicht von vorneherein entschieden ist. Dass ihre Gegner Begriffe wie „Heimat", „Nation" oder „Patriotismus" ironielos verwenden, Familie nicht mit allumfassender Gender- oder Pornographie-Lizenz verwechseln und zahllose Werte nicht umstandslos auf dem Müllhaufen der Geschichte entsorgen.

Ihrer Karriere ist es zuträglich, dass ihr konformistisches Unverständnis auch die Grobziele und Phobien unserer politischen Klasse umschließt, mehr noch: dass diese Studenten und besonders Studentinnen zu hohem Prozentsatz nach politischer Zensur offenbar lechzen. Eine merkwürdige „Jugend" ohne wirkliche Freiheitsideale. Dabei sind es Nachfahren jener Achtundsechziger, deren aufmüpfiges Rambazamba selbst sinnvolle Autoritäten und Traditionen zerstampfte. Die liebten noch Chaos. Die heutigen, wo sie sich erkennbar politisch engagieren, zensieren durch Flugblätter, Demonstrationen oder Internet-Attacken angeblich unerträgliche Aussagen ihrer Dozenten oder potentieller Gastredner.

Zudem sorgen sie durch Gebrüll und Internetdrohungen dafür, dass unkoschere Vortragende nicht auftreten dürfen, sondern nur von Rechtgläubigen über sie gesprochen wird. So geschehen in Bremen (Jörg Baberowski), Frankfurt/Main (Rainer Wendt), Magdeburg (André Poggenburg), Leipzig (Thomas Rauscher) und, und, und. Das Peinlichste an allem sind jedoch die jeweiligen „korrekten" Dekane oder Rektoren, die sich bei jedem Lüftchen schon prophylaktisch von denen distanzieren, die sie kraft Fürsorgepflicht eigentlich zunächst einmal in Schutz nehmen müssten. Stattdessen belobigen sie zuweilen sogar noch die Störer, die sich jeder Debatte verweigern und vornehmlich am ausgrenzenden Krawall ihre Freude haben. In der bitteren Erfahrung, dass sich fast jede Misere noch steigern lässt, darf man sich schon auf den Tag freuen, wenn diese Mischpoke ins Berufsleben eintritt.

Wenigstens scheinen die Jobs, die viele von ihnen anstreben, relativ konjunktursicher. Und sollte die ökonomische Substanz dieses Staates in absehbarer Zeit einmal weithin verfrühstückt sein, wird in der Säuberungs-Branche wohl als letztes gespart. Denn je größer Widersprüche und Verwerfungen in unserer realexistierenden Vielvölker-, EU- oder One-World-Idylle werden, desto wichtiger wird die Disziplinierung einer immer aufmüpfigeren Bevölkerung. Und je mehr es in anderen Bereichen am Notwendigsten fehlt, desto grotesker wird auch diese

Verschwendung empfunden, mit der traurigen Folge, dass dann noch mehr Repressionspotential abgerufen werden muss.

Die DDR ist nicht zuletzt auch an solchem Missverhältnis zugrundegegangen. Es rechnete sich eben nicht, dass bei ohnehin unzulänglicher Produktivität unter 16,3 Millionen Einwohnern immerhin 265.000 meist hochqualifizierte Experten damit beschäftigt waren, den Rest der Bevölkerung einfallsreich zu bespitzeln, zumal etliche andere Aufpasser im Betriebs- und Verwaltungsbereich hinzukamen. Gemessen an der Einwohnerzahl der jetzigen Bundesrepublik wären das 1,3 Millionen, die sich in besonderer Weise um unser politisches Seelenheil kümmern. Solche Dimensionen haben die hiesigen (auch im weiteren Sinn gefassten) Staatsschutzorgane noch nicht erreicht, von eingeschränkteren Zugriffsrechten ganz abgesehen. Doch wenn wir uns die Gesamtzahl derer ansehen, die sich hierzulande auf andere, scheinbar unverfängliche Art unserer Gesinnungskontrolle widmen – von eingebetteten Medien über eine Vielzahl „zivilgesellschaftlicher" Gesinnungskontrolleure und „ehren"-amtlicher Helfer bis zu den Kirchen oder Vereinen –, sind wir bereits auf bestem Weg dahin.

6.3 Persönliche Nutznießer

Leute, die zu nichts fähig sind, sind zu allem fähig.
John Steinbeck

Aber auch abseits der Berufswelt gibt es eine beachtliche Gruppe von ganz privaten Profiteuren solcher Nonkonformisten-Hatz. Von den römischen Proskriptionen über Umverteilungen nach Feudal- oder Bürgerkriegen bis zu den revolutionären Enteignungen kommunistischer oder faschistischer Staaten zieht sich ein roter Faden durch die Geschichte. Danach wird die unterlegene Ideologie auch materiell zur Kasse gebeten, und die Obsiegenden zieht es zu den Pfründen. Natürlich funktionieren solche (Orthodoxie und Profit kombinierenden) Mechanismen nicht nur in gänzlich totalitären Staaten. Auch ein heutiger Pranger eröffnet zahlreiche Chancen für Personen im Umkreis des öffentlich Geschmähten. Und da kriechen sie vielfach aus ihren Löchern: jene unappetitliche Phalanx von Konjunkturgewinnlern, Spekulanten auf persönliche Vorteile, Karrieristen, Missgünstige, Neidische, Eifersüchtige, Hämische, Pharisäer und sonstige Liebhaber von moralischen Schlammbädern.

Ein Konkurrent oder Amtsvorgänger droht durch Fachkenntnis den Status des Neuen zu gefährden. Er weiß zu viel, hat gegensätzliche oder am Ende gar bessere Vorstellungen von dem, was zu tun wäre. Könnte Fehler und Inkompetenzen aufdecken. Nennen wir ihn umgehend einen „Nazi“ und lenken wir damit von eigenen Defiziten ab! Jemand sieht sich bei Beförderungen übergangen und will sich rächen. Wichtigtuer gieren nach Aufmerksamkeit, die ihren ärmlichen Geistesprodukten sonst kaum zuteil wird. Welche prächtigen Gelegenheiten dazu bieten Schmutzkampagnen! Wo immer wir also eine Atmosphäre schaffen oder zulassen, in der angebliche Gesinnungsdelikte zur öffentlichen Ausgrenzung führen, riskieren wir Verhältnisse, in denen persönliche Nutznießer ihre einträglichen Spielchen treiben. Wo immer wir im Meinungsbereich das absolut Böse dem scheinbar alternativlosen Guten gegenüberstellen, nähern wir uns mit Riesenschritten der Totalitarismus-Sphäre. Wir können also den Freiheitsgrad eines Staates daran ermessen, dass er nicht ständig Tabus errichtet und in manichäischen Kategorien denkt.

In deren Schatten blüht die persönliche Gemeinheit, der wir mit allen Kräften zu wehren haben. Wir brauchen keinen staatlichen oder institutionell verordneten „Aufstand der Anständigen“, sondern stattdessen Anstand. Und wer den perversen Slogan in die Welt gesetzt hat oder uferlos nutzt: „Faschismus ist keine Meinung, sondern ein Verbrechen“, sollte durch die Umkehrung des Satzes belehrt werden: „Wer eine Meinung zum Verbrechen erklärt, ist ein Faschist.“ Oder anders variiert: „Wer eine Meinung, die ihm nicht behagt, für faschistisch erklärt, ist ein Verbrecher.“

6.4 Ein neues feministisches Jagdgebiet?

Ich kann in zwölf Sprachen nein sagen – das ist unerlässlich für eine Frau, die weit herumkommt.
Sophia Loren

Auf die Entscheidung des „Time"-Magazins hin, alle Beteiligten der Social-Media-Kampagne „#MeToo" zur „Person of the Year" zu küren, applaudierte meine Lieblingskanzlerin postwendend: „Wir haben Ihnen für den Mut zu danken, das Schweigen über sexuelle Übergriffe zu brechen und für die weltweite Diskussion, die Sie damit angestoßen haben." Ist das so einfach? Oder tut sich gerade, worauf man bei entsprechendem Netzwerk-Einfluss fast wetten kann, ein neues beziehungsweise in dieser Intensität noch nicht beackertes Denunziationsfeld auf?

Wo sich ein Harvey Weinstein, wofür einiges spricht, dutzendfach vergriffen hat und gar zur Strafvereitelung höchste Beziehungen spielen ließ, ist die Aufklärung fraglos zu begrüßen. Ob der Fall Wedel, heruntergebrochen auf Provinzniveau, den entsprechenden Skandalwert hat, muss sich zeigen. An Vertuschungskumpanei unter Quotenjägern der Öffentlich-Rechtlichen scheint es jedenfalls nicht gefehlt zu haben. Und verurteilungswürdig sind gewiss alle Fälle, wo Gewalt angewendet wurde, Minderjährige und zudem Abhängige zu Sex verleitet wurden oder untragbare Vorteile aus Geschlechtsbeziehungen erwuchsen. Doch man erlaube mir gleichzeitig die Skepsis, dass ich bei vielem, was in diesem Medienhype hochschäumt, ebenso sehr an Hexenjagd wie an Gerechtigkeit denke.

Zu viel Ungereimtes, Widersprüchliches und bloß Aktionistisches fließt in solche Kampagnen ein, das keiner hilfreichen Analyse und sinnvollen Prophylaxe dient. Zu viel politisch Gesteuertes einer unausgewogenen feministischen Agenda lässt sich beobachten, wonach erstens der „Macho“ ohnehin zum Feindbild erkoren ist, zweitens der weiße Mann stellvertretend büßen soll, da die viel größere latente Gefahr immigrationsbedingter Übergriffe in „progressiven“ Kreisen nicht angemessen verbalisiert werden darf oder gar von ihr abgelenkt werden soll. Die massive Kritik, von der ARD bis zu Antifa-Schlägern, an der alternativen Ergänzungsinitiative „120 Dezibel“ spricht Bände.

Auch steckt – organisatorisch gefördert – ein gerüttelt Maß Hysterie hinter mancher antisexistischen Empörung, in der auch mal ein Gomringer-Gedicht als untragbar gilt. Solche – nur exemplarisch erwähnten – Absurditäten lassen ahnen, welchen suggestiven Einflüsterungen dergleichen Kollektivattacken unterliegen. Und natürlich wird gerade das klassische Medienthema Sex and Crime zusätzlich von Kommerz- und Quoteninteressen befeuert.

Halten wir daher inne und mustern unaufgeregt zunächst einmal den Deliktsbereich, der berührt sein könnte. Er erstreckt sich von der gewaltsamen Nötigung über Beleidigung bis zur Korruption und – nicht zu vergessen, was oft geschieht – Verleumdung. Um den ersten Tatbestand vorab zu klären, sei festgestellt: Wo immer tatsächliche Gewalt einwandfrei nachgewiesen werden kann, sollte es für Deals keinen strafrechtlichen Spielraum geben. Nicht zuletzt aus Gründen der Prävention sind solche Taten nachdrücklich zu ahnden. Allerdings darf man erwarten, dass solche Delikte zeitnah angezeigt werden und nicht Jahre oder Jahrzehnte danach, etwa im Rahmen kollektiver Manifestationen.

Kommen wir zur (sexistischen) Beleidigung: Ich will das nicht bagatellisieren. Aber für mich schwebt nicht selten etwas merkwürdig Unzeitgemäßes über dieser Diskussion. Wir leben in einer pansexualisierten Epoche, in der Beate Uhse das Bundesverdienstkreuz erhielt und Love Parades einen Status besitzen wie im Mittelalter Prozessionen. Gerade in „progressiven“ Kreisen dominiert hierzulande ein Frauentyp, der sich dezente Berufs-, ja selbst Schulkleidung lautstark verbäte. Wer (wie ich neulich ungewollt) Schülergespräche circa 14-Jähriger anhört, betritt einen Wortraum, in dem es bei Jungen wie Mädchen von aggressiven Obszönitäten nur so wimmelt. Von einem Punk-Poetry-Fan habe ich mich mal zum Besuch einer solchen Performance ködern lassen, mit dem Bauernfänger-Argument, man könne erst über etwas urteilen, wenn man es erlebt hat. Dann saß ich, deplaziert wie konsterniert, inmitten eines Trupps hübsch gekleideter Girlies, die bei der drastisch ausmalenden Erläuterung von Toilettensprüchen ins Wiehern gerieten wie Vierbeiner bei der Öffnung des Hafersacks. Der durchschnittliche (Fernseh-) Film zeigt mittlerweile ein von der Gosse geprägtes Vokabular samt bewusst offensivem weiblichem Balzverhalten.

Demgegenüber zeichnet das feministische Opferbild jedoch einen Frauentyp von der prüden Sittsamkeit wilhelminischer Mauerblümchen. Die unsägliche Laura Himmelreich, ihres Zeichens Reporterin beim „Stern“, der mit Nackedei-Titelfotos die Illustrierten-Szene bereicherte, war über das Kompliment eines FDP-Politikers, den sie an einer mitternächtlichen Hotelbar journalistisch behelligte, angeblich so geschockt, dass sie ihn – ein Jahr später! – als verbalen Schmutzfinken öffentlich anprangern musste. Hatte er doch tatsächlich ihre Oberweite bewundert, ansonsten aber offenbar keine erotischen Absichten gezeigt, worauf sie sich noch verschiedentlich von ihm im Auto kutschieren ließ. Opfer-Outings dieser Dimension entfesseln – hoffentlich nicht nur bei mir – keine Entrüstungsstürme.

Überhaupt sollten wir heutigen Frauen nicht das Image wehrloser Unterwürfigkeit verpassen, das sie im Endeffekt fast entmündigt. Es gibt eine breite Skala an sprachlichen, nonverbalen oder bei ernsteren Entgleisungen im Wortsinn handgreiflichen Signalen, sich ungewollter Geschmacklosigkeiten oder Annäherungen zu erwehren. Dazu braucht‘s gewiss keine öffentliche Skandalagenda, die übrigens im umgekehrten Fall auch kein Thema ist. Denn natürlich gibt es auch weiblich initiierte Erotikspielchen.

Fast jede(r) hat schon im eigenen Arbeitsbereich Szenen beobachtet, wo Frauen plötzlich Männer (natürlich unbewusst und versehentlich) angefasst haben, bestimmte optische Reize bei Verhandlungen, Prüfungen oder sonstigen Entscheidungen bewusst verstärkten beziehungsweise auch mal testweise Zweideutiges artikulierten. Mir stehen etliche Personen konkret vor Augen, die das geradezu perfektionierten. Eine davon hat es weit gebracht, ein schwarzstrümpfiger Karriere-Vamp, der allerdings im Zusammenhang mit Noten auch mal heiße Prüfungstränen vergießen oder im Rollentausch und Verein mit Frauenbeauftragten postwendend zur verfolgten Unschuld mutieren konnte.

Eine andere, bereits Arrivierte, hielt sich (teils unbegabte) Doktoranden zu vielfältigen privaten Diensten. Und hier wäre eine Anzeige schlechterdings aussichtslos und zunehmend desavouierend gewesen. Denn welcher Mann könnte bei solcher Beschwerde mit öffentlichem Mitleid rechnen! In einem weiteren Fall wurde von einer charmierten Amtsleiterin ein notorisch Inkompetenter, was er jedoch offenbar auf nichtfachlicher Ebene kompensierte, stellenmäßig spektakulär nach oben gehievt. Dergleichen dürfte sich vervielfachen, je mehr Stellen, quoten- oder leistungsbedingt, von Frauen besetzt werden.

Damit sind wir mitten im Thema, wonach im Berufs-, Verwaltungs-, Wirtschafts- oder Rechtsleben vielfach Sex gegen Vorteile getauscht wird. Dass ein Chef oder eine Chefin durch solche Beziehungen nicht unbedingt die Fähigsten bevorzugt, braucht die Öffentlichkeit solange nicht zu kümmern, wie dies unter Erwachsenen einvernehmlich geschieht und erotikbedingte Geschäftsverluste nicht sozialisiert werden. Doch natürlich berühren die meisten Gesellschafts- oder Berufsverhältnisse ständig eine öffentliche Zone, in der solches nicht hinnehmbar ist. Man denke in schwersten Fällen an Rechtsbeugung, Gefälligkeitsgutachten oder -zeugnisse, Stellenausschreibungen und dergleichen. Das ist – man scheue den Ausdruck nicht – ein Sonderfall von Korruption. Denn andere werden dadurch zurückgesetzt, geschäftlich benachteiligt. Man raubt ihnen Chancen, die ihnen eigentlich zustünden. Insofern ist dieses Übel zu bekämpfen.

Doch leider muss man gleichzeitig einräumen: Das Problem ist unlösbar, und der Missstand wird sich so wenig verhindern lassen wie Alkoholismus durch Prohibition oder Ämterpatronage im Parteienstaat. Auch in diesem Fall wissen praktisch alle, wie der Hase läuft, dass diese oder jene lukrativen Stellen in der Regel nicht die Besten, sondern die Willfährigsten bekommen. Und gar in der halbseidenen Medien- und Unterhaltungsbranche, im Film- und Theatergeschäft, wo diverse Hoffnungssternchen nicht selten auf der erotischen Überholspur zu Stars avancieren oder durch Beziehungsgeflechte ganze homosexuelle Biotope entstanden.

Hinzu kommt eins: Die Älteren werden sich noch entsinnen, in welch dramatischer Weise seit den späten 60ern in Filmstudios und auf Theaterbühnen sich vielfach fast ein Nacktheits- und Kopulationszwang geltend machte. Das Ganze trug eine Generation von Schauspielerinnen, deren Darstellungsfähigkeit und -bereitschaft, falls gewünscht, sich mit der von Porno-Artistinnen durchaus messen lassen konnte. Fragt sich: Trugen sie damit nicht auch ein wenig dazu bei, dass Hemmschwellen sanken und im geilen Bewusstsein Sexualdienste als ständig verfügbar erschienen? (Aus der Presselektüre von Jahrzehnten ist mir nur ein Fall von Protest erinnerlich, als eine international bekannte Sängerin sich weigerte, zur Fellatio niederzuknien. Just dies hatte zunächst der fortschrittliche Regisseur einer klassischen Oper aus „künstlerischen" Gründen für unerlässlich gehalten.) Natürlich wurden gemäß feministischer Lesart – ich weiß – die Schauspielerinnen alle durch die männlich dominierte Berufswelt zu dieser Anpassung „gezwungen". Sie mussten ja „leben". Doch da gestatte ich mir mit Stefan George die Antwort: „Das sagt der Einbrecher auch."

Sollen wir also kollektiv aufschreien, wenn sich (Ex) Prominente, die seinerzeit bereit waren, auch unfeine Aufstiegsbedingungen zu akzeptieren, nun teils nach Jahrzehnten per „Metoo" die Opferkarte zücken? Mir imponiert das wenig, obwohl ich nicht ausklammere, welche Nachteile (zeitnahe) Aufklärung bei dem Einfluss der jeweiligen Branchen-Halbgötter mit sich brachte und bringt. Wer bestimmte Angebote ablehnt oder sie öffentlich macht, grenzt sich ähnlich wie bei der gewöhnlichen

Korruption von weiterer Protektion aus. Und Sex gilt in bestimmten Branchen nun mal als Autobahn zum Erfolg.

Dass Zynismus auch andere Berufsbereiche beherrscht, macht es nicht einfacher. Auch wer bei bestimmten Radteams Doping verweigerte oder gar darüber sprach, konnte definitiv draußen sein. Und vom Profifußballer verlangt eine abgeklärte Zunft kaum wirklich, dass er eigene Fouls zu seinem Nachteil eingesteht: Diego Maradona etwa die keineswegs göttliche „Hand Gottes“ oder Thierry Henry einen Verstoß, mit dem er Irland die WM-Teilnahme stahl. Es war oder ist also schon immer teurer, mit Anstand durchs Leben zu gehen und gegebenenfalls auch mal eine erwünschte Laufbahn zu gefährden.

Die Problemanalyse wäre unvollständig ohne Erörterung eines letzten relevanten Aspekts, der es nahelegt, bei der öffentlichen Behandlung des Themas Fingerspitzengefühl und eine gewisse Zurückhaltung walten zu lassen. Denn es gibt auch – um die Gegenrechnung aufzumachen – jedes Jahr etliche zu Unrecht Beschuldigte, aus Rache, zur Erpressung oder wegen sonstiger Intrigen, wobei die öffentliche Anklage häufig bereits einer irreparablen Rufschädigung gleichkommt. Und da sich die meisten Fälle oder „Fälle“ (Stichwort Kachelmann) ohne Zeugen abspielen, begründet feministischer Aktivismus per Vorausverurteilung (à la Alice Schwarzer) eine ungute Verdachtskultur. Falschbeschuldigungen machen je nach Experten-Schätzung 30 bis 50 Prozent der Anzeigen aus – eine erschreckende Ziffer, selbst wenn sie letztlich unbeweisbar bleibt und daher von Zweiflern stets herunterrelativiert werden kann.

Hier also flächendeckend Prävention durch „Aufklärung“ betreiben zu wollen, stößt an Grenzen der Verhältnismäßigkeit. Man zündet ja auch keinen Schuppen an, weil sich Mäuse und Ratten darin befinden. Konkret lädt das Beispiel „fortschrittlicher“ Staaten wie Schweden oder USA nicht unbedingt zur Nachahmung ein. Ein Dozent an einer schwedischen Universität berichtete mir schon vor Jahren von seinen Anfangseindrücken über dortige Kontrollpraktiken. Das Personal fülle periodisch Fragebögen zur gegenseitigen Beurteilung aus, in denen nach den unterschiedlichsten Formen sexueller Verfehlungen gefahndet wird. Da ihm einzelne anzuzeigende Delikte noch nicht geläufig waren, habe er sich bei einer Kollegin sachkundig machen müssen, um ordnungsgemäß zu verneinen. Bis heute lässt er bei Sprechstunden übrigens stets die Bürotür offen.

Inzwischen wurde in Stockholm ein „Einverständnis-Gesetz" erarbeitet, das im Juli 2018 in Kraft trat. Eine deutliche Manifestation der Zustimmung zum Sex gilt dann für Kurzbekanntschaften ebenso wie für langjährige Beziehungen oder Gruppensex. Auch wurden mit der „unachtsamen Vergewaltigung" und dem „unachtsamen sexuellen Übergriff" zwei neue Tatbestände eingeführt, die schon von der Begrifflichkeit her Kopfschütteln hervorrufen. Das läuft, um bei unbewiesenen Beschuldigungen auf der sicheren Seite zu sein, auf Schriftliches hinaus. Nicht weniger kurios wirkt die bereits länger gültige Rechtspraxis, wonach etwa die schwedische Justiz mit internationalem Haftbefehl nach dem Wikileaks-Gründer Julian Assange fahndet. Er hatte kein Kondom benutzt beim ansonsten einvernehmlichen Geschlechtsverkehr, wobei er mit den Frauen auch nachher noch befreundet blieb. Und was soll man von einer Grünen-Politikerin halten, die im Vorfeld der Gesetzgebung erklärte, ihr sei erst Wochen nach dem Vorfall bewusst geworden, dass man sie vergewaltigt hätte?

Ganz so weit wie im fortschrittlichen Schweden sind wir hier noch nicht. Aber als Katastrophenprognostiker erwarte ich natürlich, dass auch wir fast jede „emanzipatorische" Büchse der Pandora öffnen, die uns vom Ausland her offeriert wird. Dass dieses Paradies für Denunziant(inn)en auch tödliche Waffen zur Ausschaltung politischer Konkurrenz bereithält, versteht sich von selbst. Und tatsächlich bewegen solche feuchten Träume ja bereits jetzt zum Beispiel die Kolumnistin Margarete Stokowski. Auf „Spiegel Online" spielte sie am 10. Januar 2017 mit kaum verhohlener Sympathie ein Szenario durch, in dem sich Antifa-Groupies den Herren Höcke oder Gauland nähern, um die Verhassten mit falschen Vergewaltigungsvorwürfen politisch aus dem Verkehr zu ziehen. Aber leider, leider, sei das in der Praxis nicht so einfach möglich. Es braucht ja gegen die böse AfD nicht immer gleich Blut zu fließen, wie sie es an anderer Stelle (26.09.2017) empfiehlt. Dass sie sich in beiden Fällen fast oder eigentlich schon im Strafrechtsbereich der Anstiftung bewegt, nimmt diese durchgeknallte publizistische Retterin des Abendlandes offenbar in Kauf.

Blicken wir ins aktuelle Amerika, wo Trumps Kandidat als Oberster US-Richter von einer Psychologieprofessorin der versuchten Vergewaltigung beschuldigt wurde. Das Delikt, so es sich denn tatsächlich abgespielt hat, geschah auf einer Teenagerparty vor 36 (!) Jahren. Welch hoffnungslose Beweislage, die kaum eine faire Einschätzung zulässt und nur medial Verhetzten gemäß parteipolitischem Feindbild Urteilssicherheit gewährt. Insofern öffneten sich hierdurch für Machtspielchen Tür und Tor. Oder bleiben wir in Deutschland, wo soeben Hubertus Knabe, langjähriger Leiter der Stasi-Gedenkstätte Hohenschönhausen, seines Amtes enthoben wurde. Die politisch genehme Entsorgung geschah einem verdienstvollen Kämpfer gegen kriminalitätsverleugnende DDR-Nostalgie. Und wieder lief es über Metoo, zunächst bezogen auf das Verhalten seines Stellvertreters (Alexander Wendt: https://www.publicomag.com/2018/10/schauprozess-in-berlin/).

Das politische Drecksspiel – diese Prognose fällt leicht – hat einen mächtigen Trumpf hinzugewonnen, der künftig immer häufiger gezogen wird. Metoo-Enthüllungen, wie dubios auch immer, werden zu den ultimativen Wunderwaffen gehören, um aussichtsreiche männliche Amtsbewerber von den Pokertischen der Macht zu scheuchen.

7 Angeklagte am „Korrektheits"-Pranger

Die meisten Menschen schämen sich origineller Beobachtungen, denn sie halten sie für eine Art Vergehen gegen die Sittlichkeit.
Egon Friedell (1916)

7.1 Ein Psychodilemma: Die Falle des Herrn K.

Jemand mußte Josef K. verleumdet haben, denn ohne daß er etwas Böses getan hätte, wurde er eines Morgens verhaftet.
Franz Kafka: Der Prozeß (1925)

Fast immer beginnt es mit einem (zuweilen sogar Krankheiten auslösenden) Schock, wenn bislang Unbescholtene aufgrund politischer Denunziation fast über Nacht zu moralischen Parias degradiert werden. So erzählte mir etwa eine Geschäftsfrau, wie sie 2013 erstmals hautnah mit Politik in Berührung kam. Aus Sorge um Geldwertstabilität und EU-Misswirtschaft waren sie und ihr Mann in die AfD eingetreten. Plötzlich sah sie das Foto ihres Mannes auf Wahlplakaten des Kreises mit Hitler-Bärtchen und ähnlich geschmackvollen Schmierereien geziert. Bekannte tuschelten über ihren „schandbaren" Gesinnungswandel oder schnitten sie. Ihr in London studierender Sohn zeigte sich entsetzt über den Imageschaden der Familie. Inzwischen haben beide dem Druck nachgegeben und sind ausgetreten.

Andere erlebten, dass ihr Auto zerkratzt, ihre Wohnung beschmutzt oder Mitarbeiter und Chefs sich über ihre vermeintlichen Politsünden ausgetauscht haben. Demonstranten gegen die durch Regierung und Blockparteien vertretene Politik sahen sich per Medien postwendend in schändliches „Pack" verwandelt. Und natürlich verwehrte man ihnen Chancen auf faire Berichterstattung. Ich weiß von einem Fall, wo ein Identitärer nach einem abendlichen Vortrag über die Zusammenarbeit von gutmenschlichen NGOs mit „Asylanten"-Schleppern im Mittelmeer von seinem öffentlichen Arbeitgeber binnen 24 Stunden die Kündigung erhielt. Es handelt sich dabei um Dutzendschicksale aktueller „Dunkeldeutscher", deren Aufklärung über die Art, wie bei uns Grundrechte praktiziert werden, durch die Realität erfolgt.

Doch bei Gesprächen über unsere deformierte Freiheit fiel mir immer wieder auf, wie unvorbereitet oder hilflos viele auf massive mediale wie soziale Ausgrenzung reagierten, indem sie allzu oft die Ursache zunächst bei sich selbst oder in den eigenen Reihen suchten. Dies oder jenes sei zu schrill formuliert oder zumindest falsch kommuniziert worden. Das mag ja hier und da stimmen. Zuweilen hört man wirklich Abstruses, das sich allerdings im Vergleich mit zahlreichen nicht nur verbalen Monstrositäten der Mainstream-Parteien relativiert. Doch generell spukt im Unterbewusstsein allzu vieler aufgrund des medialen Drucks zu oft noch die Vorstellung, quasi Halblegales zu betreiben.

In Kafkas weltberühmtem Roman „Der Prozess" wird die Hauptperson durch eine völlig unbestimmte angebliche Schuld aus ihrer bürgerlichen Bahn geworfen und am Ende liquidiert. Er kämpft lange gegen ein nicht fassbares dubioses Gericht, das sich am ehesten als öffentliche Meinung erklärt. Er unterliegt letztlich, weil er sich resignierend selbst für schuldig hält. Das skizziert, wie Felix Menzel luzide gedeutet hat (Günter Scholdt: „Literarische Musterung", Seite 254ff), gleichnishaft auch das heutige Problem mit der sogenannten Zivilgesellschaft. Denn beeindruckt von solcher Stickatmosphäre, respektieren viele durch vorauseilenden Gehorsam Kafkas schwer fassbares, ominöses Gericht. Sie kuschen vor selbsternannten Tugendpolizisten, die permanent moralpolitische Führungszeugnisse von uns einfordern. Anstatt dergleichen Anmaßungen als das zu charakterisieren, was sie sind: zweckgerichtete Unverschämtheiten von Halbdenkern und Meinungsterroristen. „Nach Ihnen, liebe Pharisäer!“, wäre die richtige Antwort auf eine pauschale Rechtfertigungs-Forderung. Denn eigentlich müssten viele unserer Gegner auf der öffentlichen Anklagebank sitzen.

7.2 Kultur-Mobbing exemplarisch

Wer sagt: Hier herrscht Freiheit, der lügt, denn Freiheit herrscht nicht.
Erich Fried

Vermutlich gab es in Deutschland noch nie eine solche Diskrepanz zwischen Freiheits-Gerede und tatsächlicher Freiheit: eine solche Selbstauslieferung in die seelisch wie künstlerisch erdrückenden Arme einer (Zehntausende speisenden) Kultur, Unterhaltungs- und Medienbranche wie heute. Man könnte Lexika füllen mit Konformismus-Beispielen hiesiger Schriftsteller, Schauspieler, Intendanten, Sänger, Kabarettisten, Maler, Musiker oder Filmemacher jederlei Geschlechts und ihren leicht vorhersagbaren simplen politischen Botschaften. Eher fragt es sich, ob es überhaupt lohnt, zum Beleg ein paar Namen, Serien oder Titel zu nennen, angesichts des Umstands, dass gewiss 90 Prozent aller Kunstschaffenden (oder dessen, was sie dafür halten) sich brav in den Aufmarsch gegen rund 15 Prozent frevelhaft Falschfühlende einreihen.

Mit inbrünstigem Engagement, nach dem sich Funktionäre der SED seinerzeit gesehnt hätten, wenn sie betriebsweise zu Kampfdemonstrationen gegen den Imperialismus in Vietnam, Kambodscha oder Simbabwe aufriefen, beteiligen sich fast alle als „Staatskünstler“ (Thorsten Hinz) neuen Typs. (Oder täuscht das, und man will zum Beispiel nur nicht aufs Spiel setzen, im jeweiligen Berufsorchester weiterhin die erste Geige zu spielen? Schließlich sprach ja die gewiss sachkundige Vera Lengsfeld schon von der „Rückkehr der staatlich verordneten Demonstrationen“.) Und so drehen sie ihre sterilen Filme, inszenieren Agitprop-Theater, witzeln konform in Comedy, Karnevalsveranstaltungen oder Kabarett, trällern, schreiben oder werkeln gegen den seit Jahrzehnten offenbar immer gleichen bösen Geist der Deutschen: jene Herbert Grönemeyer, Claus Peymann, Juli Zeh, Sibylle Berg, Durs Grünbein, Lars Becker, Geschwister Menasse, Ferdinand von Schirach, Til Schweiger, Elyas M'Barek, Fatih Akin, Katja Ebstein, Senta Berger, Iris Berben, Ottfried Fischer, Konstantin Wecker, Udo Lindenberg, Marius Müller-Westernhagen, BAP, die Prinzen oder die Toten Hosen als Paradevertreter des „guten Gewissens".

Der Maler Michael Fischer-Art startete, von „Bild" geadelt, die Aktion „Bunte Charakterköpfe – statt braune Rüben". Fotoausstellungen zeigen die hiesige Politszene – wie schon ein Titel mehrdeutig verrät – „im rechten Licht". Sportgrößen schließen sich an und verlangen per rabiatem Lobbyismus à la Eintracht Frankfurt oder 1860 München – ausgerechnet „Respekt". Die Öffentlich-Rechtlichen agitieren, was das Zeug hält, von Kika über „Lindenstraße" und „Wilsberg" bis zum „Tatort" (exemplarisch: „Dunkle Zeit" oder „Sonnenwende"). Hat man eins dieser Klischeeprodukte im Politauftrag gesehen, kennt man Hunderte. Vom kreativen Standpunkt aus ließe sich über diese Protagonisten einer allumfassenden Bewusstseinsindustrie sagen: Sie säen nicht, sie ernten nicht, und ein fast himmlischer Vater in Form unserer politmedialen Klasse ernährt sie dennoch. Begnügen wir uns zur Illustration mit einer zur besten Sendezeit laufenden, nicht mehr zu toppenden Warnklamotte namens „Aufbruch ins Ungewisse", die man durch eine Talkshow im Anschluss sogar noch ins maischbergerisch Ernsthafte aufzuhübschen versucht hat. Auch fand sich laut ARD ein „renommierter Zukunftsforscher" mit akademischem Titel, der das „gesellschaftliche Setting" des Films beglaubigt.

Laut Vorspann entfaltet sich folgendes Zukunftsszenario: „Europa ist im Chaos versunken. Rechtsextreme haben in vielen Ländern die Macht übernommen. Es herrschen Unterdrückung, Willkür und Gewalt. Täglich werden Menschen verhaftet. Viele verschwinden für immer." Und dann folgt die unparodierbare Fluchtstory der Schneiders auf einem Frachter, der Ausländer, Schwule und Andersdenkende ausgerechnet ins gelobte, weltoffene Land Südafrika bringen soll. Thorsten Hinz, der diesen öffentlich-rechtlichen Auftragsschrott adäquat rezensierte („Junge Freiheit“, 09.02.2018), sprach statt von Wirklichkeit von inszenierten „politisch korrekten Halluzinationen“, von Dialogen, die „von Heribert Prantl stammen“ könnten: „Auf Tragödie getrimmt, ist der Film zum indiskutablen, politisch motivierten Machwerk aus der Abteilung Volksverdummung und Staatspropaganda geraten.“ Und zum Thema „Interessen der politmedialen Klasse“ fügte er noch Bezeichnendes hinzu:

„Produziert wurde das Agitprop-Stück vom WDR und der Degeto (Deutsche Gesellschaft für Ton und Film), einer hundertprozentigen Tochter der ARD. Chefin der Degeto ist Christine Strobl, Ehefrau des CDU-Innenministers aus Baden-Württemberg, Thomas Strobl, und Tochter Wolfgang Schäubles. Ein politisch-medialer Komplex en famille, der komplettiert wird durch eine weitere Schäuble-Tochter, Juliane, die das Politikressort des Berliner ‚Tagesspiegel‘ leitet, eine der schrillsten Stimmen im Chor der Willkommens-Medien!“

Schließen wir mit einem Blick auf unsere Theater, die sich natürlich gleichermaßen ganz auf dem Quivive befinden. Von Hamburg über Mainz, Koblenz oder Homburg mit „theaterpädagogischen Workshops“, von München und Berlin bis zur Dresdner Semperoper – überall zeigt man Flagge gegen rechts, stört mittels Bühnenbeschallung eine AfD-Kundgebung, bringt Chöre und Fahnen auf die Straße gegen Unholde von Pegida, AfD oder noch Schlimmere. Und das lohnt sich ja denn auch. Denn jenseits der üblichen Höchstsubventionen lassen sich in solcher gesellschaftlichen Notlage nun auch ganz andere Finanzquellen erschließen. Selbst für ein mecklenburgisches Provinznest wie Lübtheen lässt sich plötzlich eine neue Bühne und für den Initiator ein Lebenstraum verwirklichen – bei solcher Zielsetzung samt plötzlich sprudelnden Geldtöpfen. All you need is anti-right!

Zur Denunziation als Generalthema dieses Buchs passt noch ein makabres Schmankerl der Berliner Schaubühne: Falk Richters „Fear“, ein Stück, gegen das Hedwig von Beverfoerde und Beatrix von Storch vergeblich klagten, weil sie darin als Zombies dargestellt werden, denen man in den Kopf schießen müsse. Auch stellt man sie in eine Reihe mit Anders Breivik und Beate Zschäpe. Und in üblicher Steckbrief-Manier wird sogar die Wohnanschrift von Beatrix von Storch genannt. Das weise Gericht war selbstredend anderer Meinung als die Klägerinnen. Kein „verständiger“ (!) Zuschauer nehme ernsthaft an, „dass in dem Stück zu Gewalt gegen die gezeigten rechtskonservativen Akteure der politischen Gegenwart, mithin auch gegen die Antragstellerin, aufgerufen wird. In dem Stück wird vielmehr künstlerisch zum Ausdruck gebracht, dass diese rationalen Argumenten nicht mehr zugänglich seien.“ Na dann, Prösterchen und Halali! Justiz und Kultur im Gleichschritt, welche Sozialidylle! Haben wir doch tatsächlich noch Gerichte in Berlin. Und die Kunstfreiheit, wenn es die politisch „richtige“ ist, gilt unbegrenzt.

Im Hass-Spektakel der „Schaubühne“ wurden übrigens noch weitere Reizpersonen ausgemacht, deren antifeministisches Unwesen offenbar nach Exekution schrie. Denn, so heißt es im Stück: „Der Zombie stirbt nur, wenn man ihm direkt ins Gehirn schießt.“ Betroffen waren Birgit Kelle, Eva Herman, Bettina Röhl und Gabriele Kuby. Letztere erzielte jüngst in der Berufungsverhandlung vor dem Berliner Kammergericht zumindest einen Teilerfolg. Künftig dürfen ihrer Bühnenfigur nicht mehr offensichtlich falsche Behauptungen in den Mund gelegt werden wie: „Ich bin Gabriele Kuby und hetze gegen Juden.“ Auch die Unterstellung, ihr gelüste es nach einem von „Faschistinnen und Faschisten“ initiierten totalitären Staat, sei im Wiederholungsfalle zu ahnden. Die Verwendung ihres Fotos auf der Bühne als Maske mit ausgestochenen Augen sei jedoch nicht zu beanstanden, und ein Schmerzensgeld für die Verleumdungen stehe ihr nicht zu. Kommentar überflüssig.

7.3 „Fröhliche Wissenschaft“

Wenn alle Experten einig sind, ist Vorsicht geboten.
Bertrand Russell

Kommen wir zum mir sattsam bekannten Universitätsbetrieb, bei dessen Musterung sich Schönfärberei verbietet. Es gibt zwar Fachbereiche, deren Anfälligkeit für Zeitgeist-Analysen gering(er) ist. Und selbst in den Meinungswissenschaften lässt sich über Editionsverfahren oder Methoden streiten, bis die Fetzen fliegen. Doch wo spezifisch deutsche Tabus ins Spiel kommen, tut man gut daran, den engen sanktionslosen Korridor nicht zu verlassen. Sonst sorgen etwa kraftmeiernde „Studierende“ dafür, dass der Mainstream weiter fließen und fast alles überschwemmen kann. Und Professoren in Leitungsfunktionen flattern willfährig als Fähnchen im Wind, wenn linksradikale Pressure Groups der Unis Hamburg, Bremen, Greifswald, Potsdam, Halle e tutti quanti ihre Ausgrenzungsforderungen stellen.

Im Modell sieht das so aus: Da hat ein Forscher – nennen wir ihn Herrn X. (meinetwegen auch Frau Y.; doch weibliche Nonkonformisten sind leider unterrepräsentiert und verdienen sich lieber affirmative Fleißmärkchen) – im Gehege unserer Zivilreligion eine heilige Kuh geschlachtet. Irregeführt von der hehren Losung einer unabhängigen, kritischen und ergebnisoffenen Wissenschaft, vertritt er halsstarrig Positionen jenseits der politisch erwünschten Orthodoxie. Was dann folgt, ist absehbar gemäß der inquisitorischen Praxis aller Länder und Zeiten, wonach Abweichlern schon immer die Instrumente der Macht gezeigt wurden.

Herr X. hat im Rahmen einer Veranstaltungsreihe Inopportunes referiert. Dann erscheint der entsprechende Sammelband eben ohne seinen Beitrag. Ein Projekt wird gestartet, und man übergeht ihn, obwohl er von der Fachkompetenz her unbedingt dabei sein müsste. Finanzierungen werden fraglich, was Mitarbeiter betrifft. Bereits vorbesprochene Einladungen zu Vorträgen oder Symposien bleiben aus. Gutachten werden karriereschädlich gefertigt oder verzögert. Auch bei privaten Einladungen wird plötzlich gemauert. Auf Wikipedia und linksradikalen Internetportalen erscheinen Negativwertungen, über die zumindest hinter vorgehaltener Hand getuschelt wird. All dies zählt noch zur weichen Form der Ausgrenzung. Wenn sich der Angezählte nun schnellstens „sensibel“ zeigt und Besserung gelobt oder die Abweichungen als „Missverständnisse“ erklärt, mag der Kelch eventuell noch mal vorübergehen. Wenn nicht, wird die nächste Stufe gezündet.

Dafür braucht‘s entsprechend disponierte akademische Strichjungen. (Die weibliche Entsprechung erspare ich mir höflicherweise.) Nicht selten finanziert von eigens dafür geschaffenen Instituten, Sonderforschungsbereichen oder anderen tugendterroristischen Netzwerken, basteln sie mit Bienenfleiß an „wissenschaftlichen“ Anklageschriften, die per Zitierkartell sich wechselseitig bestätigen. Dass dem Gros der Vorwürfe hanebüchene Textauslegungen zugrundeliegen, macht eine mögliche Verteidigung nicht einfacher. Denn dergleichen Defizite von Engsthorizontlern, im Verbund mit Furcht vor Medienschelte, charakterisieren die Disziplinargewaltigen ja gleichermaßen.

Was aber enthalten 90 Prozent dieser Ketzer-Dossiers? Man hat in „sensiblen“ Fragen auf anrüchige Weise gegen die herrschende Meinung verstoßen. Wobei was anrüchig ist, wiederum von den Anklägern vordefiniert war und häufig schlicht darin besteht, solche Gesinnungszensur beziehungsweise ihre Kriterien konsequent abzulehnen. Ein klassischer Circulus vitiosus. Man hat Dinge nicht ausgeschlossen, die tabuisiert sind, sich nicht genügend distanziert, sondern Verfemte gar noch zu Wort kommen lassen. Man hat Wertungen offengelassen und nicht genehme Quellen benutzt. Man hat in verdächtigen Verlagen oder Zeitschriften publiziert oder deren Studien neutral referiert. Auch fehlerhaft zugespitzte Zusammenfassungen tragen zur Vorverurteilung bei.

Wie wirken sich solche Beurteilungen aus? Kollegen bedienen sich ihrer zuweilen (vertraulich) etwa im Konkurrenzkampf bei Berufungen. Falls Linksgruppen mit Demos oder Vorlesungsstörungen den Fall aufgreifen, mangelt es an Solidarität. Vorladungen ergehen, wonach sich die Dozenten rechtfertigen sollen, samt enervierendem Schriftverkehr. Bibliotheken reinigen ihre Bestände von inkriminierten Publikationen oder verlagern sie in „Giftschränke“. Rezensionsorgane und Bibliographien zeigen „umstrittene“ Veröffentlichungen nicht mehr an. In der Presse wird angedeutet, dass sich X. mit dieser oder jener Äußerung strafbar gemacht haben könne, was nicht bewiesen zu werden braucht und später vom Staatsanwalt verworfen wird. Allein der Hinweis wirkte ja bereits rufschädigend genug.

Auch die sogenannte akademische Freiheit vollzieht sich aktuell also unter dem Damoklesschwert des hierzulande Genehmen und umfasst für Abweichler eine breite Sanktionspalette, von der einfachen Missbilligung über diverse „zivilgesellschaftliche“ Outings bis zur Einleitung rechtlicher Schritte. Die Betroffenen führt dies zu einer Grundentscheidung ihres Lebens: Dauerkonflikt oder Abbitte und Kotau, vielleicht auch Innere Emigration mit dem einzigen Lichtblick eines sehnlichst erwarteten Ruhestands. In solcher Lage klingt Nietzsches Buchtitel „Fröhliche Wissenschaft“ wie Hohn.

7.4 Reaktionsmuster auf Tugendmobbing

Der Hauptgrund für Stress ist der tägliche Kontakt mit Idioten.
Albert Einstein

Schön wär‘s, wenn wir uns alle Querdenker als unbeugsame Freiheitskämpfer vorstellen dürften. Doch solche Bilderbuchhelden entsprechen nicht der soziologischen Norm. Malen wir uns also Herrn X. nicht schlechterdings als Ritter ohne Fehl und Tadel, insbesondere wenn er noch viele Berufsjahre vor sich hat oder gar am Beginn seiner Laufbahn steht. Widerstand gegen solchen Druck ist gewiss nichts, was aus sicherer Distanz als pure Selbstverständlichkeit eingefordert werden darf. Verlangt doch schon einiges, wer kritischen jungen Leuten zumutet, gängige Wertungsstereotypen zu meiden und sich als ernstzunehmender Forscher von als falsch erkannten, aber beliebten Zeitgeist-Dogmen freizuhalten.

Wo ihn nun fremde „Wachhunde“ geoutet haben, zeigt sich an der Reaktion der Umwelt, ob er sein bisheriges Leben tatsächlich in gefestigten Verhältnissen verbracht hat. Denn X. bietet jetzt Anlass zu Abfälligkeiten und kleineren Zurücksetzungen, was Feinde ausnutzen. Er hat mal jemanden übel rezensiert, was nun umgehend bestraft werden kann. Er hat angebliche Talente nicht entsprechend gefördert oder mal öffentlich geäußert, dass… Welche Chance zur Genugtuung! Man lässt es auch die Familie des Delinquenten spüren. Doch manchmal gibt es auch Aufmunterung. Wohlwollende zeigen sich empört oder besorgt über das, was momentan passiert, und geben Ratschläge, was jetzt zu tun sei. Er erhält verständnisvolle Anrufe; nur sind auch einige „gute“ Ratschläge eher Verführungen. Denn was hier als Lebensklugheit angepriesen wird, ähnelt nicht selten einer nur sanfteren Aufforderung zur Kapitulation. Wie soll er mit der neuen Lage umgehen? Einige der Varianten zeigt folgende Verhaltensskala:

Der naive Fassungslose

Ich erinnere mich noch genau an eine Chemnitzer Tagung vor einem guten Jahrzehnt, wo ein Kollege durch eine völlig absurde Invektive, er argumentiere wie die Nazis, nahezu fassungslos gemacht wurde. Ein sonst souverän formulierender gestandener Ordinarius mit einiger Kongress-Erfahrung wirkte eine Zeitlang, fast hilflos stammelnd, wenig souverän bei der Abwehr dieses ungeheuerlichen öffentlichen Vorwurfs. Über meine argumentative Hilfe, die schließlich zu einer demonstrativen Ehrenerklärung für den Beschuldigten durch das Publikum führte, war er mir dankbar.

Der Fall lässt sich verallgemeinern, wie ich verschiedentlich beobachten durfte. Und fast immer kommt hinzu, dass die von solchem politischen Crashkurs erstmals Betroffenen anfangs nicht so recht begreifen, was mit ihnen so plötzlich geschah. Und in ihnen kreist die Frage: „Ja, dürfen die denn das?" oder: „Wer gibt ihnen das Recht...?" Dies erfolgt auf der Illusionsbasis, dass es sich um außergewöhnliche Missgriffe handele. Erst „Veteranen" im medialen Trommelfeuer erwarten nichts anderes, haben die Lehre einer Äsopschen Fabel begriffen. Danach trifft ein Wolf am Bach ein Lamm und frisst es am Ende. Doch zuvor überschüttet er sein zitterndes Opfer noch mit unhaltbaren Vorwürfen. Es habe ihm das Wasser getrübt, schimpft er, worauf sich das Lamm verteidigt: Wie könne das sein, stehe der Wolf doch näher zur Quelle? Auch weitere abwegige Vorwürfe sucht es zu widerlegen. Doch das ändert nichts. Der Schlusskommentar des Dichters lautet, dass selbst große Bösewichter zur Bemäntelung ihrer Taten offenbar moralistischer Vorwände bedürfen.

Das Schaf wiederum verhält sich wie viele unserer Zeitgenossen, die zwar bereits eklatante ideologische Verwerfungen wahrnehmen, sich aber weiterhin im Bann der Fiktion befinden, im Grunde sei diese Gesellschaft liberal. Sie ist es, aber nur im Sinne eines pervertierten, genauer: eines völlig entkernten Liberalismus-Begriffs, der ausgerechnet die angstfreie öffentliche Debatte nicht mehr umfasst. Und natürlich sind auch die Anschuldigungen heutiger postdemokratischer Wölfe in der Regel keine stichhaltigen Vorwürfe. Vielmehr dienen auch sie vornehmlich der propagandistischen Verbrämung purer Machtausübung und Interessenwahrung.

Daher ist es naiv, angesichts der gängigen Denunziationspraxis von Argumenten Linderung zu erwarten. Man fängt sich dabei allenfalls noch den Vorwurf der Larmoyanz ein. So exemplarisch geschehen in der „FAZ“ vom 19.12.2017, die sich hämisch darüber ausließ, dass rechte Kritiker ein übles ARD-Machwerk (Niki Steins gegen die AfD gerichteter Tatort „Dunkle Zeit“) auch als solches bezeichneten. Die Anti-Kritik enthielt nun groteskerweise ausgerechnet den Hinweis auf die Meinungsfreiheit, die die Öffentlich-Rechtlichen so schandbar verletzt hatten. Doch fruchtbarer als Ärger darüber wäre es, sich klarzumachen, dass man als Querdenker nicht umsonst attackiert wird und dass dies seinen respektablen Grund hat.

Der Verunsicherte

Er lässt sich von der Phalanx seiner plötzlichen Gegner einschüchtern. Ganz so massiv hatte er sich den Druck doch nicht vorgestellt, als er auch mal dem Motto folgte: „Stell dich quer, dann bist du wer!“ Nun wird es einsam um ihn, und das wiederum weckt zunehmend Selbstzweifel, die durch gute oder „gute“ Freunde noch bestärkt werden. Genau dies könnte zum Widerruf nötigen, verklausuliert durch Ankündigungen, etwas „klarstellen“ zu wollen. Im Kontext seiner Reflexionen über Massenwahn formulierte der Schriftsteller Hermann Broch: „Der Einzelne verliert die Wahrheit.“ Er verliert nämlich das klare Bewusstsein darüber, dass, wie der Schriftsteller Jean Cocteau sagte, man die (wirkliche oder auch nur scheinbare) „Mehrheit nicht mit der Wahrheit verwechseln“ darf. Für Betroffene in diesem Stadium zeigt Kafkas oben zitierter „Prozess“ in aller Schärfe, was es bedeutet, sich selbst in Frage zu stellen.

Der Misanthrop

Der seelischen Abwehrhaltung dient zuweilen auch (misanthrope) Arroganz. Wer von hochmütiger Distanz zum (Wissenschafts) Pöbel und seinen Masseninstinkten geprägt ist, erwartet letztlich nichts anderes. Und mit intellektuell wenig Satisfaktionsfähigen die Klinge zu kreuzen, hielte er für demütigend. Solange er nicht administrativ behelligt wird, mag er sich dadurch persönlich vor Anfechtungen schützen und sogar Einzelnen als Querkopf imponieren. Leider hindert ihn seine selbstbezogene Isolation aber häufig daran, einen nennenswerten Einfluss auf eine Besserung der Verhältnisse zu nehmen.

Das Honigkuchenpferd

Es gibt Naturen, an denen fast alles abprallt. Ein glückliches Temperament erlaubt ihnen, vier Fünftel aller Attacken einfach wegzustecken nach der Berliner Handlungsdevise: „Nich mal injorieren!“ Es gelingt ihnen dabei, manche Peinlichkeiten im Verkehr mit Kollegen schlicht wegzulächeln und dadurch Verfolgern zuweilen den Wind aus den Segeln zu nehmen. Die Quelle ihrer Selbstsicherheit speist sich aus unterschiedlichen Anlagen. Geistiges Phlegma gehört ebenso dazu wie auf der anderen Seite eine fast fatalistische Gelassenheit, die ohne Schwere getragen wird.

Auch eine gewisse Gleichgültigkeit zum Beruf fernab von Max Webers Ethos mag mitspielen, solange das Gehalt weiterläuft, verbunden mit dem populären Spruch: „Was kümmert es die deutsche Eiche, wenn sich ein Borstenvieh dran wetzt.“ Ich kenne Einzelfälle, in denen sich solche Charaktere keineswegs einschüchtern ließen oder ihr Verhalten änderten. Sie verblüffen sogar ihre Verleumder, mit denen sie ungeniert weiterhin Kontakt halten, als nähmen sie das Ganze nicht recht ernst oder man habe sie einfach nicht richtig verstanden. Es gibt sie als glückliche Ausnahmen.

Der verbale Haudrauf

Er schießt wütend aufs Ziel und verbal für viele übers Ziel hinaus und gibt sich damit Blößen, die zu weiterer Desavouierung einladen. Und die Hoffnung: „Ist der Ruf erst ruiniert, lebt sich's weiter ungeniert", gilt sicherlich nicht für „rechte" Protagonisten. Eine eingriffsbereite Justiz steht bei Fuß oder zumindest eine empörungsbereite veröffentlichte Meinung. Zu Recht warnen daher Erik Lehnert und Wiggo Mann in ihrem Buch „Das andere Deutschland", eine „Zuspitzung zur falschen Zeit" könne ein Thema verbrennen und der „falsche Ton beim richtigen Thema" könne zum „Bärendienst" werden. Auch gilt das „Wie du mir, so ich dir" hinsichtlich verbaler Aggressivität offenbar nicht. Zumindest solange die Blockmedien bestimmen, was gut und böse ist beziehungsweise überhaupt öffentlich erwähnt wird.

Exemplarisch lässt sich das im Fall Pirinçci studieren respektive am Entrüstungssturm, als der international bekannte Krimiautor plötzlich die Literaturgattung wechselte und den polemischen Bestseller vorlegte: „Deutschland von Sinnen. Der irre Kult um Frauen, Homosexuelle und Zuwanderer". Er schlug dabei, wie Thomas Hoof schrieb, ins deutsche „Umerziehungsdelirium" „mit dem Hammer" ein „in einem Ton der Wut und des Zorns, ohne Sondierungen, einschränkende Rückversicherungen und ironische Bemäntelung. Das ist Bukowski-Sound, Céline-Gepöbel und Kurt-Hiller-Fluchen, ein Wutanfall im Straßenjargon – und es ist zu erwarten, daß die Betschwestern […] in ein steinerweichendes Gezeter ausbrechen werden."

Genau dies geschah, und es fehlte dabei nicht an den üblichen einfallslosen Invektiven, die den Autor in den Kontext mit Massenmördern und Hasspredigern stellten. Statt sich mit den Kernthesen zu beschäftigen, entrüstete man sich über die Form und spielte die übliche Karte „Volksverhetzung". Damit hat ihn der publizistische Mainstream schließlich weitgehend zur Strecke gebracht beziehungsweise in jene Widerstands-Nischen gezwungen, die den meisten Bücherkäufern unbekannt bleiben. Eine skandalöse Falschmeldung unseres Qualitätsjournalismus bot den Anlass. Doch diese Geschichte wird erst im nächsten Kapitel erzählt.

Der Aufgeweckte

Diesen Typus ließen konkrete Erfahrungen sozusagen erwachsen werden und nie wieder die Augen vor den Grundregeln verschließen, nach denen hierzulande Demokratie gespielt wird. Zur letzten Desillusionierung verhalf der Besuch bei einem Rechtsanwalt, um sich – wie kostenintensiv auch immer – wenigstens gegen die böswilligsten Verleumdungen zu wehren. Was er nun bei seriöser Beratung erfährt, ernüchtert ihn endgültig. Zwar kommt es in seltenen Fällen noch vor, dass ein im sogenannten rechten Spektrum Behelligter auf einen Richter alter Schule trifft, der sein Ethos nicht politischen oder Karriere-Zielen opfert. Aber dann muss er Glück haben, wie etwa Jürgen Elsässer gegen Jutta Ditfurth. Für den Durchschnittsverleumdeten sieht es anders aus. Und was er in jener Beratungsstunde an Einblick in skandalöse linkspolitisch gefärbte Urteile erhält, lässt ihn unseren real existierenden Rechtsstaat auf neue Weise betrachten.

Ihm genügte, ein paar Urteile über (vermeintliche) Meinungsdelikte zu lesen, um konkret zu erfahren, was gegen rechts erlaubt und gegen links verboten ist. Diese Rechtsberatung ersetzt Dutzende politologischer Studien. Und wenn ihn dabei manches an Brechts „Aufstieg und Fall der Stadt Mahagonny" erinnert, wo Gangster (über sich selbst) Gericht halten, versteht er die Satire erst richtig. Und er schätzt danach den besten Rat, den ein Anwalt in dieser Lage wohl geben kann: „Nehmen Sie das Ganze als Ritterschlag! Vielleicht kommt mal eine Zeit, wo dergleichen belegt, nicht unter Ihr Niveau gegangen zu sein." Sieht er es ähnlich, war auch dieses politische Lehrgeld nicht zu teuer bezahlt. Ab sofort verortet er sich in der weltgeschichtlichen Ursituation des Außenseiters. Kants Forderung: „Habe Mut, dich deines eigenen Verstandes zu bedienen!" versteht er als existentielle Grundentscheidung, die niemandem erspart bleibt, der tatsächlich nach Erkenntnis strebt.

In dieser Lage gibt es allerdings keinen Königsweg. Denn zu keiner Zeit konnte der Nichtmärtyrer in einem „falschen Leben“ ein gänzlich richtiges führen. Insofern begleitet der Vorwurf, nicht genügend getan zu haben, jeden selbstkritischen Menschen lebenslang. Kann man doch nie sicher sein, dass man auch ohne schlimme Konsequenzen vielleicht noch ein wenig mehr hätte riskieren können. Dennoch gab und gibt es beim Spagat zwischen Karriere und Verzicht eine relativ anständige Art, mit prekären Anforderungen und Inhalten umzugehen, indem man unnötige Provokationen ebenso vermeidet wie geistige Unterwerfung. Wer Verantwortung für Familienmitglieder oder Mitarbeiter trägt, sollte nicht mit dem Kopf gegen jede Wand rennen.

Gelegentlich lässt sich ein strittiger Komplex vorläufig ausklammern. Mal lassen sich Freiräume weiter ausdehnen, als Ängstliche mutmaßen. Mal kann man andere schützen, indem man ihren kühnen Folgerungen eine weniger „verfängliche“ Deutung angedeihen lässt. Mal taugt das eigene Beispiel dafür, dass sich auch Dritte der Verdammung missliebiger Kollegen enthalten oder sie neutral referieren beziehungsweise zitieren. Schon zu meinen Berufszeiten stellten sich täglich derartige Fragen, die sich heute noch erheblich verschärft haben. Und ich erinnere mich an eindringliche Diskussionen auf Symposien mit dafür aufgeschlossenen jungen Wissenschaftlern, bei denen sich zwei unterschiedliche Verhaltensweisen herauskristallisierten: die des ungerührten Berufszynikers oder die des fast Verzweifelten, den man aufmuntern musste, auch unter Hinweis darauf, dass eine zeitweilige Tarnung notwendig sein kann, um die Universität nicht ausschließlich Ionescos „Nashörnern“ zu überlassen.

Der Bekenner

Doch gibt es Situationen, in denen Zurückhaltung nicht reicht und die Herrschenden ihren Kotau fordern, bevor sie akademische Weihen, Gelder, Personal oder Kompetenzen verleihen. Das ist der Moment, wo sich jede(r) entscheiden muss, wann für ihn oder sie Kompromiss und Kooperation in Kollaboration übergehen und welcher Preis für ein anspruchsvolles Lebenskonzept zu hoch ist. Eine nicht zu überschreitende Grenze liegt für mich in der Zumutung, an vom Mainstream diktierten Kollegen-Tribunalen teilzunehmen. Beim „Kreuziget ihn!“ mitzubrüllen, zeichnet fürs Leben. Großen Respekt habe ich vor einigen Vorbildern, die sich etwas mehr Bekennermut gönnten und in Kenntnis möglicher Folgen ihr öffentlich vernehmbares „Ich nicht“ sprachen.

Auf sie passt eine zentrale Passage in Ernst Jüngers „Auf den Marmorklippen“, geschrieben unter viel drastischeren Umständen, die noch das Leben kosten konnten. Der Text zeigt die Urszene aller Couragierten, als der Protagonist sich zwingt, nochmals Köppelsbleek aufzusuchen und genau zu beobachten: jenen Schreckensort, der ihn beim ersten Mal noch eingeschüchtert und in die Flucht getrieben hatte. Vergleichbar ist die Konstellation, wonach man anfangs vielfach eher zufällig in Gefahr gerät, dass aber nur die Rückkehr zur Analyse den wahrhaft Tapferen ausmacht, der nichts mehr verdrängt oder beschönigt, sondern nach der Devise verfährt: „Erkenne die Lage!“

8 Prominenten-Jagd

So was kann man denken für sich, aber so was kann man nicht öffentlich sagen.

Günter Grass zu Martin Walsers Friedenspreisrede

Ich sehe zwischen einem Schau-Gespräch und einem Schau-Prozeß nur graduelle Unterschiede in der Vorführung von Denunzierten.

Botho Strauß: „Anschwellender Bocksgesang" (1993)

Zur Signatur der Bundesrepublik gehören zahlreiche vergangenheitspolitisch akzentuierte Skandale, genauer gesagt: Pseudoskandale. Denn die mediale Erregung steht in keinem Verhältnis zur behaupteten Schuld des Attackierten. Eher geht es um moralpolitische Disziplinierung. Derber formuliert treibt die politische Klasse zur Festigung eines ihr kompatiblen Weltbilds periodisch eine Sau durchs Dorf. Das Schema lässt sich an zahlreichen Fällen leicht studieren. Einige Namen Betroffener fielen schon früher als historische oder politische Abweichler. Hinzu kommen (partielle) Querdenker wie Hans-Jürgen Syberberg oder Peter Sloterdijk, abgewürgte öffentliche Diskussionen durch Entlassung unbotmäßiger Publizisten wie Gerhard Wisnewski und Matthias Matussek oder medial Gemobbte wie Steffen Heitmann und Heinz Buschkowsky. Aus Dutzenden von Exempeln seien die folgenden ausgewählt gemäß Medienecho und Prominenz der „Angeklagten".

8.1 „Volkspädagogisch unwillkommen“: Der Fall Fritz Tobias

Am 27. Februar 1933 brannte der Reichstag. Die Nationalsozialisten beschuldigten die Kommunisten der Tat und erließen (vorgeblich zur Gefahrenabwehr) umfangreiche freiheitsbeschränkende Gesetze. Die Kommunisten drehten den Spieß um und bezichtigten die Nazis der Tat. Dieser Auffassung schloss sich die Nachkriegshistoriographie vielfach an, flankiert vom Argument, der dingfest gemachte Kommunist Marinus van der Lubbe könne als Einzelner nicht diese Brandwirkung entfacht haben. Fritz Tobias bezweifelte dies, ein detailbesessener Amateur aus dem niedersächsischen Innenministerium. 1962 publizierte er seine dickleibige Studie „Der Reichstagsbrand. Legende und Wirklichkeit“, basierend auf einer vorausgegangenen „Spiegel“-Serie. Nach seiner akribischen brandtechnischen Recherche kam Lubbe durchaus als Alleintäter in Frage.

Gegen diese These erhob sich leidenschaftlicher Widerspruch. Allen voran agitierte ein mit internationaler Prominenz gespicktes, von Exil- und Widerstandsorganisationen getragenes Luxemburger Komitee. Darin tummelten sich viele, die damals Rang und Namen hatten: aus der Politik etwa Willy Brandt, André Malraux, Gaston Thorn, Carlo Schmid, Ernst Benda oder Horst Ehmke, aus Politik- oder Geschichtswissenschaft Golo Mann, Karl Dietrich Bracher, Ernst Fraenkel, Eugen Kogon. Zu den treibenden Kräften gehörten ein gewisser Edouard Calic, dessen „neue“ Quellenbelege sich später als Fälschungen erwiesen, sowie der fanatische Berner Historiker Walther Hofer, für den NS-Geschichtsschreibung vornehmlich im Nachweis eines kriminellen Kontinuums bestand und dessen millionenfach verbreitete Deutung nun durch Tobias in Frage stand.

Gegen ihn ballerte man nun aus allen publizistischen Rohren. Hierdurch werde die Verbrechensgeschichte des Dritten Reichs bis hin zu den Genoziden philosophierend zerredet und umgelogen (Calic). Der Literaturwissenschaftler Hans Mayer sah „Neonazis“ am Werk, der stellvertretende Chefankläger bei den Nürnberger Kriegsverbrecherprozessen, Robert Kempner, witterte ein „Weißbuch für Göring“. Pierre Grégoire, ehemaliger Luxemburger Parlamentspräsident, nannte Tobias und seine Verteidiger „Möchtegern-Enthüller“, „Ableger des SS-Geistes“, „blut- und denkechte Nachfahren des Braunauer Meisters“. Sie repräsentierten die „Instinkte der internationalen Kanaille“. Für Tobias gipfelte dieser Rufmord in wiederholten Aufforderungen zu disziplinarischen Maßnahmen. Darüber hinaus gab es gerichtliche Drohungen gegen nicht genehme Leserbriefschreiber. Oder man versuchte, Vertreter der Alleintäterschaft von öffentlichen Diskussionen fernzuhalten.

Warum diese Erregung über ein Forschungsdetail unter Tausenden, das allein gewiss keinen Wertungsumsturz der NS-Geschichtsschreibung nahelegt? Eher erlaubt Tobias einen Deutungsansatz jenseits der wechselseitigen Beschuldigungen, ohne zu bezweifeln, mit welcher Konsequenz Hitler und Co diesen Vorfall innenpolitisch ausnutzten. Die für Hofer und Co günstigste Auslegung erklärt deren halsstarrige Rechthaberei aus einem zu simplen Erkenntnisverfahren, wonach alles, was Nazis behaupteten, ins schlichte Gegenteil verkehrt wird. Danach steht jeweils (auch beim Einzelereignis) reflexhaft Lüge gegen Wahrheit, NS-Geschichtsbild gegen demokratische Kontrafaktur. Doch gesamtgesellschaftlich greift diese noch wohlwollende Begründung leider zu kurz. Schon damals zeigten sich nämlich Tendenzen zu einer offiziösen, politisch erlaubten Zeitgeschichtsschreibung, die in einen (auch wissenschaftlich beschränkten) Rahmen einbetoniert war. Wer den hinterfragte, würde es zu spüren bekommen.

8.2 Gulag vor Auschwitz: Der Fall Ernst Nolte

Das zeigte sich verschärft im Fall von Ernst Nolte, der seine Forschungen von solchen Berührungsängsten freihielt. So begnügte er sich nicht damit, Selbstaussagen von NS-Kadern als heuristisch belanglose Propagandalügen abzutun, sondern nutzte sie etwa als Hinweise auf Motivlagen. Zudem verpflichtete er den Historiker darauf, jeden behandelten Gegenstand „irgendmöglich verstehbar und möglicherweise sogar verständlich zu machen, obwohl er sein moralisches Urteil nicht mit dem historischen identifizieren darf“. Solche Haltung mündete in einen beschönigend unter „Historikerstreit“ rubrizierten Konflikt. Denn die zu diesem Anlass weltweit aufschäumende Papierflut stand in schreiendem Missverhältnis zu ihrem kümmerlichen Wissenschaftsertrag. Eher geriet die Debatte zu einem überdimensionalen Negativmodell, wie fachlicher Streit gerade nicht geführt werden soll: mit Schaum vorm Mund, perfiden Zitatklitterungen à la Jürgen Habermas, persönlichen Verdächtigungen, Drohungen und Einschüchterungen, die als Folge dem Gelehrten die weitgehende Ächtung des deutschen Feuilletons und zahlreicher Kollegen eintrug.

Bot Nolte hierfür Ursache? Hat er den Holocaust geleugnet oder Opfer geschmäht? Wollte er, patriotisch gestimmt, Verantwortlichkeiten verwischen? Oder hat er gar ethnische Naziurteile bestätigt, implizit Vernichtung gerechtfertigt und wie dergleichen alberne Vorwürfe lauteten? Natürlich nicht. Dafür hat er gegen ungeschriebene Darstellungsgesetze des Zeitgeists verstoßen, indem er an einer einzig seiner Einsicht verpflichteten Geschichtsschreibung festhielt, fern von volksdidaktischen Exerzitien. Historiographisch zu ermittelnde Wahrheit, postulierte er, dürfe „nicht von der Nützlichkeit abhängig gemacht“ respektive aus Opportunitätsgründen verschwiegen werden. Ein

Forscher dürfe in seiner Bemühung um Wahrheit keinerlei Vorgaben folgen, auch wo sie humanitär plakatiert sind.

Der Streit begann mit Noltes Rede „Vergangenheit, die nicht vergehen will". Sie sollte bei den Römerberg-Gesprächen gehalten werden, fiel aber einer Zensur der Veranstalter zum Opfer und erschien auf Joachim Fests Intervention hin in der „FAZ" vom 6. Juni 1986. Ihr Verfasser verwies darin auf ein zeitliches Vorher des Gulag gegenüber dem Holocaust und zog daraus analytisch Konsequenzen. Noltes Hauptthesen betonten erstens totalitäre Gemeinsamkeiten zwischen Kommunismus und Nationalsozialismus im Sinne einer „feindlichen Nähe", zweitens eine überschießende Abwehrreaktion der Hitler-Bewegung aus Kommunistenfurcht, drittens besondere Affinitäten eines bestimmten jüdischen Sozialtyps zur bolschewistischen Revolution, was, wie pauschalisierend-ungerecht auch immer, eine ganze Bevölkerungsgruppe zu einem identifizierbaren Gegner werden ließ.

Für all diese Ansichten finden sich auch anderweitig Nolte stützende Belege, was weitere Beweggründe für die NS-Vernichtungsideologie nicht ausschließt. Doch sein Tabubruch ließ nun plötzlich Kollegen von ihm abrücken. Kübel von Spott und Entrüstung wurden von dogmengläubigen Musterschülern oder geistigen Hinterbänklern ausgegossen, Vortragseinladungen storniert, Editionsvorhaben gestrichen, während man seine Gegner mit Preisen überhäufte. Selbst ein Brandanschlag auf Noltes Auto gehörte offenbar zum Sanktionskanon, bei dem unser sonst so empörungsfreudiges Feuilleton meist schnell zur Tagesordnung überging.

Joachim Fest prophezeite seinerzeit, die heutigen „Fragenverbieter und Mythologen" mit ihrem „statischen Geschichtsbild" könnten den Prozess der Historisierung auch des Dritten Reichs nicht aufhalten. Denn der habe „die mächtigste denkbare Kraft auf seiner Seite. Die Zeit." Aber Habermas und Parteigänger stützten sich auf einen zu allem entschlossenen Macht- und Medien-Komplex. Und selbst wo seit Jahren die intelligenteren Nolte-Kritiker bereits den Rückzug angetreten haben, von Enzensberger über Augstein bis Wippermann, der dies immerhin öffentlich eingestand, fehlt sonst in der Regel der Anstand, dem Verunglimpften wenigstens rückblickend Abbitte zu leisten. Allenfalls konzedierte ein Einpeitscher der Hetzjagd wie Rudolf Augstein, Noltes Ansatz sei ja „philosophisch richtig“ gewesen. Nur habe er ihn mit „kaum glaublichen Beispielen und absurden Ergebnissen zerstört“. Wenn das so wäre, was hätte näher gelegen, als bessere Belege oder Resultate zu liefern, statt einen Wissenschaftsdisput zum Ketzerprozess zu pervertieren?

8.3 Zu anspruchsvoll: Der Fall Philipp Jenninger

Auch Bundestagspräsident Philipp Jenninger fiel nach seiner Rede zum 9. November 1988 einer publizistischen Hinrichtung zum Opfer, bei der man sich fragt, ob das Grotesk-Abwegige oder das Erschreckend-Infame größer war. Seine Skandalisierung ist von allen hier erwähnten gewiss die merkwürdigste. Denn Jenninger vertrat durchaus keine dem Zeitgeist widersprechende Geschichtsauffassung. Aussöhnung mit den Juden wie Verbesserung der deutsch-israelischen Beziehungen waren ihm zudem Herzensangelegenheiten. Doch auch er scheiterte, und zwar gerade weil er diese Aufgabe ernst nahm und die ausgetretenen Pfade ritueller Betroffenheitsreden verließ. Nun büßte er paradoxerweise für die ressentimentbesetzte Ignoranz seiner Zuhörer.

Sein „Fehler" war, dass er die Binnensicht mancher Deutscher zu rekonstruieren suchte, die sie zur Billigung der „Reichskristallnacht" geführt haben könnte. Und so hieß es etwa: „Für das Schicksal der deutschen und europäischen Juden noch verhängnisvoller als die Untaten und Verbrechen Hitlers waren vielleicht seine Erfolge. Die Jahre von 1933 bis 1938 sind selbst aus der distanzierten Rückschau und in Kenntnis des Folgenden noch heute ein Faszinosum insofern, als es in der Geschichte kaum eine Parallele zu dem politischen Triumphzug Hitlers während jener ersten Jahre gibt." Anschließend überforderte Jenninger die intellektuellen Kapazitäten mancher Zuhörer gänzlich, indem er bei Passagen über die Juden die Technik der erlebten Rede anwendete: „Hatten sie sich nicht in der Vergangenheit doch eine Rolle angemaßt – so hieß es damals –, die ihnen nicht zukam […]? Entsprach die Propaganda – abgesehen von wilden, nicht ernst zu nehmenden Übertreibungen – nicht doch in wesentlichen Punkten eigenen Mutmaßungen und Überzeugungen?", und so weiter.

Das genügte etlichen Parlamentariern der Grünen, der SPD und der FDP, den Plenarsaal zu verlassen. Auch unsere hysterischen Medien rasten und wollten ihr Opfer haben, was ihnen umgehend gebracht wurde. Denn der vom massiven Druck überraschte und verletzte Jenninger trat sofort von seinem Amt zurück. Jahre danach äußerte der Vorsitzende des Zentralrats der Juden in Deutschland, Ignatz Bubis, Jenninger habe „eine über weite Strecken hervorragende Rede einfach nur rhetorisch miserabel gehalten. Wenn es nach uns gegangen wäre, hätte er nicht zurücktreten müssen." Und er belegte dies zusätzlich, indem er den Text zehn Jahre danach, gänzlich unbeanstandet, nochmals vortrug – übrigens eine scheinaufklärerische zynische Geste, weil er ja bereits ein Dezennium zuvor die Dinge hätte klarstellen können.

Aber vielleicht ist noch peinlicher, was man kürzlich von unseren Qualitätsmedien als Nachruf auf den im Januar 2018 Verstorbenen sehen und hören konnte. Denn hier endlich hätte sich Gelegenheit zur Selbstkritik geboten, Anlass, darüber nachzudenken, wie leichtfertig man Urteile übernommen und gar optisch untermalt hatte. Exemplarisch in der „Tagesschau" der Blick auf eine KZ-Überlebende, die aus Trauer den Kopf in den Händen barg, was sich keineswegs auf Jenninger bezog, aber dennoch als Scheinkommentar zwischen dessen Redepassagen montiert wurde. Auch viele Presseartikel verfuhren so. Doch nun „würdigte" man den Verstorbenen, vom Staatsfunk über die „Zeit" und die „Welt" bis zum „Spiegel", in gönnerhafter Herablassung: Er habe zwar keine bösen Absichten gehabt, aber in seinem „Ehrgeiz" zur modifizierten historischen Präsentation habe es ihm am „notwendigen Maß an Betroffenheit" gefehlt. So habe er Fehler gemacht und sich selbst überschätzt. Wann wird die Zeit kommen, die endlich diese professionellen „Bewältiger" bewältigt und feststellt: Jenninger hat weniger sich selbst als das intellektuelle, politische und menschliche Niveau unserer Rudeljournalisten überschätzt.

8.4 Anschwellende Panik: Der Fall Botho Strauß

1993 erschien im „Spiegel" der Essay „Anschwellender Bocksgesang" von Botho Strauß: eine trotzige Philippika des Autors gegen die Anmaßung der politmedialen Klasse, im Besitz der gesellschaftlichen Wahrheit zu sein. Eine Wutrede gegen den „Feuerball der Narreteien" des Infotainments, gegen unsere „inzüchtige Kommunikation" beziehungsweise die Verlogenheit unechter öffentlicher Debatten. Aus allem helfe nur „Mut zur Sezession, zur Abkehr vom Mainstream". Er sah Bürgerkriegs-„Rumoren" voraus mit vagen Hoffnungen auf einen unter „Gefahren geborenen Wechsel der Mentalität". Zudem bekannte er sich zur rechten Gegenkultur im Sinne einer Erinnerung, „die den Menschen ergreift, weniger den Staatsbürger, die ihn vereinsamt und erschüttert inmitten der modernen, aufgeklärten Verhältnisse" seines Alltags. Dies beinhalte Auflehnung „gegen die Totalherrschaft der Gegenwart, die dem Individuum" jede Präsenz von „geschichtlichem Gewordensein, von mythischer Zeit rauben und ausmerzen will".

Vor allem sein positiver Bezug zum Reizwort „rechts", wie abstrahierend individuell auch immer verwendet, war offenbar zu viel für die Herausgeforderten. Es hagelte Verrisse, von Peter Glotz bis Ignatz Bubis, von der „taz", die einen reaktionären Marsch ausmachte, „die Blutfahne hoch", bis zur „Woche", die den „Ekelpegel" sinken sah und Strauß eine „Maulhure des Feuilletons" nannte. Nicht wenige Reaktionen, gipfelnd in Boykottaufrufen, Distanzierungen oder unautorisierten Veröffentlichungen („Theater heute"), verrieten die Aufregung eines Bienenschwarms. Man solle „sich den Tag rot im Kalender anstreichen", orakelte der SPD-Vordenker Peter Glotz düster raunend: „Wird eine neue Rechte salonfähig?" Und in der „Frankfurter Rundschau" schrieb Thomas Assheuer: „Diese Tirade über die

Linke, Demokratismus und das Tutti-Frutti der Medien ist ein Einschnitt, ein unerhörtes Dokument – das erste aus dem Neuen Deutschland, undenkbar in der alten Bundesrepublik."

Vom Wortlaut her drohten solche Gefahren gewiss nur sehr bedingt, angesichts eines für den Durchschnittsleser extrem verrätselten, bildungsbestückten Textes. Auch angesichts des Umstands, dass ein Teil seiner rechten Kulturkritik in die Beschreibung einer überepochalen Einsamkeit des geistigen Außenseiters mündete. Doch seine Gegner zielten wie üblich auf „anrüchige" Stellen, die sie interpretatorisch auf „Rechtsradikalismus" trimmten. Dabei enthält Strauß' Text ein ganzes Arsenal von (geradezu identifikationsverweigernden) Abgrenzungen gegenüber Fremdenhass oder Antisemitismus, dazu eine Holocaust-Deutung, die sich aus archaischer Erschütterung speist. Und das wenige, was sich mit Anstrengung tagespolitisch hätte ausbeuten lassen, formuliert eine Antinomie: „Es ist verwerflich ohne jede Einschränkung, sich an Fremden zu vergreifen – es ist verwerflich, Horden von Unbehausbaren, Unbewirtbaren ahnungslos hereinzulassen."

Was im Mainstream Badende so schmerzte, war hingegen die schonungslose Entlarvung einer linksliberalen Lebenslüge, die im Widerstands-Anspruch bestens Angepasster und einem „psychopathischen Antifaschismus" kulminiert. Dazu seine peinliche Entschlüsselung ihrer Xenophilie als Selbsthass, ihres „Liberalismus" als hochreizbare Phobie gegenüber jedweder nichtliberalen Lebenshaltung. Zertrümmert wurde ihre Rebellen-Fassade im „kollektiven Befindlichkeitsstrom der Rock- oder Underground-Szene" bis zu den majoritären Sprachlarven eines Vokabulars der „Empörungen und Bedürfnisse". Auch ihre Verflechtung in unser „Regime der telekratischen Öffentlichkeit" trat zutage, das „nur Mitwirkende" und „Systemkonforme" kennt – für Strauß „die unblutigste Gewaltherrschaft und zugleich der umfassendste Totalitarismus der Geschichte": „Es braucht keine Köpfe rollen zu lassen, es macht sie überflüssig."

Der tagespolitischen Verleumdung von Strauß wurde allerdings ausnahmsweise auch in der Systempresse widersprochen, zum Beispiel von Bodo Kirchhoff, Adolf Muschg, Peter Schneider, Daniel Cohn-Bendit und sogar Marcel Reich-Ranicki. Im konservativen Spektrum wiederum formierte sich eine mit dem Autor sympathisierende Gegenfront. Bevor diese wieder für zwei Jahrzehnte in Einzelkämpfer zerfiel, erschien 1994 immerhin der Sammelband „Die selbstbewusste Nation", herausgegeben von Heimo Schwilk und Ulrich Schacht. Gewiss eine verdienstvolle Veröffentlichung, aber als Bestandsaufnahme ist der Titel leider noch heute nur Wunschbild.

8.5 Kein „Lippengebet“: Der Fall Martin Walser

Martin Walsers Rede anlässlich der Verleihung des Friedenspreises des deutschen Buchhandels vom 11. Oktober 1998 ging in die Geschichte der Bundesrepublik als Ereignis ein, dessen Bewertung zwischen „Befreiung“ und „Skandal“ variiert. Sie entfesselte stehende Ovationen und eine monatelange Resonanz. Offensichtlich hatten seine Worte einen Nerv vieler Deutscher getroffen, was unzählige Briefe an den Autor illustrieren. Denn nie zuvor hatte sich ein weithin respektierter Vertreter unseres Geisteslebens öffentlich so drastisch gegen die hier praktizierte „Vergangenheitsbewältigung“ ausgesprochen. „Meinungssoldaten“, hieß es, nötigten mit „vorgehaltener Moralpistole“ zum „Meinungsdienst“. Vielfach gehe es nicht mehr um „Gedenken“ oder „Nichtvergessendürfen“, sondern um „Instrumentalisierung unserer Schande zu gegenwärtigen Zwecken. Immer guten Zwecken, ehrenwerten. Aber doch Instrumentalisierung.“ Auschwitz eigne sich aber „nicht dafür, Drohroutine zu werden, jederzeit einsetzbares Einschüchterungsmittel oder Moralkeule oder auch nur Pflichtübung. Was durch Ritualisierung zustande kommt, ist von der Qualität des Lippengebets.“

Zu den wenigen, die in der Paulskirche nicht klatschten, zählte Ignatz Bubis, und sein Verdikt erging postwendend. Walser habe „geistige Brandstiftung“ betrieben, revisionistische Positionen von Rechtsradikalen bestätigt. Er wolle, dass „das Thema Auschwitz im Orkus der Geschichte“ versinke und „nicht mehr darüber gesprochen“ werde. Und nun folgte ein verbissener Streit zwischen Befürwortern und Kritikern der Rede. Viele Standpunkte sind in einer (682-seitigen!) Dokumentation vertreten, die Frank Schirrmacher 1999 herausgab. Unter seiner Initiative kam es auch zu einem Versöhnungsversuch zwischen den Protagonisten, der eher gezwungen wirkte, bis nach Bubis' Tod ein altersmüder Walser sich reuig zeigte.

Doch der Streit zuvor war heftig, und etliche Walser-Verteidiger fanden deutliche Worte, von Walter Jens über Peter Schneider bis Rudolf Augstein oder Gert Ueding: „Bubis hat eine Hexe geschaffen, die Hexe Walser, und einen geistigen Scheiterhaufen." Auf der Gegenseite standen zum Beispiel Saul Friedländer, Elie Wiesel, Günter Kunert, György Konrád, Marcel Reich-Ranicki, Artur Brauner, Henryk M. Broder, Moshe Zuckermann, Michel Friedman oder Elfriede Jelinek. Hier brach also leider ein Gegensatz auf, der schon weitgehend vernarbt schien. Wer das kritisch sah, assoziierte – ein wenig überspitzt formuliert – geistige Selbstghettoisierung.

Darum ging es Walser nun wirklich nicht. Denn vermutlich hatte er nicht nur seine Landsleute von unfruchtbaren Ansprüchen seelisch entlasten, sondern jüdischen Deutschen zugleich eine Verständnisbrücke bauen wollen. Was er nämlich bei allem Respekt vor ihrem Leid reklamierte, war die Privatheit des Gewissens, mit dem „jeder allein" sei. Es gebe keinen über Generationen vererbbaren Anspruch auf „korrekte" Erinnerung. Deren Perspektive bleibt ohnehin unaufhebbar unterschiedlich, es sei denn, man übt Druck aus. Dies zu sehen beziehungsweise einzusehen, fiel Bubis schwer, und er provozierte damit Walsers flapsige Bemerkung: „Der hat offenbar nicht richtig zugehört." Denn als zweite bedeutsame Botschaft (neben der missbilligten Instrumentalisierung) belegte Walser in der Paulskirche per intimem Geständnis doch gerade, dass diese Art „aufklärerische" Dauerbeschallung das Gegenteil des Gewünschten bewirkt:

„Wenn mir aber jeden Tag in den Medien diese Vergangenheit vorgehalten wird, merke ich, daß sich in mir etwas gegen diese Dauerpräsentation unserer Schande wehrt. Anstatt dankbar zu sein […], fange ich an, wegzuschauen."

Wer verließ das mediale Schlachtfeld als Sieger – jenseits meines Urteils, dass es nur Verlierer gab? Vordergründig Bubis, denn außer Walser und dem medial gerüsteten Rudolf Augstein hat es in den nächsten 20 Jahren kein etablierter Prominenter mehr gewagt, die statuierte Gedenktradition in Frage zu stellen. Wer es doch tat, büßte dies umgehend durch soziale Ächtung, wie Diskussionen um das ertrotzte Holocaust-Denkmal und weitere Disziplinierungen bis heute anschaulich belegen. Nie wieder gab es eine vergleichbare Solidarisierung mit einem Angegriffenen durch Kulturgrößen und sogar Politiker. Zum letzten Mal stand Walser ein sympathisierendes Forum zur Verfügung, vom „Spiegel" bis zur „FAZ", wo neben Frank Schirrmacher etwa Dieter Borchmeyer, Manfred Fuhrmann, Ulrich Raulff und vor allen Klaus von Dohnanyi für ihn fochten. Denn schnell drehte sich der Wind.

Eine der albernsten Zeitgeist-Institutionen, die Darmstädter Jury zum „Unwort des Jahres", rügte 2000 „Moralkeule" als eines der „Unwörter". Der Bau des Holocaust-Denkmals – für Walser zunächst ein „fußballfeldgroßer Alptraum im Herzen der Hauptstadt" – zeigte die Macht der obsiegenden Gedenkkultur. Und natürlich dürfen Bösmenschen auch keinen Preis erhalten, dachte sich der beflissene Erfurter Bürgermeister Manfred Ruge und verhinderte im Jahr 2000 die Jury-Empfehlung zur Verleihung eines Preises an Martin Walser wegen dessen „Umstrittenheit". Eine veritable Realsatire, denn dieser von 13 Luther-Städten verliehene Preis trägt den Titel: „Das unerschrockene Wort". Auch Frank Schirrmacher, noch 1998 eng verbundener Friedenspreis-Laudator, zeigte bald, dass er die Lektion begriffen hatte. Als Walser 2002 „Tod eines Kritikers" vorlegte, einen rabiat polemischen Schlüsselroman auf Marcel Reich-Ranicki, bezichtigte ihn der „FAZ"-Herausgeber per offenem Brief antisemitischer „Mordphantasien". Wer solche Freunde hat, braucht keine Feinde.

8.6 Gibt es „Tätervölker“? Der Fall Martin Hohmann

Ein weiterer vergangenheitspolitisch Gestolperter war der CDU-Bundestagsabgeordnete Martin Hohmann. Von seiner Rede zum Tag der Einheit hieß es am 01.11.2003 in der „FAZ“, er habe sich „auf das jeder Relativierung entzogene Gebiet des nationalsozialistischen Massenmords“ begeben und „disqualifiziert“. Weitere Angriffe unterstellten ihm Antisemitismus. Doch im Kern wehrte sich Hohmann lediglich gegen den auf Deutsche bezogenen Begriff „Tätervolk“, der seine patriotischen Gefühle verletzte. Er konterte den Vorwurf, indem er auf den hohen Anteil von Juden in den bolschewistisch-tschekistischen Führungsorganen und deren Massenmorde hinwies. Doch auch hier sei die Bezeichnung unangemessen. Denn als tiefstes Motiv für solche Untaten hätten keine ethnischen Ursachen zu gelten, sondern die gemeinsame „religionsfeindliche Ausrichtung und Gottlosigkeit“.

Das liest sich etwas grobschlächtig und eindimensional. Unglücklich war auch die Verknüpfung der heiklen Problematik, die bereits Nolte zum Verhängnis geworden war, mit tagespolitischen Anliegen und haushälterischen Sorgen. So erinnerte er etwa an ungleiche internationale Zahlungsverpflichtungen der Bundesrepublik, die an die Leistungsfähigkeit Deutschlands anzupassen seien. Auch jüdische Entschädigungszahlen sprach er dabei an und überschritt dabei den Rubikon des hierzulande Tolerierten. Die Angriffe ließen denn auch nicht auf sich warten, angeheizt durch tendenzielle Verkürzungen, von der „Tagesschau“ bis zur kleinsten Provinzzeitung.

Vielfach kursierten Falschdarstellungen wie etwa im „Stern“, gegen den Hohmann später vor dem Oberlandesgericht Frankfurt erfolgreich prozessierte, er habe „die Juden als Tätervolk“ bezeichnet. Das hatte er trotz mancher Verstöße gegen

Sensibilitätsnormen ausdrücklich nicht, wie der Redetext belegt („Daher sind weder ‚die Deutschen' noch ‚die Juden' ein Tätervolk"). Denn seine Absicht war es ja explizit, solche ethnisch bezogenen Diskriminierungen zu Lasten von ideologischen zu verwerfen. Doch er hatte zu viele Feinde gegen sich, darunter den Zentralrat der Juden, dem auch diverse Erklärungen und Entschuldigungen nicht genügten. Am Ende konnten ihn auch seine hessischen Parteifreunde nicht vor den erwartbaren Folgen schützen, zumal die Kanzlerin den Daumen senkte. Die CDU/CSU schloss ihn aus und beendete damit eine hoffnungsvolle Karriere, die er nach längerer Durststrecke aktuell als AfD-Bundestagsabgeordneter fortsetzt.

Der Fall Hohmann verdient zusätzliche Beachtung zum Thema „Lückenpresse". So positionierte sich etwa die „FAZ" deutlich gegen den Beschuldigten und unterdrückte dabei – wie später bekannt wurde – über zwei Wochen lang Hunderte von Leserbriefen. Auch andere gerieten in den Sog der Kampagne: Johannes Rogalla von Bieberstein, aus dessen Forschungen Hohmann zitiert hatte, und der Kommandeur des Kommandos Spezialkräfte(KSK) des deutschen Heeres, General Reinhard Günzel, den Verteidigungsminister Struck in unwürdiger Weise entließ, weil er Hohmann zu dieser Rede gratuliert hatte. Den Brief auf Bundeswehrpapier hatte zuvor ein „cleverer" ZDF-Mann unter Bruch der Vertraulichkeit über die Schulter des interviewten Hohmann gefilmt. Journalismus in Deutschland eben.

8.7 Spätes Erinnern: Der Fall Günter Grass

Einen internationalen Medien-Tsunami mit weltweiten Schlagzeilen auf Seite eins entfesselte Nobelpreisträger Günter Grass 2006 mit seinem späten Geständnis, als Jugendlicher der Waffen-SS angehört zu haben. Dabei betraf, distanziert geurteilt, das eigentlich Anstößige natürlich nicht die Mitgliedschaft eines 17-Jährigen. Auch nicht das jahrzehntelange Verheimlichen. Selbst diese Art Schweigen kann respektabel sein. Denn wer über früheres Tun oder Empfinden verstummt, weil er es, entblößt vom damaligen Zeitgeist, inzwischen selbst nicht mehr richtig versteht und schon gar nicht einem von rückschauenden Klischees beherrschten Nachgeborenen erklären kann, zeigt gewiss nicht weniger Einsicht als derjenige, der durch wohlfeile nachträgliche Verdammungsurteile oder Entschuldigungsfloskeln glänzt.

Das tatsächlich Skandalöse lag in Grass‘ lange gelebter Doppelmoral. Es bleibt sein Geheimnis, wie er über Jahrzehnte so entschieden gegen „Verdränger“ wettern konnte und sich selbst dabei völlig ausblendete. Besonders in Bitburg – als Höhepunkt der Infamie – gegen Bundeskanzler Helmut Kohl, als dieser mit US-Präsident Ronald Reagan eine späte Versöhnungsgeste zwischen früheren Kriegsgegnern inszenierte. Befanden sich doch als Stein des Anstoßes auf diesem Friedhof auch ein paar Gräber rangniedriger SS-Männer, über deren trauriges Los als jugendlich Verführte Grass besser hätte aufklären als polemisieren sollen. Stattdessen warf er Adenauers vielbelästerter Restauration just jene Nachsicht vor, die er nach der Enthüllung ihm gegenüber so larmoyant vermisste.

Denn jetzt blies ihm erstmals der Wind des Zeitgeistes ins Gesicht. Wer sich als angemaßter Praeceptor Germaniae so mitleidlos anderen gegenüber gerierte, sollte sich gefälligst an eigenen Scharfrichter-Maßstäben messen lassen. Natürlich kritisierten ihn Konservative, noch bissiger jedoch Maxim Biller, der Zentralrat der Juden, Henryk M. Broder oder Rolf Hochhuth, der den Vorgang „ekelhaft" und „widerlich" nannte. Dennoch wurde – und darin liegt die große Ausnahme der hier vorgestellten Fälle – Grass keineswegs völlig zerzaust, sondern allenfalls vom obersten Podest deutscher Moralhüter eine kleine Stufe heruntergedrängt. Denn nachdem sich der erste Schock und die Ratlosigkeit gelegt hatten, wie man den politischen Flurschaden im Lager der „Vergangenheitsbewältiger" begrenzen könne, formierte sich bald die Phalanx seiner Apologeten: von Klaus Staeck über Ralph Giordano bis Norbert Frei, von Wolfgang Thierse über Walter Jens bis Gregor Gysi, Richard von Weizsäcker und selbst Lech Wałęsa. Allzu scharfe Kritik, hieß es, sei nur Wasser auf die Mühlen der Ewiggestrigen, und Grass bleibe immerhin ein großer Aufklärer und moralischer Sanierer in Nachkriegsdeutschland.

Dies darf man anders sehen. Denn hätte er in Sachen Nationalsozialismus auch „ich" und nicht nur „die" gesagt, wäre manche Kritik gewiss glaubwürdiger. Auch bleibt eingestandene Zeitzeugenschaft in der Regel nicht ohne Einfluss auf die Darstellung, die dann wohl weniger manichäisch-karikaturistisch, sondern stärker erklärend ausgefallen wäre. So entsprach sie eher dem Sozialtyp des retrospektiven Pharisäers vieler Vertreter der „Flakhelfer"-Generation. Sie fanden den Ausweg aus der kollektiven Inkriminierung ihrer verlorenen Jugend durch radikalen Frontwechsel zu den „Vergangenheitsbewältigern". Von nun an akzeptierten sie auch pauschale Anklagen, ohne dafür (jenseits allgemeiner Reuefloskeln) persönlich einzustehen, witterten überall ideologische Erzübel oder wetterten gegen Verdränger. Eine wahrlich lohnende Reinwaschung, die aus demütigender Schuldlast sogar zu neuer Macht verhalf. Ein einziger entsolidarisierender Schritt ins Lager der Sieger genügte. Schon wurden aus deprimierten Geschlagenen gefeierte Inquisitoren, aus Verfemten „moralische Gewissen".

Auch von daher lohnt ein schneller Blick auf zahlreiche Phrasen seiner Verteidiger, die teils im gleichen Boot saßen. Walter Jens nannte Grass' Bekenntnis „abgewogen, präzise und vernünftig", vom Zeitpunkt her richtig gewählt: „Vorher wäre manches besserwisserisch erschienen." Aha! Heinz Bude fand in der „Süddeutschen", erst Grass' „Geheimnis seiner jugendlichen soldatischen Begeisterung" mache ihn „zu einem echten Repräsentanten der Bundesrepublik", ja verleihe „seiner Person ihre spezifische historische Glaubwürdigkeit". Deshalb sei er „ein würdiger Nobelpreisträger aus Deutschland". Eine weitere schöne Blüte präsentierte Hans Mommsen. Die Kritik an Grass sei „scheinheilig" und die Vorhaltung „absurd", dass er sich spätestens zum Bitburg-Anlass hätte offenbaren sollen. „Das öffentliche Geheul wäre um keinen Grad geringer gewesen." Wirklich nicht? Ausgerechnet an diesem Tag sein Rundumschlag gegen Verdränger! Beenden wir das Potpourri der Verwirrung mit Äußerungen von Adolf Muschg und Fritz J. Raddatz, die Grass' Kritiker den Pharisäern zurechneten, oder Jens Jessen, für den die „Stunde der Heuchler" heraufdämmerte. Das tat sie gewiss, doch wohl anders, als der „Zeit"-Redakteur wähnte.

Wenn sich 2006 im linken Lager zur Verteidigung von Grass die Reihen wieder schlossen, sah dies 2012 ganz anders aus (vergleiche Günter Scholdt im Literaturverzeichnis!). Denn sein Israel-kritisches Warngedicht „Was gesagt werden muss" fand kaum noch Verteidiger und provozierte sogar Tel Aviv zu offiziellen Stellungnahmen. Grass hatte eine so heikle Thematik wie Israels Konflikt mit dem Iran und seine Atombewaffnung behandelt. Das ganze geschah mit gewissen holzschnittartigen Vereinfachungen, die für früheren Protest im Rahmen von Friedens- und Anti-Atommärschen charakteristisch war. Hierfür fehlte nun das Verständnis der Medien. Eine breite internationale Empörung erfasste auch Grass' Kollegenkreis. Und man darf wohl vermuten: Ein drittes Gegen-den-Stachel-Löcken hätte ihn vollends zur Unperson gemacht.

8.8 Feministische Hexenjagd: Der Fall Eva Herman

Bei der gegen Eva Herman losgetretenen Kampagne ging es zunächst nur um unterschiedliche Frauenbilder. Doch dann trieb man die Abweichlerin schnell auf ein vergangenheitspolitisches Feld, wo üblicherweise Vernichtungsschläge geführt werden. 2007 hatte Herman den Bestseller „Das Prinzip Arche Noah" publiziert, in dem sie die zunehmende Geringschätzung der Mutterrolle durch die Achtundsechziger beklagte und für die demographische Zerrüttung verantwortlich machte. Dies provozierte eine feministische Generalmobilmachung. Und die unheilige Allianz von Alice Schwarzer bis „Bild" führte umgehend dazu, dass einer der beliebtesten Fernsehmoderatorinnen vom Norddeutschen Rundfunk gekündigt wurde.

Programmdirektor Volker Herres und Johannes B. Kerner spielten dabei eine jämmerliche Rolle durch überangepasste, jeder Fürsorgepflicht für eine langjährige Mitarbeiterin Hohn sprechende Reaktionen. Eva Herman hatte geäußert, nicht alles in der NS-Familienpolitik sei schlecht gewesen, worauf sie mit der geballten Vernichtungswut des bundesrepublikanischen Empörungsimperiums konfrontiert wurde. In der üblichen Seriosität titelte etwa „Bild am Sonntag": „Eva Herman lobt Hitlers Familienpolitik". Und in Kerners Talkshow vom 09.10.2007 spielte ein „Experten"-Kreis um Schauspielerin Senta Berger, den Kommunismus-Apologeten Wolfgang Wippermann und die durch geschäftliche Unregelmäßigkeiten für Moralfragen besonders befugte Margarethe Schreinemakers hochnotpeinliches Tribunal. Sie zielten dabei auf eine exemplarische fernsehgerechte Buße der „straffällig" Gewordenen. Nachdem Herman diese verweigerte, wurde sie als TV-Novität des Studios verwiesen – so einmal mehr demonstrierend, wie es im heutigen Deutschland um Habermas' „herrschaftsfreien Diskurs" bestellt ist. Danach erfolgte die außerordentliche Kündigung.

8.9 „Nicht hilfreich“: Der Fall Thilo Sarrazin

2010 publizierte der Volkswirt, Ex-Finanzsenator von Berlin und Vorstandsmitglied der Deutschen Bundesbank Thilo Sarrazin den Bestseller „Deutschland schafft sich ab“. Er beschrieb Zukunftsprobleme, die sich aus der Verbindung von umgekippter Bevölkerungspyramide, prekärer Zuwanderung und wachsender Unterschicht ergeben, und sah enorme Risiken für künftigen Wohlstand und sozialen Frieden. Seine Studie wurde zu einem der größten deutschen Verkaufserfolge im Bereich Sachbuch. Zugleich entfesselte es einen Sturm der Entrüstung, der besonderer Erklärung bedarf.

Natürlich verbietet es sich, einen knapp 500-Seiten-Band mit Dutzenden von Statistiken in wenigen Zeilen auf eine Formel von „falsch“ oder „richtig“ zu bringen. Aber eine differenzierte Analyse bildete ja ohnehin nicht die Basis für die hochschäumende Kontroverse. Eher darf man davon ausgehen, dass die inzwischen wohl knapp zwei Millionen Käufer den Band meist nur in Teilen zur Kenntnis nahmen oder weglegten, weil seine Materie für das Durchschnittsempfinden viel zu trockensachlich ausgebreitet wurde. Auch unsere verehrte Kanzlerin scheute bekanntlich seine Lektüre. Was man ihr darüber erzählte, reichte gleichwohl zur Klassifizierung als „diffamierend“ und „nicht hilfreich“. Zudem schlug sie sich auf die Seite derer, die Sarrazins Entlassung als Bundesbankvorstand befürworteten.

Der Run auf diesen Bestseller hatte also eher etwas von Demonstration und Protest. Die meisten hielten sich an Grundthesen und genossen im übrigen, dass jemand mal sagte, „wie es ist“. Denn sie waren gewohnt, dass Unbequemes, wie berechtigt oder unberechtigt auch immer, tabuisiert wurde. Und nun unterschied jemand die für Deutschland einträgliche Arbeitsmigration der 1960er Jahre von der Einwanderung seit den 80ern, die besonders durch unsere Sozialleistungen ausgelöst wird. Er sorgte sich um den Geburtenrückgang bei zunehmend heterogener und leistungsunfähiger Bevölkerung und warnte vor der Verfestigung des bildungsfernen Milieus und (immigrationsbedingter) sinkender Durchschnittsintelligenz. Er registrierte Parallelgesellschaften und unterschiedliche Fertilität. Die Eingewanderten verpflichtete er zur Gegenleistung und forderte ihnen gegenüber eine klare Integrationserwartung. Primär Migranten hätten eine „Bringschuld" in Sachen Spracherwerb, Sorge um ihren Lebensunterhalt, Bildungsstreben und Anpassung an die hiesigen Sitten.

Die Frontstellung zu sämtlichen ethnischen beziehungsweise Einwanderungs-Lobbys, inklusive der Grünen, war damit programmiert. Claudia Roth sprach von „blankem Rassismus", das „Handelsblatt" von der „Mottenkiste der Rassentheorie". In der „FAZ" diagnostizierte Frank Schirrmacher bei Sarrazin eine versteckte vulgärdarwinistische Gesellschaftstheorie, „als hätte es alle Erfahrungen des 20. Jahrhunderts nicht gegeben". Sein Kollege Christian Geyer witterte ein „antimuslimisches Dossier". Immerhin kam im gleichen Organ auch Necla Kelek zu Wort, die appellierte, auch über unterschiedliche Intelligenzverteilung gelassener zu diskutieren.

Das geschah jedoch durch die in Scharen auftretenden (abweichende Theorien und Statistiken verkündenden) Bildungs-, Intelligenz- oder Immigrationsforscher beziehungsweise Integrationsbeauftragten eher selten. Sie attackierten vielmehr höchst erregt insbesondere Sarrazins genetische Begründungen – ein Nebenkriegsschauplatz, auf den er sich im diesbezüglich extrem neurotischen Deutschland unnötigerweise eingelassen hatte. Und fast gebetsmühlenartig folgte wiederum die Drohung mit Paragraph 130 („Berliner Zeitung"), kombiniert mit verbalen Vernichtungswünschen unseres neuesten Vorzeigemärtyrers Deniz Yücel.

In der „taz" schrieb er mit der ihn kennzeichnenden Delikatesse, man dürfe seinen Kontrahenten auch dann „eine lispelnde, stotternde, zuckende Menschenkarikatur nennen", „wenn man weiß, dass dieser infolge eines Schlaganfalls derart verunstaltet wurde und dem man nur wünschen kann, der nächste Schlaganfall möge sein Werk gründlicher verrichten". Wem solche Argumentation noch zu subtil war, hielt sich gleich an die Antifa, die diverse Redeauftritte Sarrazins rein physisch verhinderte: im Rahmen eines neu geschaffenen „Aktionsbündnis Tugendterror gegen #TerrorThilo". Man erlebt selten, dass sich Gegner der Meinungsfreiheit so entlarvend selbst titulieren.

8.10 Lügenpresse in Dresden: Der Fall Akif Pirinçci

Akif Pirinçcis wohl größtes Verdienst liegt in einem Blogartikel vom 25.03.2013: „Das Schlachten hat begonnen". Er kommentierte damit ein makabres Schauspiel zu Kirchweyhe, wo ein junger Deutscher von Türken zu Tode getrampelt wurde. Danach hatten xenophile Lobbyisten in Medien, Politik oder Kirche nichts Besseres zu tun, als dieses Fanal eines unerklärten täglichen Sozialkriegs zu vertuschen oder schlimmer noch: umzuwidmen. Denn selbst das Begräbnis diente diesen Gutmenschen zum „Kampf gegen rechts". Damals wie später in Dutzenden sogenannter „Einzelfälle" lief beziehungsweise läuft ein immergleiches Agitationsschema ab: Jede Meldung eines spektakulären immigrationsbedingten Verbrechens zog umgehend Kampagnenpolemik gegen rassistische Umtriebe nach sich, gefolgt von aufwendigen Initiativen und Vorwürfen, wer das anders sehe, verharmlose rechte Gewalt. Regierungsunabhängige Statistiker könnten gewiss ein perverses Korrelationsgesetz erstellen zwischen dem Anstieg einwanderungsbedingter Delikte und der wachsenden Zahl von Initiativen gegen rechts (inklusive Forderungen nach Parteienverbot oder verfassungsmäßiger Überwachung). Insofern hat es, als schlösse sich ein Kreis, seine traurige Symbolik, dass der in Kirchweyhe Getötete wie der vor kurzem in Chemnitz Erstochene ebenfalls Daniel hieß.

Bezeichnenderweise bedurfte es seinerzeit mit Pirinçci erst eines eingewanderten Deutschen, diese politische Paranoia unmissverständlich zu benennen. Sein Engagement illustriert damit, dass die wahre Bruchlinie der Auseinandersetzung über Migration nicht einfach ethnisch verläuft. Vielmehr trennt sie auch Einwanderer, die hier angekommen sind, von solchen, die sich bei uns, jenseits ihrer Parallelgesellschaft, weitgehend fremd fühlen oder im Rahmen der Deutschland-Flutung schlicht Unterstützungsgelder abgreifen.

In folgenden Büchern wie „Deutschland von Sinnen“ (2014) und „Die große Verschwulung“ (2015) systematisierte er die Attacken gegen einen Mainstream, den er von einem fatalen zukunftsverstellenden Kult um Feminismus, Gender und Zuwanderung dominiert sah. Er tat dies in einem (auch sein Romanwerk kennzeichnenden) grobianistisch unterhaltsamen, satirisch überspitzenden Stil. Pirinçci hat (neben überraschend zarten Seiten) fraglos etwas von einem literarischen Kotzbrokken à la Céline und akzeptierte selbst die Einstufung als „Krawallautor“. Die Empörung seiner medialen Gegner darüber ist allerdings insofern bigott, als sie ansonsten selbst ausufernde Polemik und verbale Obszönität keineswegs vermieden oder rügten. Was sie wirklich aufbrachte, war eher Pirinçcis Wagnis, sich mit den einflussreichsten und aggressivsten Lobbygruppen dieses Landes anzulegen.

Und die schlugen zurück mit dem Einfallsreichtum von Dreckschleudern: „Breivik ohne Waffen“ („Tagesspiegel“) oder „Hassprediger“ („taz“, Radio Bremen) hieß es. Das Buch erinnere an „Mein Kampf“ („Zeit“). Unser gerade entlassener Lieblingsgefangener Deniz Yücel nannte Pirinçcis Äußerungen „rechtsextremen Internetdreck“ mit der „sprachlichen Eleganz eines NPD-Kreisvorsitzenden“. Der unsägliche Georg Diez vom „Spiegel“ lastete ihm sogar alle künftigen Morde an Ausländern an, was Pirinçci wie folgt konterte: „Das mag sein, Diez, nur wer ist dann für all die zukünftigen Morde an Deutschen verantwortlich, die von ‚Ausländern‘ begangen werden?“ Ja, wer?

Zudem hagelte es Internetsperren, Strafbefehle wegen Beleidigung oder Volksverhetzung. Wozu haben wir schließlich solche juristischen Hilfsmittel gegen unerwünschte Diskussionsbeiträge? In einem Staatsfunk-Studio würgte man ihn mitten im Interview ab. Für die breite Öffentlichkeit vollends zur Strekke brachte ihn jedoch seine Pegida-Rede vom 19.10.2015. Die Medien behaupteten nämlich, später sogar gerichtlich gerügt, er habe zur Lösung der Flüchtlingskrise KZs gefordert. Dabei hatte er lediglich moniert, dass einem Asylkritiker bürokratisch arrogant die Auswanderung nahegelegt wurde, und ironisch bedauert, leider stünden der Obrigkeit für solche Störenfriede typische NS-Zwangsmittel nicht mehr zu Gebote.

Diese journalistisch blamable, unter lebhafter Assistenz unseres Justizministers Maas gleichwohl umgehend verbreitete Falschmeldung nutzte das politmediale Imperium zum K.o. des lästigen Provokateurs. Binnen Tagen, wenn nicht Stunden schlossen vier große Buchhandelsketten Pirinçci aus. Kontraktwidrig wurden von Bertelsmann/Random House Verträge gekündigt, was selbst seine unpolitischen Katzenkrimis betraf. Amazon sperrte ihm Vertriebswege. Sein Webmaster distanzierte sich. Sibylle Berg, deren hysterisches Multikulti-Statement er seinerseits verspottet hatte, rief auf der Buchmesse mit Erfolg zu seinem Boykott auf. Telefonterror und die üblichen Handgreiflichkeiten folgten, befeuert vom linksextremen Portal „Indymedia". Das übliche Repertoire deutscher Streitkultur also und ein eindrucksvoller Beleg für die zumindest halbtotalitäre Vernetzung von Politik, Medien, Kultur und Geschäftswelt.

8.11 Linkes Eigentor: Der Fall Rolf Peter Sieferle

Beenden wir die Bashing-Liste mit der Medienaffäre um Rolf Peter Sieferles 2017 postum erschienenes Antaios-Bändchen „Finis Germania“. Es enthielt Texte aus dem Nachlass, „Nachtgedanken“ über Deutschland, wie Rüdiger Safranski schrieb, einer der wenigen etablierten Intellektuellen, der den Band mutig gegen absurde Angriffe in Schutz nahm. Denn die erfolgten zuhauf und entstellten den Textsinn dermaßen, dass man das Buch praktisch nicht über seine Kritiker kennenlernen kann. Im Zentrum steht Sieferles Dekadenzanalyse, die Raimund Kolbs Nachwort wie folgt charakterisiert:

„Wir werden dominiert von instabilen, verhaltensunsicheren und arm an Selbstbewußtsein agierenden ‚Herrschaftseliten‘ mit einem vom tief-verwurzelten Sozialdemokratismus geprägten ‚kleinbürgerlich-amorphen Politikstil‘. Ein in alle Lebensbereiche sich hineinfressender Relativismus und eine zivilreligiös mit ‚Auschwitz‘ aufgeladene Kollektivschuld inklusive dem Gebot permanenter Buße bedrängen unser ohnehin zu Furcht, Angst und gelegentlich Panik neigendes ‚Hühner-Volk‘, das Volk der Nazis, das als ‚negativ auserwähltes Volk‘ seine einzige Bestimmung im Verschwinden aus der realen Geschichte findet und sich entsprechend zu fügen weiß. Damit ist auch Deutschlands Rolle in der Weltgeschichte besiegelt. Die einst bürgerliche Gesellschaft erreicht mit der Negation des Eigenen ein naturwüchsiges Stadium: ‚Nachdem das Aas des Leviathan verzehrt ist, gehen die Würmer einander an den Kragen.‘ – Gemeint ist ein Rückfall auf das Niveau von Multitribalismus und der ihm inhärenten Agonalität.“

Von all dem erfuhren die Leser der Blockmedien in der Regel nur den Tenor der Anklagen wie: Das darf man nicht sagen, weil es gefährlich, „rechts“, „rechtsradikal“, „rechtsextremistisch“ beziehungsweise „antisemitisch“ ist. Oder: Dergleichen wollen wir nicht lesen, weil es in Verlagen erscheint, die wir „zivilgesellschaftlich“ tabuisieren. Und ein Autor, der sich daran nicht hält, schreibt gewiss miserabel oder „subterrestrisch“ gemäß delikater Wortwahl eines Drei-Groschen-Polemikers der „Zeit“.

Die Kuriosität dieses Falls besteht darin, dass erst die Skandalisierung des eher akademisch-hermetischen Theoriebändchens eine sonst uninformierte Leseröffentlichkeit hellhörig machte. In Folge wurden von „Finis Germania“ bislang 55.000 Exemplare verkauft – eine geradezu sensationelle Ziffer für einen buchhändlerisch weithin boykottierten Verlag. Sie erklärt sich überwiegend aus dem Protest einer zunehmend mündigen Leserschaft, die sich von einer immer dreister manipulierenden Kulturclique nicht mehr bevormunden lässt. Und diese obrigkeitliche Grundhaltung war durch etliche PR-Fehler des Establishments unübersehbar geworden.

Denn zunächst wurde „Finis Germania“ nach gängiger Ausgrenzungspraxis im Mainstream weitgehend ignoriert. Dann blamierte sich die „FAZ“ mit einem biographisch unseriösen Artikel unter dem sprechenden Titel „Am Ende rechts“. Ein korrigierender Leserbrief von Sieferles Freund Raimund Kolb blieb erwartungsgemäß ungedruckt. Die Diskussion explodierte, als das Buch auf der Empfehlungsliste des Norddeutschen Rundfunks auftauchte, was umgehend für Aufregung sorgte. „Rechtsruck im Feuilleton?“, fragte der Deutschlandfunk. Inzwischen kletterte das Buch auf den Spitzenplatz der Amazon-Verkaufsliste, was die Wut systemkonformer Angriffe noch steigerte.

Eine Säuberungswelle ergoss sich von „taz“ bis „FAZ“, von „Spiegel“ bis „Tagesspiegel“, von der „Zeit“ bis zur „Süddeutschen“, der „Welt“, dem „Stern“ sowie etlichen Staatsfunk-Sendern. Welcher Schurke, wurde gefahndet, hatte solche „ekelhafte wie stellenweise unverständliche Endzeitdiagnostik“ („FAZ“) empfohlen? Der NDR, die kooperierende „Süddeutsche“ und fast alle Jurymitglieder distanzierten sich. Jens Bisky („SZ“) trat sogar aus der Jury aus. Binnen fünf Tagen war als Schuldiger ausgerechnet ein „Spiegel“-Autor aus der Deckung gejagt und umgehend zu Selbstkritik und zum Verlassen der Jury genötigt. Deren Kriterien wurden überarbeitet. Als der Band gemäß objektiven Verkaufskriterien Rang sechs erklomm, nahm ihn die „Spiegel“-Redaktion aus ihrer Bestsellerliste.

Zudem fiel auf, mit welcher Skrupellosigkeit Gutmenschen zur Denunziation bereit sind. Im günstigsten Fall wurde hämisch referiert. Üblicher waren kontextlose Verkürzungen, haltlose Verdächtigungen durch scheinverfängliche Zitate und böswillige Lesarten. So wurde etwa Sieferles Reflexion über den „Mythos Auschwitz“ zu einer über die „Lüge Auschwitz“ verfälscht. „Zeit“ oder Deutschlandfunk verglichen ihn mit Horst Mahler. Biographisch ungedeckt, schilderte man ihn als altersverbittert, krank und vermindert zurechnungsfähig. Wohl eine demokratisch gemilderte Variante politischer Psychiatrisierung. Gustav Seibt warnte davor, solche Texte Leuten in die Hände zu geben, „die gar nicht theoriebildend zu denken imstande sind“. So dachten zu unseligen Zeiten schon andere „Fürsorgliche“, wenn sie Bücher verboten, konfiszierten oder einen „Index Librorum“ erstellten. Michael Klonovsky jedenfalls waren solche Haltungen aus leidvoller DDR-Erfahrung vertraut, als er am 15. Juni in seinen „Acta diurna“ notierte:

„Man muss diesen Leuten, die ja selber nie in einer Diktatur gelebt haben […], immer wieder unter die Nase reiben, dass sie gerade dabei sind, eine zu errichten, Steinchen auf Steinchen, Denunziatiönchen für Denunziatiönchen, Verbötlein für Verbötlein, und zwar mit exakt denselben Worten, mit denen zum Beispiel in Honeckers Drecksstaat feindlich-negative Personen traktiert wurden.“

8.13 Fazit

Welche Gesetzmäßigkeiten zeigen solche Kontroversen?

1. Bereits der Streit um den Reichstagsbrand zeigt das Grundschema. Sie dienen vornehmlich keinem sachklärenden Widerspruch gegen eine für falsch gehaltene Interpretation, sondern der Markierung eines geduldeten Meinungsterrains. Bezeichnenderweise schrieb Golo Mann an Fritz Tobias, seine Deutung sei „volkspädagogisch unwillkommen". Das Exzesshafte vieler persönlicher Attacken belegt zudem: Hier geht es nicht mehr um argumentative Belehrung, sondern um Delegitimierung und – wie Eva Hermans Rausschmiss aus dem ZDF-Studio drastisch belegt – um Diskursverweigerung.

2. Was bestürzt, ist die Schnelligkeit und Tiefe des Absturzes von früher hoch Geachteten. Ernst Nolte etwa war ein Star der Historiker-Branche mit Vortrags- und Wissenschaftskontakten von London über Tokio bis Tel Aviv. Eva Herman galt laut Emnid 2003 als „beliebteste Moderatorin Deutschlands". Günter Grass und Martin Walser waren hochdekorierte Spitzenvertreter der deutschen Literatur und „moralische Instanzen". Botho Strauß zählte im ausgebluteten linken Subventionstheater zu den wenigen Theaterhoffnungen. Akif Pirinçci besaß zuvor eine Fan-Gemeinde, die nach Millionen zählte. Nicht nur die international beliebten Katzenkrimis, sondern auch seine Streitschriften waren Bestseller. Jenninger, Hohmann („Politiker des Jahres 2001" der „idea"-Redaktion, Direktmandat in Fulda) und Sarrazin hatten ansehnliche Karrieren hinter beziehungsweise vor sich. Rolf Peter Sieferle, Professor in St. Gallen, war früher in den Medien wohl gelitten, zumal er als Umweltexperte in zahlreichen (Regierungs) Gremien gutachterlich tätig war. Doch Prominenz schützt offenbar nicht vor drastischer Degradierung. Wenn ein Exempel statuiert werden soll, gilt sogar das Gegenteil. Selbst ein zuvor erworbenes hohes öffentliches Ansehen gewährt keinen Kredit in dem Sinne, dass man auch einmal bislang

Unerhörtes unvoreingenommen prüft. Dies wiederum legt den brutalen Schluss nahe, auch der frühere Ruhm habe zum erheblichen Teil auf Übereinstimmung mit Ansichten der politmedialen Klasse beruht.

3. Der Kampf gegen Abweichler wird nicht nur argumentativ, sondern fast mit allen Mitteln geführt. Persönliche Verdächtigungen gehören ebenso dazu wie mechanisch-physische Maßnahmen, „Falschmeinern" kein Forum zu bieten. Selbst beim früheren Medienliebling Grass weigerte sich die Presse in der Regel, sein unwillkommenes Gedicht abzudrucken, beschränkte sich auf Nennung mutmaßlicher Gedankenverbrechen und verwies günstigstenfalls aufs Internet. Mehrere Zeitungen konstatierten fast triumphal, dass die „New York Times" den Text abgelehnt hatte, und der US-Schriftsteller Louis Begley sah im Abdruck durch die „Süddeutsche Zeitung" sogar den eigentlichen Skandal.

Schon gegen Tobias und seine Unterstützer ging man disziplinarisch vor und drohte mit dem Strafrecht. Und selbst nach seinem Tod insinuiert das meistbesuchte Denunziationsorgan Wikipedia Kontakte zu „rechtsextremen Kreisen". Anzeigen beim Staatsanwalt, auch wo sie scheitern, kennzeichnen das hierzulande übliche Prozedere. Bei Nolte kamen Stornierungen von Reden und internationalen Editionsprojekten hinzu. Joachim Fest, der ihn verteidigte, wurde in Marcel Reich-Ranickis Memoiren in Gesinnungshaft genommen. Jenninger, Hohmann, Herman und Sarrazin kostete es ihre Jobs, Pirinçci durch Boykott internationale Verlagsbeziehungen. Sarrazins Frau sah sich durch Mobbing veranlasst, den Schuldienst zu quittieren. Durch massiven Druck wurden die Redaktionen von „Welt" und Ullstein-Verlag von „rechten" Einflüssen „gesäubert". Im Kontext wurde Karlheinz Weißmanns Propyläen-Band über das Dritte Reich eingestampft. Das gleiche passierte durch die Bundeszentrale für politische Bildung Konrad Löws abwägender Studie zur Judenfeindschaft 1933 bis 1945. Das rügte nachträglich selbst das Bundesverfassungsgericht, aber was tut's, wenn die Abschreckung ihre Wirkung getan hat.

Die Leichtfertigkeit von Angriffen ad personam schockiert. Denn ständig werden Kontrahenten des Rassismus, Antisemitismus oder der Holocaust-Leugnung verdächtigt. Letzteres, weil dies sofort kriminalisiert. Das ist zwar von ermüdender Einfallslosigkeit, aber äußerst effektiv und macht Sacherörterungen entbehrlich. Auch spekuliert man gerne über heimliche unkoschere Absichten, ein brutales Kampfmittel, dem man fast wehrlos ausgesetzt ist. Die dabei eingesetzte Psychoanalyse besitzt den Vorteil, dass man, abseits von penibler Textexegese, vorwiegend über verborgene Motive und Subtexte urteilen kann. Grass etwa musste sich von dem israelischen Schriftsteller Jehoschua Sobol nachsagen lassen, mit seinem Gedicht habe der Ex-SS-Mann zu seiner Entlastung eine „wahnhafte Realität“ geschaffen, wonach Israel nun die beabsichtigte Tötung von 80 statt 50 Millionen realer Weltkriegstoter angedichtet würden. Das Gedicht verdient fraglos Kritik. Aber ob solche Unterstellungen angebracht oder legitimiert sind?

4. Generell beklagenswert ist das Auslegungsniveau der skandalisierten Texte. Zitate werden aus dem Kontext gerissen, tendenziös vergröbert und mit verfänglichen Unterstellungen gespickt. Manches wird (bewusst) missverstanden oder schlimmstmöglich gedeutet. Wo die Betroffenen auf Unterlassung klagten, bekamen sie meistens recht, was in unserem Land einiges heißt. (Vielleicht gibt es ja bei Prominenten noch einen gewissen Sonderrabatt auf Gerechtigkeit.) Zumindest galt dies für Herman, Hohmann, Löw, Strauß (wegen unautorisierter Publikation) und nicht zuletzt Pirinçci. Doch medial laufen solche Berichtigungen dann allenfalls unter ferner liefen, und im Grundsatz verfährt man im Pressewald weiter nach der zeitübergreifenden Devise des Patriarchen in Lessings „Nathan“: „Tut nichts! Der Jude wird verbrannt.“

Unter unzähligen Beispielen sei an Habermas‘ Zitatklitterungen im Streit mit Nolte erinnert, denen der Historiker Imanuel Geiss ein ganzes Buch widmete. Ähnliche Verfälschungen grundieren den Streit um Eva Herman („Bild“) oder Rolf Peter Sieferle (exemplarisch der „Tagesspiegel“). Der Politikwissenschaftler Herfried Münkler unterstellte sogar, ohne jegliches Indiz, der postume Text „Finis Germania“ könne ein Produkt verlegerischer Nachbereitung sein, schlimmer noch: Er faselte von möglicherweise strafbaren Inhalten. Paradoxerweise war im Vorfeld der Debatte Münkler selbst Opfer einer absurden Kampagne. Er hat nichts daraus gelernt, es sei denn Anpassung. Der Literaturkritiker Gustav Seibt (samt einem nachplappernden Ignoranten) behauptete wahrheitswidrig, der verfemte Band habe kein Nachwort, was kaum dafür spricht, dass er ihn überhaupt in Händen hielt.

Bubis späte Jenninger-Rehabilitation ist eine Klatsche für alle früheren Inquisitoren und ihre öffentlich präsentierten Auslegungskünste. Die verschämt vollzogenen Rückzüge der Nolte-Kritiker desgleichen. Mit verbalen Ungenauigkeiten lässt sich im Trüben fischen. Grass‘ Sorge etwa, der Iran „könnte“ vernichtet werden, mutiert bei einer ganzen Legion von Interpreten zum prekären Wunsch: „Jetzt werden die Juden als diejenigen imaginiert, die ein ganzes Volk vernichten wollen“ (Sibylle Lewitscharoff). Nur eine winzige Wortvertauschung also, und wir gelangen vom Potentialis einer großen Gefahr zur (von Judenfeindschaft geprägten) Dämonisierung Israels, die den Autor ins völlige gesellschaftliche Abseits stellt.

5. Die Musterung Hunderter von Journalisten- und Politiker-Reaktionen verdeutlicht das Verhaltensgesetz des Schwarms. Zu Beginn einer Debatte findet sich gelegentlich noch Vielfalt. Hat sich jedoch die machtpolitische Waage erkennbar gesenkt, ist es damit vorbei. Denn die meisten wollen „gut“ bleiben und, wo es wirklich wehtun kann, nicht ihre Haut beziehungsweise ihren Ruf und ihren Job riskieren. Wer, jenseits von Ausnahmen wie Fest, Dohnanyi oder phasenweise Walser, eine nennenswerte Zahl heutiger Zolas erwartet, deren „J‘accuse“ bereits das ganze perverse Tribunal in Frage stellt, hofft zu viel. Unsere Intellektuellen und Politiker sind charakterlich bestenfalls Dutzendware.

Entlarvend für sie und die „guten“ Bürger sind schnelle Stimmungswandlungen, wie etwa bei Walsers Friedenspreisrede. Der große Beifall für den Tabubrecher wich bald einem

Katzenjammer, der Distanzierungen nahelegte. Bei der „FAZ" ersetzten im Fall Sieferle von heute auf morgen schamlose Verrisse frühere Elogen. Der „Spiegel" watschte einen jahrzehntelangen Mitarbeiter öffentlich ab, nachdem sein Jury-Votum für „Finis Germania" ruchbar wurde. Der Redaktion fehle jegliches „Verständnis" dafür. Exemplarischen Sinn für akademische „Rechtschaffenheit" demonstrierte auch der Historiker Paul Nolte, der per Zeitung bekanntmachte, er sei mit jenem anrüchigen Ernst Nolte nicht zu verwechseln. Diese Gefahr ist auf Dauer allerdings gering. Denn wenn man in Jahrzehnten von letzterem fraglos noch sprechen wird, dürfte Paul in der künftigen Wissenschaftsgeschichte allenfalls noch eine Fußnote füllen.

Immerhin gibt es Unterschiede zwischen rechten und linken Skandalen. Denn eine linke Grundsolidarität lässt auch öffentlich Geschmähte nicht (ganz) im Regen stehen, wie Grass' späte Beichte belegt. Auch scheiterte die SPD-Führung krachend mit ihrem Versuch, Sarrazin auszuschließen. Und vielleicht hätte man Tobias, wenn er nicht alter, sogar NS-geschädigter Sozialdemokrat gewesen wäre, noch stärker zugesetzt. Anders lief es bei sogenannten „Konservativen". Geraten sie ins Visier unserer publizistischen Schnellgerichte, stieben Partei-„Freunde" schnellstens davon, wie die Fälle Jenninger, Hohmann, aber auch Oettinger belegen, der nur durch umgehenden Kotau seinen Kopf aus der Schlinge zog. Auf neue Kräfte im politischen Spiel wartet also ein großes Aufgabenfeld.

6. Die mütterlich-väterliche Fürsorge des Establishments für unser politmoralisches Wohlergehen tendiert zum Dogma und einem Weltbild, das ohne Graustufen auskommt. Gutes hat gut zu bleiben, Böses böse, rechtes Gedankengut rabenschwarz. Insofern sind selbst Details davon betroffen, und Abweichungen werden argwöhnisch registriert. Dabei könnte sich die politische Klasse angesichts ihrer erdrückenden medialen und administrativen Überlegenheit viel mehr Gelassenheit leisten. Bubis' hektisches „Spiegel"-Urteil etwa über Strauß als Propagator eines „intellektuellen Rechtsradikalismus" war so hysterisch, dass ihn selbst Reich-Ranicki bat, sich sprachlich zu mäßigen. Denn

welchen Umsturz bitte erwartete man von einem (schon stilistisch so mühevoll zu entziffernden) Text wie dem von Strauß? Und wären wir tatsächlich im moralischen Chaos versunken, hätten wir nach Walsers Vorschlag den Umgang mit „deutscher Schuld" etwas zurückhaltender erörtert oder mit Tobias oder Nolte Geschichtsschreibung etwas offener betrieben?

Schließlich verursacht solche Engstirnigkeit kommunikative Selbsttore im Dutzend, wie der Sieferle-Fall oder das Schmierentheater auf der Frankfurter Buchmesse 2017 um „rechte" Verlage drastisch belegen. Denn gewiss weckt das zivilgesellschaftliche Dauergeschnatter unserer kapitolinischen Gänse gerade Interesse an dem, was nicht genannt und gezeigt werden soll. Fahnden wir nach den tieferen Gründen solcher unglücklichen Strategie, bleibt ein Verdacht: Die ständige (meist unbegründete) Beschwörung angeblicher Gefahren färbt offensichtlich auf die Warnenden ab. Solche Art Verfolgungswahn ringt unablässig einen Seelenzustand nieder, in dem sich bereits Zweifel eingenistet haben.

Zugleich spukt in Zensorenköpfen offenbar die Angst, selbst kleine Zugeständnisse an alternative Meinungen hätten den sofortigen Zusammenbruch ihrer geistigen Besatzung und deren obrigkeitlichen Informationssystems zur Folge. Eine Hegemonie, die seit 1968 geradezu im Sturmlauf errungen wurde, könne ebenso schnell verlorengehen. Peter Glotz' Statement vom 25. Januar 1993 formuliert diese Ängste in beschwörenden Sätzen wie: „Freunde, es wird ernst." Botho Strauß, dieser „gefährliche Wirrkopf", gefährde die Demokratie. „Wie – zum Teufel – sorgt man dafür, dass die ‚Versprengten' auch wirklich versprengt bleiben? Dass sie nicht Proselyten machen?"

Nun, dem Establishment fiel auch diesmal das Übliche dazu ein. Und auch heute setzt man auf solche vermeintlich bewährten Praktiken. Wir leben ja schließlich in einer Denunzianten-Republik.

9 BRD-Bürger im deutschen Polittheater

Viel Klagen hör' ich oft erheben
Vom Hochmut, den der Große übt.
Der Großen Hochmut wird sich geben,
Wenn unsre Kriecherei sich gibt.
Gottfried August Bürger (1787)

Nein, gängige Bürgerschelte ist meine Sache nicht. Den Spott arroganter Adliger, Bohemiens oder Intellektuellenpriester über diejenigen, die die „Bettelmönche" beziehungsweise „Steuereintreiber" aller Länder und Zeiten miternähren, sei anderen überlassen. Störte mich doch schon immer, mit welcher Selbstverständlichkeit sich seit Jahrhunderten unterschiedlichste Sozialgruppen auf einen gemeinsamen Prügelknaben geeinigt haben. Befehdet aus feudal-snobistischer, radikalliberaler, marxistischer, ästhetisch-anarchistischer oder heroisch-faschistischer Warte, ideologiekritisch entlarvt oder volkspädagogisch beziehungsweise sexualreformerisch dämonisiert, zog diese „Klasse" stets Kritiker an, die sie zu einem der meistdenunzierten negativen Sozialmythen der Moderne werden ließen.

Zum wahren Spottbegriff, der soziale, ökonomische wie politische, psychologische, kulturelle oder intellektuelle Haltungen anprangerte, wurde die zusätzlich abwertende Präzisierung „Kleinbürger". Dabei übersah man gern, in welchem Ausmaß diese Schicht zur Konsolidierung eines Gemeinwesens beitrug, weil sie – bei mancher Beschränktheit – von Leistungsethos, Nüchternheit und Anstandsvorstellungen geprägt war, deren tendenziellen Verlust wir heute schmerzlich empfinden. Das gilt analog für die Herabwürdigung eines Begriffs wie „Bildungsbürger" – Nährboden unserer qualitativen Schul- und Hochschulmisere, die ständig weitere Notoperationen erfordert.

9.1 Was ist ein guter Bürger?

Was Monarchie? was Republik?
Wie sich die Leute toll gebärden!
Zum Teufel mit der Politik!
Ich will ein guter Bürger werden.
Georg Herwegh: „Wohlgeboren" (1841)

Auch wenn wir also auf hämische Stereotype verzichten, die bürgerliches Selbstverständnis im Kern auf Sicherheitsdenken und Besitzgier reduzieren, können wir heute dieser Schicht einen Vorwurf nicht ersparen: ihren Mangel an nationaler Bodenhaftung samt Verschluderung traditioneller Werte zugunsten von weltweitem „Anything goes" sowie eine deprimierende Gleichgültigkeit in Sachen Meinungsfreiheit. Offenbar spielt dergleichen eine Nebenrolle aus der Perspektive von Flughäfen, internationalen Hotels oder Urlaubsghettos, mit denen sich „fortschrittliche" Deutsche mehr identifizieren als mit der heimischen politischen Kultur.

Natürlich fragt ein Unternehmen in der Regel nicht, wo Profite erwirtschaftet werden, was sie bewirken oder wem dies nützt. Doch gab es vor der Epoche eines entfesselten Globalismus noch einen engeren Bezug von Eliten zu denen, für die sie planten und von deren Arbeitskraft sie abhingen (Stichwort: „Rheinischer Kapitalismus"). Sie waren deren Mentalität näher und als stärker Verwurzelte auch viel leichter für das nam- oder haftbar zu machen, was sie leisteten oder anrichteten. Heute wechseln Führungskräfte aller Branchen oder Bürokratien die Länder wie die Hemden und entfremden sich im gleichen Takt ihrer unmittelbaren Klientel. Dass sich damit auch Verantwortung quasi international verflüchtigt, einschließlich persönlich zu beglaubigender Werte, liegt auf der Hand.

Unter defizitärer bürgerlicher Einmischung zu Hause leidet insbesondere unsere schwer beschädigte Debattenkultur. Und es ist schandbar, wie schnell und meist widerstandslos sich die geistige Entmündigung dieser machtvollen Gesellschaftsschicht binnen weniger Jahrzehnte vollzog. Stand sie doch spätestens seit 1968 der flächendeckenden Eroberung des geistig-kulturell-moralischen Umfelds fast tatenlos gegenüber. Sie ließ sich die Leit- und Geschichtsbilder anderer vorsetzen, ahnungslos darüber, welche machtpolitischen Vorentscheidungen bereits im präpolitischen Raum fielen. Man akzeptierte fremde Storys, Bilder, Filme, Fernsehserien, Shows und Comedy-Spektakel. Das Theater verlor seine frühere Bürgernähe und diente, hochsubventioniert, vornehmlich den Interessen nicht unbedingt bürgerfreundlicher Netzwerke und Disziplinierungsinstitutionen. Eine traditionelle Vorstellung von Familie, Nation, Bildung oder Verdiensten, die generationenübergreifend die Gemeinschaft fördern, wurde immer seltener vermittelt.

Damit wechselte die Deutungshoheit zum Gegner. Und man sah sich über Nacht in ein Verhaltenskorsett gezwängt, das dazu nötigt, Dinge zu tun oder zu verantworten, die man eigentlich missbilligt. Aus Furcht vor dem Vorwurf des Ewiggestrigen nahm man so lange Fremdklischees über eigene Werte und Befindlichkeiten in sich auf, bis man es selbst nicht mehr besser wusste. Selbst Entscheidungen gegen wirtschaftliches Eigeninteresse ließ man sich aufdrängen, von Sanktionen über die schleichende Enteignung durch Währungsverschlechterung, Billigzinsen oder EU-Transfers bis zu militärischen Auslandseinsätzen, die in der Regel auch noch mit weiteren Flüchtlingsmassen bezahlt werden (müssen). Man schluckt diese Kröten meist kurzfristiger Vorteile wegen, die eine wohlgesonnene Regierung ihren Angestellten, Geschäftspartnern oder Subventionsempfängern gewährt.

An solcher fast widerstandslosen Anpassung provoziert am meisten, dass sie einer Schicht widerfährt, die dies von ihren intellektuellen, wirtschaftlichen und kulturellen Voraussetzungen her am wenigsten nötig hätte. Sie müsste sich nicht so gleichgültig bis lustvoll in einer Medienhöhle Ahnungsloser wälzen. Ihr ist zuzumuten, sich gegen verordnete Primitivismen und den dazugehörigen Maulkorb aufzulehnen. Schließlich erbringen die ökonomischen Stützen dieses Landes Spitzenleistungen in der Industrie, Wissenschaft, Ingenieurskunst oder Finanzwelt, als Steuer- wie Unternehmensberater, als Anwälte oder im Kommunikationsbereich. Sie leiten Firmen, Schulen, Behörden oder sorgen als Ausgleich für zunehmend marode Bildungsanstalten per Eigeninitiative für bessere Startvoraussetzungen ihrer Kinder.

Doch passen diese soliden, verlässlichen, erfindungs- oder einfallsreichen Manager des Alltags, der Familie oder des Berufslebens mehrheitlich ausgerechnet dort, wo es um sie alle betreffende Belange geht. Sie verzichten anscheinend leichten Herzens auf alternative historische Kenntnisse, die ihnen vertiefte Einblicke in strukturelle heutige Deformationen erlaubten. Sie verweigern die Kontrolle derjenigen, die sie informieren, lenken, ihnen Vorschriften machen und an besseren Optionen hindern. Sie gestatten damit ausgerechnet jener erfolgsorientierten Negativauslese, deren Handlungsmotive sich gewiss nicht in patriotischem Pflichtbewusstsein erschöpfen, den Sprung in Führungskanzeln und finanzieren klaglos deren öffentliche Futtertröge.

So begünstigen sie eine Funktionselite, deren hauptsächliches Lernpensum von Jugend auf in Netzwerkbildung, Manipulationstechniken und parteilichem Halbdenkertum besteht. Sie nehmen in Kauf, dass diese sich vornehmlich selbst versorgt und karrieremäßig verdauert, was zahlreiche hochdotierte EU-Pöstchen zusätzlich erleichtern. Und wenn jene nur im persönlichen Aufstieg stolzen Bürger dies mehrheitlich so akzeptieren und durch Ausgrenzung vermeintlicher „Schmuddelkinder" auch noch fördern, haben sie ihr Los eigentlich nicht besser verdient. Mein Mitgefühl gilt jedenfalls nur denen, die wenigstens zeitweilig aus dem hiesigen Lemming-Zug ausbrechen.

Suchen wir nach Gründen für die selbstverschuldete schleichende Entmachtung, zählt die Grundhaltung des „Politik nein danke!" dazu. Und man schmunzelt darüber, dass die alten Griechen eine Standesperson, die sich trotz günstiger Voraussetzungen dem Staatsdienst verweigerte, als „Idioten“ bezeichneten. Andererseits muss es nicht nur Bequemlichkeit sein, wenn man sich in unserer Demokratie schlicht Produktiverem widmen möchte. Und profitieren wir nicht alle davon, dass es neben Politagitatoren noch Bäcker gibt, die Brot backen, Ingenieure, die Maschinen entwickeln, oder Richter, von denen wenigstens eine Minderheit verhindert, dass die Erosion unseres Rechtsstaats noch weiter fortschreitet?

Nicht jede(r) geht glücklicherweise darin auf, Stimmungsmache in Wahlkämpfen, Geschäftsordnungsdebatten, Intrigen und Gegenintrigen, verdeckte Imagekampagnen und so weiter wichtiger zu nehmen als konkrete Aufgaben. Nicht jede(r) lässt sich freiwillig mit Schmutz bewerfen, nur weil er respektive sie eigenständig denkt oder bestimmten Lobby- wie Bevölkerungsgruppen nicht zu Diensten ist. Auch hält viele vom öffentlichen Engagement das Wissen ab, wieviel Dreck sie auf ihrer Ochsentour fressen müssen, bis man in spärlichsten Details vielleicht einmal gestaltenden Einfluss erhält. Schließlich dürfte ein Parzival im hiesigen Parteienwesen fraglos geringere Aufstiegschancen haben als ein Al Capone.

Doch verlangt ja auch niemand etwa von einem Physiker, dass er auf Politiker umsattelt. Denn bürgerliche Mitwirkung am Staat vollzieht sich nicht nur im Amt. Nur reicht es inzwischen nicht mehr, bloß privat oder beruflich zu funktionieren und ansonsten niemals anzuecken. Wo unser Gemeinwesen derart gefährdet ist, dass ein angstfreies Gespräch in der Öffentlichkeit zur Mutprobe wird, darf man von Staatsbürgern, die diese Bezeichnung verdienen, zumindest erwarten, dass sie über den engsten Freundeskreis hinaus Farbe bekennen. Denn wer schweigt, scheint zuzustimmen und vergrößert damit den Irrtum, solche Repression sei normal oder legitim. Auch ein gewisses materielles Opfer ist zumutbar. Wer sich in politicis für gänzlich unzuständig erklärt und sich mit Panem et circenses, Sex und Urlaub als Freiheitssurrogaten begnügt, wird seiner öffentlichen Verantwortung nicht gerecht. Und ein Bürgertum ohne Gespür dafür präsentiert nur dessen auf Status, Besitz und Luxus beschränkte Schwundstufe.

Solche Vorhaltungen an sich abprallen zu lassen, eignen sich diverse psychische Strategien. Man bemerkt zum Beispiel (angeblich) gar keinen nennenswerten Mangel oder bagatellisiert nicht mehr zu übersehende Vorfälle. Wer Freiheit ausschließlich individuell, meist in Form diverser Konsumchancen oder Promiskuitäten, fasst, sieht Deutschland adäquat aufgestellt und bemitleidet andere Staaten, die wenigstens noch Rückzugsgefechte führen, um nicht völlig globaler Dekadenz zu verfallen.

Von der schamlos selektierenden Blockpresse wird er wenig erfahren, was sein lustbezogenes Selbstkonzept stört. Alternative Aufklärung wiederum empfindet er eher als Störung seines Lebenskonzepts. Oder er vergleicht heimische Verhältnisse mit Freiheitsdefiziten „hinten fern in der Türkei“, in China, Russland oder bei sonstigen Vorzeigedespotien. Im Kontrast scheint dann manches hier wieder prima. Und solange ihn fallende Wirtschaftsindizes nicht aus seinem Wahn befreien, die schönste aller Welten zu bewohnen, sieht er für sich selbst keinen Handlungsbedarf.

Das Radikalmittel schlechthin gegen Gewissensbisse liegt aber in einem der Macht huldigenden betonierten Weltbild auf der Basis verdrehter Begriffe. Denn nun tragen die nonkonformistischen Störer das Odium des „falschen Bewusstseins“. Und das wiederum legitimiere zivilgesellschaftliche Unterdrükkung. Gewappnet mit Schlagworten wie „Antidiskriminierung“, „Menschenrechte“, „Diversity“ geht‘s dann gegen alle, die das Beglückungspathos des Establishments nicht teilen. Und man feiert sich gar selbst in perversen Freiheitsattitüden. Kaum je in meinem Leben habe ich mich einsamer, trostloser, angeekelter, unglücklicher und wütender gefühlt als in einer Geburtstagsgesellschaft „gutbürgerlicher“ Ausgrenzer, meist von evangelischen Gnaden. Der Gipfelpunkt der Scheußlichkeit schien mir in jenem Moment erreicht, als diese intoleranten Toleranzanbeter zur Gitarre griffen und – auch noch diese Tradition befleckend – „Die Gedanken sind frei“ intonierten.

Eine dritte Variante, mit Freiheitsdefiziten umzugehen, liegt in einer anspruchslosen, eher heimlichen Dissidenz, durch die sich das Establishment zu Recht nicht herausgefordert sieht. Denn ein paar Witzchen über Ampelfrauchen, Merkels Frisur oder die Verbannung des „Zigeunerschnitzels“ von der Speisekarte ersetzen kein Statement gegenüber dem täglichen Druck, der Betroffenen vielfach sogar verübelt, Ängste und Bedenken unverblümt zu äußern. Persönlich konsequenzlos, pflegt dieser Typ den Habitus des Über-den-Dingen-Stehens. Wohl formuliert er im privaten Kreis zuweilen mal Sympathien für diejenigen, die an der Meinungsfront ihren Kopf hinhalten. Doch wenn das mediale Trommelfeuer einsetzt, verstummt er oder demonstriert selbstgerecht „Wohlanständigkeit“. Wenn die Attackierten gar „unkorrekt“ zurückklotzen, geniert es ihn wie einen pingeligen Sittenwart oder Theaterkritiker, der feinfühlig taxiert, ob durchweg die Etikette gewahrt wird. Dabei geht es hier weniger um Geschmacksfragen als um sein eigenes Schicksal. Und das gerade gegebene politische Schauspiel heißt nicht: „Seid lieb zueinander!“, sondern „Die Zukunft Deutschlands“.

Unser Weichei jedoch exponiert sich ungern und feiert selbst faulste Kompromisse als Essenz der Demokratie. Ihn als Fürsprecher zu haben, lässt Erfahrene grausen, allein vor seinem gönnerhaften Ton. Denn sein Einerseits-Andererseits relativiert selbst klarste Ansprüche durch nörgelnde Vorbehalte, man habe sich wohl etwas im Ton vergriffen. Seine Vermittlungstätigkeit stellt einen daher häufig schlechter als zuvor ohne seine Hilfe. Seine klassische Zwitter-Existenz, die ihn nie zum mutigen Bekenntnis nötigt, legitimiert er durch behauptete „Objektivität“ oder Altersweisheiten der Art: „So ist eben die Welt.“

9.2 Weltanschauungen und andere Missverständnisse

Die Laus hat eine lausige Weltanschauung.
Manfred Hinrich

Zwei Weltanschauungen beziehungsweise Bewegungen sind eng mit bürgerlichem Selbstverständnis verknüpft: Konservatismus und Liberalismus. „Konservativ“, sinnvoll gegenwartsbezogen definiert, beschreibt eine seit Jahrhunderten gültige politische Haltung auf der Basis eines realistischen Menschenbilds ohne wunschbestimmte Idealisierung. Erfahrungsgesättigte Skeptiker, die sie sind, misstrauen Konservative utopischen Gesellschaftsexperimenten zugunsten einer konkreten, nüchternen Lagebestimmung. Sie schätzen (wirtschaftliche wie institutionelle) Stabilität und Verlässlichkeit und leben Verantwortung in einer Solidargemeinschaft über die eigene Generation hinaus.

Auch respektieren sie gewachsene Traditionen und Werte und sehen sich trotz mancher Tiefpunkte in der Kontinuität ihrer Geschichte. Gleichwohl sind sie offen für notwendige Veränderungen: Nicht was „schon damals so war“, bestimmt ihr Handeln, sondern – mit Antoine de Rivarol zu sprechen – das, „was immer gilt“. Folgerichtig orientieren sie sich nicht an kurzfristigen Erfolgschancen, sondern am grundsätzlich Für-richtig-Erkannten. Sie bieten dem trügerischen Zeitgeist Paroli, wenn das Gemeinwohl partei- oder gesinnungspolitischen Vorgaben geopfert werden soll.

Viele dieser Überzeugungen und Haltungen gelten auch für wirkliche Liberale. Ihr fundamentales staatsskeptisches Marktvertrauen (zumindest der libertären Richtung) unterscheidet sie zwar vom Konservativen. Aber beiden liegt die Solidität der Finanzen am Herzen. Und ein Liberaler als Befürworter des auch ideellen Wettbewerbs findet sich nicht damit ab, wie man hierzulande politische Konkurrenz diskriminierend ausgrenzt. „Liberal“, jenseits des Niedergangs der bundesrepublikanischen FDP, besaß schließlich zu Recht einen vorwärtsweisenden Klang. Das galt etwa für den Freiherrn vom Stein, das verdienstvolle bürgerliche Engagement der Burschenschaften sowie Hoffmann von Fallerslebens „Einigkeit und Recht und Freiheit für das deutsche Vaterland“. Er gewiss sah noch klare Fronten im Sinne des ihm zugeschriebenen Zitats: „Der größte Lump im ganzen Land, / das ist und bleibt der Denunziant.“

Solche Ideengeschichte belegt, dass es kein Zufall war, als sich 2013 zur AfD-Gründung Vertreter gerade dieser Lager zusammenfanden. Zielte dies doch auf die größten hiesigen Defizite. Beide Richtungen ergänzen und kontrollieren sich. Und selbst wo Gegensätze künftig einmal ausgetragen werden müssen, gilt momentan, dass sie noch eine lange Wegstrecke gemeinsam zu gehen haben, bis jener obrigkeitliche Mehltau der Political Correctness entfernt ist. Ein jetziger auf (Ent-) Scheidung angelegter Programmstreit käme fraglos zur Unzeit und wäre nicht einmal klärend. Denn das, was im schlampigen oder taktischen Wortgebrauch über Parteiflügel zuweilen kursiert, besitzt keine begriffliche Trennschärfe.

Hier ist nicht der Ort, Varianten der AfD-Programmatik zu erörtern. Doch geht es bei manchem Zwist ja gar nicht um einen ideellen Gegensatz, sondern, wie André Lichtschlag schon früh präzisiert hat, um viel Handfesteres. Die einen fühlen sich im jetzigen politmedialen System noch ausreichend geborgen. Sie zittern lediglich vor der schleichenden Enteignung durch eine stetig verschlechterte Währung, der eurokratischen Regelungswut sowie den sozialpolitischen Folgen eines Groko-Kurses. Auch wollen sie ihrer kampagnenhaften Skandalisierung entgehen oder schnellstens in irgendein Koalitionsbett steigen. Bei ihnen versammeln sich, um es zu pointieren, neben ernst zu nehmenden Pragmatikern gewiss etliche Spekulanten, Pseudokonservative und Liberallalas.

Die anderen leben im ernsten Widerspruch zu dem, was diese politische Klasse in Jahrzehnten angerichtet hat, und wollen, bevor sie sich zum Mittun entschließen, erst wesentliche Stellschrauben verändern. Sie orientieren sich viel bewusster, zuweilen auch verbissen, an ihrem Parteinamen und an dem Werbeslogan „Mut für Deutschland“. Sie agieren aus taktischer Warte nicht immer glücklich. Aber in der Frage, die in diesem Buch zentral gestellt wird, sind sie die Konsequenteren: „Wie hältst du‘s mit dem Kampf gegen Maulkorb und den Maas-geschneiderten Gesinnungsstaat?“

9.3 Spieß- oder Staatsbürger? Bernd Lucke als „Liberaler"

Zum Parteiaufstand gegen Bernd Lucke:

Die haben den Job des Königsmörders übernommen, den einem normalerweise niemand dankt. Dafür müssen auch die Liberalen in der AfD Höckes und Poggenburgs Flügel ewig dankbar sein.

André Lichtschlag: „Operation Spaltung" (2015)

Seit Bestehen der AfD lässt sich in den Blockmedien ein Schema beobachten: Danach werden Spitzen der Partei einerseits quasi als Nazi-Wiedergänger verleumdet, andererseits gleichzeitig zum Konflikt mit dem konservativ-patriotischen Flügel gedrängt. Falls sie sich, von Lucke bis Petry, auf solche innerparteiliche „Säuberung" einlassen – bei Alice Weidel oder Georg Pazderski versuchte man schon ähnliches –, erhalten sie plötzlich das Etikett „liberal" oder „bürgerlich". Weil solche Fremdzuschreibung in fatale begriffliche Sackgassen führt, lohnt es sich, aus ihr den Kern eines peinlichen Bürger-Verständnisses herauszupräparieren. Dazu eignet sich exemplarisch die größte Krise der AfD in ihrer jungen Geschichte. Damals intensivierten sich im Vorstand um Lucke und Henkel massive Versuche einer Ausgrenzung des rechten Parteiflügels, was den Konter der „Erfurter Erklärung" hervorrief. Im „Weckruf 2015" setzte Lucke noch eins drauf und präsentierte ein Papier, das wie kein anderes zuvor jenes panische Reaktionsschema dokumentiert, vor dem sich alle Parteiführer hüten sollten.

Luckes Kritik an seinen innerparteilichen Gegnern kennzeichnet, dass er die Kampfbegriffe der Blockparteien benutzte. In einem merkwürdigen Sammelsurium der Vorwürfe nannte er Sympathisanten der Erfurter Fronde „neutralistisch, deutschnational, antiislamisch, zuwanderungsfeindlich, teilweise auch antikapitalistisch, antiamerikanisch oder antietatistisch". Ihn grauste bereits vor relativ harmlosen Worten wie „Establishment" oder „Systemfrage". Ja, selbst „Mainstream" verwandte er nur noch in Gänsefüßchen. Zudem warnte er vor „schrillem Vokabular". Doch am meisten provoziert, wie eng Lucke jene Vorstellung vom Bürger fasste. Denn vom tapferen Staatsbürger fand sich in seinem Lamento nichts. Nichts vom Citoyen, der sich gegen öffentliche Zumutungen wehrt und damit sein Gemeinwesen schützt. Er sah offenbar nur eine eingeschüchterte Partei, deren Reihen sich massenweise lichten, wenn man ihre Reputation gefährdet:

„Ein seriöses Image der AfD ist wichtig für viele Mitglieder, die mitten im Beruf stehen, die auf ein berufliches Fortkommen hoffen und in ihrem Freundeskreis nicht mit schiefen Blicken bedacht werden möchten. Wir wollen die AfD-Mitgliedschaft ja nicht verstecken müssen, sondern wir wollen stolz darauf verweisen und für die AfD werben können. Viele von uns haben einen Ruf zu verlieren, und jeder, der in der AfD Verantwortung trägt, ist verpflichtet, den guten Ruf der Mitglieder zu schützen. Deshalb muss er das Ansehen der Partei fördern und alles vermeiden, was dazu führen könnte, dass allein die bloße Parteimitgliedschaft von unseren Mitgliedern als rufschädigend wahrgenommen wird."

Den letzten Satz muss man sich mal auf der Zunge zergehen lassen: „Alles vermeiden, was … als rufschädigend wahrgenommen wird"! Wenn er ernst gemeint und nicht nur stilistisch verunglückt war, hätte man allerdings die AfD gar nicht gründen dürfen. Denn bekanntlich begann die Rufschädigung der Partei fast mit dem ersten Tag ihrer Existenz. Lucke selbst wurde des „Nazi-Jargons" geziehen, von konsequenteren Vertretern einer geistigen Wende ganz zu schweigen. Als ob es, wer hierzulande mehr als kosmetische Reparaturen empfiehlt, in der Hand hätte, dergleichen Schmähungen zu verhindern.

Lucke benahm sich in diesem Papier wie ein Musterschüler, den ungewohnter Alkoholgenuss dazu verleitete, mal gegen den Lehrer aufzumucken, der aber, auf die Drohung hin, keine

Eins mehr zu kriegen, sofort wieder kuscht und zusätzlich seine Kumpels verpfeift. Oder stellen wir uns eine Straße vor, auf der ein bissiger Hund die dort spielenden Kinder ängstigt. Und dem Vater fällt dagegen nichts Besseres ein als der Rat, künftig im Zimmer zu bleiben. Dabei will ich mich über Luckes Sorgen keineswegs lustig machen. Er selbst war schließlich von militanten Infamien sogar persönlich betroffen und wollte dies auch anderen nicht zumuten. Doch wie er darauf reagierte, verriet leider überdeutlich Furcht. Er appellierte nämlich nicht an die historische Mission von Standhaften zugunsten der Nachgeborenen, an ihren besonderen „Mut für Deutschland“, sondern beschränkte sich auf Rückzugsempfehlungen:

„Ein anderer Teil der Partei aber ist zunehmend besorgt, weil die Mitgliedschaft in der AfD immer öfter vom Arbeitgeber missbilligt wird, weil sie zu beruflichen Nachteilen führt, weil Kunden verlorengehen und weil man sich sozial ins Abseits gerückt sieht, wenn man merkt, dass Freunde und Bekannte, ja manchmal sogar Familienmitglieder auf Distanz gehen. Und diese Mitglieder ziehen sich resignierend zurück und verlassen früher oder später die Partei.“ Leider stimmt das zuweilen. Man registriert es voller Zorn. Aber welche Folgerung sollte der erste Sprecher einer Alternative daraus ziehen? Doch wohl vor allem diejenige, Mitglieder besser zu schützen und psychologisch auf den Schock vorzubereiten, den der aktuelle zivilgesellschaftliche Pranger häufig auslöst. Besonders wichtig wird Zuspruch aus den eigenen Reihen, wonach äußerer Ansehensverlust durch innere Solidarisierung wettzumachen ist: durch gelebte Gemeinschaft und politischen Pioniergeist. Wenn ein Mitglied dennoch dem Druck erliegt, soll man darüber nicht den Stab brechen. Doch wer an der Spitze steht, hat Vorkämpfer zu sein, indem er öffentlich die Kernfrage stellt, warum wir zu solchem Denunziantenstadl verkommen sind und wie illegal die erwähnten Pressionen sind. Denn was gehen etwa Arbeitgeber Parteizugehörigkeiten an?

Ein Parteiführer stelle sich vor die Stigmatisierten und verteidige sie, selbst wenn sie sich mal undiplomatisch geäußert haben. Er verweise auf entsprechende Grundgesetzartikel: Niemand darf wegen seiner politischen Anschauungen benachteiligt oder bevorzugt werden (Artikel 3, 3). Die Freiheit des weltanschaulichen Bekenntnisses ist unverletzlich (4,1). Jeder hat das Recht, seine Meinung in Wort, Schrift und Bild frei zu äußern und zu verbreiten (5,1). Alle Deutschen haben das Recht, sich ohne Anmeldung oder Erlaubnis friedlich und ohne Waffen zu versammeln (8,1). Schließlich sind das hoffentlich mehr als Sätze eines Wunschkatalogs. Und wo der Kontrast zur Praxis zu sehr ins Auge springt, stellt sich in der Tat die „Systemfrage". Gerade unseren selbsternannten „Verfassungspatrioten" war dies ins Stammbuch zu schreiben.

Doch dieser Eingeschüchterte – was ich weniger tadle als seine Reaktion – richtete seine Front nach innen, um per inquisitorischer Selbstreinigung wieder „salonfähig" zu werden. Wenn das aber Rückkehr zum bürgerlichen Profil der AfD hieß, wie verächtlich wurde da der Bürger definiert! Ich denke da lediglich an „Spießbürger", an sprichwörtlich feige Untertänigkeit, stets auf der Lauer, schnellstens den Rolladen zu schließen, wenn's auf der Straße lebhaft wird. Eine solche Mentalität ist verstehbar, aber zugleich inakzeptabel. Denn man hofft doch, das AfD-Ideal bleibe der freiheitsbewusste Staatsbürger und kein panisch um seinen Ruf besorgter Spießer. Albert Camus hat einmal auf den Hinweis: „Sie werden Ihr Ansehen einbüßen", mit dem Bonmot reagiert: „Das will ich sehr hoffen, wenn es mit solchem Wasser getauft ist."

10 Widerspruch

Wo aber Gefahr ist, wächst
Das Rettende auch.
Hölderlin: „Patmos“ (1808)

10.1 Die alternative Szene

Glücklicherweise reduziert sich die Gesellschaftsmusterung dieses Bandes nicht auf ein deprimierendes Elendsgemälde. Die folgenden Schnappschüsse auf eine Zug um Zug hervortretende kleine, aber aktive Freiheitselite mögen daher manchen Mut machen. Man findet ihre Protagonisten in allen Regionen und Schichten. Und während sie im vergangenen halben Jahrhundert weitgehend als versprengte Einzelkämpfer agierten, fanden sie im letzten Jahrzehnt zunehmend, teils locker, teils eng, organisatorisch zusammen. Bei der exemplarischen Nennung solcher Avantgardisten beziehungsweise ihrer Foren beschränke ich mich auf die jüngste Szene einer nennenswerten Opposition.

Neue Publikationsorgane spielten als Sammlungsorte eine Hauptrolle. Zu den aktuell einflussreichsten zählen die seit 1986 existierende Wochenzeitung „Junge Freiheit“, *eigentümlich frei* (gegründet 1998), „Sezession“ (2003), „Preußische Allgemeine Zeitung“ (2003 umbenannt), „Blaue Narzisse“ (2004), „Compact“ (2010/11), „Tumult. Vierteljahresschrift für Konsensstörung“, „Cato“ (2017) oder für Österreich die in Graz erscheinende „Neue Ordnung“. Viele der Zeitschriftenverlage betreiben auch Websites oder geben Bücher heraus. Hinzu kommen Verlage wie etwa Antaios, Manuscriptum, Karolinger, Kopp, Ares, die Schriftenreihe des Instituts für Staatspolitik oder Internetplattformen wie diejenige von Michael Klonovsky, Roland Tichy, Alexander Wendt oder Nikolaus Fest, Vera Lengsfeld oder Henryk M.Broder („Achse des Guten"), „PI-News", „Ein Prozent" – alle mit beachtlicher Breitenwirkung. Und vergessen wir nicht diverse Internetauftritte von Pegida und den Identitären mit zum Teil verblüffenden Besucherquoten einer Gegenöffentlichkeit.

Aus diesen Kreisen stammt die am 15. März 2018 veröffentlichte Gemeinsame Erklärung 2018. Es handelte sich zunächst um einen Aufruf deutscher Autoren, Publizisten, Künstler und Wissenschaftler, der sich gegen eine „Beschädigung Deutschlands" durch „illegale Masseneinwanderung" richtet. Später kamen zahlreiche Unterstützer aus allen Gesellschaftsschichten hinzu. Die Aufregung darüber im politmedialen Establishment war groß. Denn die als Petition an den Bundestag gerichtete Initiative fand bezeichnenderweise binnen kurzem über 100.000 Unterstützer.

Solche vielfach kreative Agitation schlägt Brücken zu Menschen, die vorher in der informationsbeschränkenden Höhle der Blockmedien eingeschlossen waren. Nun weht frischer Wind durch die Lande, was vom bisherigen Nachrichten-Imperium mit wütendem Sturm beantwortet wird, der dieser lästigen Konkurrenz gilt. Die Palette der Reaktionen reicht von abfälliger Kommentierung über absichtliches Übergehen, Verleumdung, mechanische Ausgrenzung und wirtschaftliche Schwächung bis zu juristischer Indizierung oder akklamierter beziehungsweise finanziell geförderter Gewalt. Doch scheint es inzwischen, dass die offizielle Totalblockade alternativer Meinungen deren freiheitlichen Brückenkopf nicht stürmen wird. Im Gegenteil.

Aus dem mächtigen Mehrheitslager politischer und kultureller Mainstream-Lakaien setzten sich neuerdings verstärkt Einzelne zu geistigen Schnupperbesuchen bei den Schmuddelkindern ab. Ich nenne stellvertretend Namen wie Hans Magnus Enzensberger, Peter Sloterdijk, Rüdiger Safranski oder Harald Martenstein, die sich aufmüpfig zeigen, auch wenn dies zuweilen nicht ganz ohne distanzierende Rückversicherung geschieht oder kein wirklicher Bruch erfolgt. Immerhin reinigt auch das die Gesprächsatmosphäre in Deutschland ein wenig. Hinzu stieß jüngst auch der Dresdner Politologe Werner Patzelt mit einer Petition, die Merkel und ihren Regierungssprecher auffordert, ihre fatalen Pauschalurteile über Chemnitz und Sachsen quellenmäßig zu belegen.

Die Gründe für das gelegentliche Ausscheren sind vielfältig. Manchen sind die offiziös erwarteten Lageskizzen einfach zu plump und das geforderte Engagement intellektuell oder künstlerisch zu unfruchtbar. Anderen stößt die Unfairness auf, mit der hierzulande Sozialdialoge betrieben werden. Und schließlich sorgt auch das zunehmend nervöse sanktionswütige Medien-Establishment dafür, dass einige zu Renegaten werden. Man denke etwa an entlassene Prominente wie Matthias Matussek (ehemals „Die Welt"), den Bestsseller-Autor Gerhard Wisnewski oder Don Alphonso, dem die „FAZ" die Internet-Plattform nahm. Damit formen sich noch nicht durchweg Allianzen. Eher zeigt es, wie unwohl sich einige inzwischen im sterilen goldenen Käfig einer BRD-Kultur fühlen. Denn die heutigen Provokateure, die wirkliche Debatten, nicht nur branchenspezifische Diskussiönchen anstoßen, kommen aus dem „rechten" Lager oder dem Ausland und heißen etwa Jean Raspail („Heerlager der Heiligen") oder Michel Houellebecq („Die Unterwerfung").

Sie lockt, was Freigeister schon immer anzog: Kampf gegen Duckmäusertum, Sprach- und Denkverbote. Und so finden sich unter den Erstunterzeichnern der „Charta 2017" gegen die Buchmessen-Drangsalierung unbequemer Verlage bezeichnenderweise Namen wie Uwe Tellkamp, Jörg Bernig, Ulrich Schacht, Vera Lengsfeld oder Michael Klonovsky, das heißt ehemaliger Bewohner der DDR. Auch Monika Maron löckt verschiedentlich gegen den Stachel, wie sich überhaupt die alternative Protestszene auffällig häufig aus den neuen Bundesländern rekrutiert. Denn dort weiß man noch bestens, wie sich eine Diktatur anfühlt, und stemmt sich leidenschaftlich gegen deren Wiedereinführung mit scheinbar sanften „zivilreligiösen" Mitteln. Dass sie damit auf geballte Wessi-Polemik unserer politmedialen Klasse stoßen, die nur politisch rückständige Defizit-Deutsche wahrnehmen, stört sie nicht mehr.

In Gesprächen mit ehemaligen DDRlern imponierte mir besonders deren Bewusstseinsvorsprung eines Déjà-vu. Auch manche Lebensgeschichte beeindruckte, wie die eines klassischen Rebellen, dabei durchaus kein Fanatiker. Doch als er hörte, es sei eine „Schande", in Dresden oder Leipzig zu demonstrieren, war er postwendend zur Stelle. Sein Fazit über hiesige Meinungsfreiheit fiel sarkastisch aus. Für „staatsfeindliche Hetze" habe er einst zweieinhalb Jahre Bautzen abgesessen, bis ihn die Bundesrepublik für 80.000 D-Mark freikaufte. Wenn man ihn jetzt in Ausübung seiner Grundrechte einsperrte, löste ihn niemand mehr aus. Auch er wusste anschaulich von äußerst gefährlichen Teilnahmen an Demos zu berichten, die nicht das Wohlwollen linksgrüner Meinungswächter besitzen, von geschönten Polizeistatistiken und systemangepasster Justiz. Mittlerweile in Nordrhein-Westfalen lebend, engagiert er sich als Schatzmeister in der AfD, die zur großen parlamentarischen Hoffnung für Millionen Deutsche geworden ist.

Damit sind wir bei derjenigen politischen Kraft, deren Einzug in den Bundestag in dieser Republik eine beispiellose Aufstiegsstory ist. Vor ihr hat die politische Klasse wirklich Angst, denn sie beansprucht Einfluss, Mandate, Stellen und Gelder, was alles besser in eigener Hand bleiben möge. Inwieweit die Partei unserer Denunzianten-Republik Widerpart leisten kann, werden die nächsten Jahre erweisen. Anfangs gehörte dieser Programmpunkt jedenfalls zu ihren Hauptzielen. Das kam zwar nur in einigen Landesverbänden, bei der Europawahl oder den „Politischen Leitlinien" von 2014 wünschenswert deutlich zum Ausdruck, wo es hieß: „Wir wenden uns mit Nachdruck gegen zunehmend verbreitete Tendenzen selbsternannter Gesinnungswächter, Andersdenkende einzuschüchtern oder gesellschaftlich auszugrenzen." Doch dieser Kampf gegen den Maulkorb verlieh der Gründung der Partei eine zusätzliche Dynamik. Und ohnehin ist sie von der herrschenden Illiberalität bei fast jedem öffentlichen Auftritt unmittelbar betroffen.

Inzwischen hat sie in fast allen Parlamenten des Landes zugunsten einer nennenswerten Streitkultur wichtige Impulse gesetzt. Man erfreut sich denn auch inzwischen nicht zuletzt im Bundestag völlig ungewohnter Reden, die früher durch vorhersehbare gähnende Langeweile charakterisiert waren. Ein neuer Ton ist unverkennbar eingezogen, und das mag beflügeln. Doch sei nicht verschwiegen, dass noch genügend Gefahren lauern, um schon jetzt zu reichlich Vorschusslorbeeren zu spenden.

10.2 Die AfD und die „Säuberungs"-Falle

Spiel' nicht mit den Schmuddelkindern,
sing nicht ihre Lieder,
Geh doch in die Oberstadt,
mach's wie deine Brüder!
Franz Josef Degenhardt (1965)

Eine Klarstellung vorweg: Die folgenden Ausführungen berühren innerparteiliche Richtungs- oder Strategiedebatten nur indirekt. Als externer Sympathisant halte ich mich hier zurück, zumal nicht der Raum zur Verfügung steht, Programmentscheidungen oder Führungsrivalitäten differenziert zu erörtern. Doch gemäß Themenstellung dieses Buchs interessiert die Frage, ob die AfD das Freiheitsversprechen, das ihre Existenz für zahlreiche Deutsche bedeutet, einlöst oder verspielt. Und hier sehe ich bemerkenswerten Mut bei vielen, die dem Tugendterror nicht weichen, aber leider verschiedentlich auch ideelle Selbstverstümmelung.

Als Reaktion auf Pressionen durch Moralpolitik, Justiz oder Gewalt herrscht noch zu oft die Neigung, sich oder die Partei durch Preisgabe bestimmter Positionen oder Personen zu „retten". Das mag im extremen Einzelfall berechtigt sein. Wer politisch wirken will, kann um eines überzeugenden Profils willen nicht jede Abstrusität akzeptieren. Und dies gilt verstärkt, da sich die AfD, wie willkürlich auch immer, neuerdings stärker denn je im Fadenkreuz sogenannter Verfassungsschützer bewegt. (Schließlich muss es sich ja für Linksgrün gelohnt haben, so vehement die Ablösung von Maaßen betrieben zu haben.) Ich räume weiter ein, dass große Ziele selten durch brachiales Vorgehen erreichbar sind und man gelegentlich Kompromisse und Verzögerungen in Kauf nehmen muss. Eine Partei mit dem

Anspruch auf nennenswerten Wählerzuspruch ähnelt keinem Torpedoboot, sondern einem Flugzeugträger, der nicht jedes Manöver oder Scharmützel mitmachen kann oder soll. Konkrete Politik bedarf auch mal pragmatischer Zurückhaltung.

Allerdings kann man auf dem schmalen Grat ständiger Rücksicht auf alle Welt ebenso abstürzen oder sich durch Berührungsangst selbst kastrieren. Wer jeden Kontakt mit potentiell Anrüchigem scheut, vergisst, dass er nach Mainstream-Urteilen ja auch zur Gruppe hiesiger Politparias gehört oder gehört hat und dass genau diese Art Fragmentierung dem gegnerischen Erfolgsrezept entspricht. Insofern zeigen gerade erneuerte Unvereinbarkeitsbeschlüsse der Altparteien gegenüber der AfD nur das maskenlose Gesicht des Establishments. Besser arrangiert man sich daher, ohne sich fremdbestimmen zu lassen, an eigenen Zielen und definiert unaufgeregt im breiter gefächerten alternativen Lager Gemeinsamkeiten und Differenzen. Denn auch wo manches bei den dort agierenden Gruppen oder Organen mit den eigenen Vorstellungen nur teilkompatibel ist, können diese, indem sie neue Trends setzen, immerhin das kulturelle Vorfeld beackern, von dem aus die Mainstream-Festung ins Visier genommen wird.

Parteisoldaten oder Vertreter reiner AfD-Lehren finden sich dort zwar eher selten. Aber eine gewisse Offenheit gegenüber dieser Szene scheint mir wichtig, um potentielle Unterstützer nicht durch Distanzeritis zu verprellen. Es geht dabei weniger um Bündnisse, zum Beispiel mit Pegida oder den Identitären, als um Lagersolidarität, die auch deren Recht auf Meinungsfreiheit verteidigt. Denn dass der Verfassungsschutz statt gegen Antifa und Autonome zum Beispiel gegen Martin Sellner und Co ermittelt, ist – wie Marc Jongen schrieb – ein Skandal. Und genau dies zu rügen, wäre Aufgabe einer rechtsstaatsbewussten AfD.

Um ein Reihenschließen geht es selbst dort, wo hin und wieder Flügelkontroversen aufflackern. Parteiintern mögen Fetzen fliegen. Nach außen aber zeige man sich einig. Wer seit Jahren gemeinsam im sozialen Schützengraben einem derartigen Beschuss ausgesetzt war, mag für Fehler gerügt werden. Friendly Fire verdient er nicht. Und gänzlich unangebracht sind beim innerparteilichen Streit Anleihen beim Denunzianten-Vokabular des Gegners oder fremdbezogene Abgrenzungskriterien. Wer sich derart – und sei es unfreiwillig – zum Gehilfen von Inquisitoren macht, wer Mitstreiter aus der Partei zu drängen sucht, deren Courage sich vielfach bereits vor 2013 als Einzelkämpfer zeigte, handelt so unklug wie illoyal. Desgleichen wer einem vom „Schweinejournalismus" – übrigens ein Wort Oskar Lafontaines – besudelten Parteifreund die Solidarität verweigert und sich solcher Anwürfe im Richtungsstreit bedient. All das ist gängige Praxis bei den Altparteien. Und die Geschichte der Bundesrepublik kennt Fälle im Dutzend, bei denen Parteifreunde sofort auf Distanz gingen, wenn eine Kampagne nur angefahren war (siehe Kapitel 8). Für solches Verhalten brauchen wir allerdings keine AfD. Das können und konnten die Altparteien bereits bestens allein.

Konkretisieren wir es am wohl spektakulärsten AfD-Fall Björn Höcke, auf die Gefahr hin, dass die folgende Mahnung manchen vorschnell als programmatische Positionierung erscheinen mag. Dabei geht es um viel Grundsätzlicheres: um die Nagelprobe nämlich, wie ernst es den die AfD Führenden mit der Aufkündigung der Political Correctness ist, die wie Mehltau auf diesem Lande liegt. Handelte es sich bei diesem Konflikt um eine reine Ziel- oder Strategiediskussion, hätte ich sie in diesem Band übergangen. Aber die frühere Drohung mit Parteiausschluss sprengt den Rahmen einer Programmdebatte. Denn sie ist eine Sünde wider den Geist der Partei, sofern sie das „Alternative für Deutschland" ernst nimmt.

Nicht Kritiklosigkeit gegenüber Einzelauftritten, ungeschickter Taktik oder Disziplinlosigkeit sei verlangt, keine falsche Harmonie. Es geht um kein Moratorium im innerparteilichen Streit, ob Höckes Bewegungsstrategie der Partei mehr Zulauf verschafft als bürgerliche Wähler verschreckt. Aber wenn sich Eiferer um Frauke Petry, um einen Richtungs- beziehungsweise Führungsstreit endgültig für sich zu entscheiden, ein Gutachten fürs Parteigericht bestellen, das geradezu Blaupausen für verbotsgeile Verfassungsschützer enthält, ist das Günstigste, was sich sagen lässt: Sie handelten nur fahrlässig als Handlanger des Systems.

Und leider zeigt dies zugleich, dass nicht nur Staaten, sondern auch Parteien dazu neigen, eine postdemokratische Adelsschicht mit einem problematischen Verhältnis zur Basis zu etablieren. Man ermüdet offenbar schnell, ständig mit ihr zu diskutieren oder wenigstens Gegensätze auszuhalten. So dekretiert man lieber per moralpolitischer Ausgrenzung. Solche Tendenzen beherrschten die Anfänge dieser Partei sogar mehr als andere, was viele Sympathisanten in ihrer freiheitlich berauschenden Gründungseuphorie gar nicht wahrnahmen. Insbesondere Lucke hatte nämlich einen Aufnahmestopp für ehemalige Mitglieder von Kleinparteien, außer der FDP, verfügt. Und gemäß Bundessatzung vom April 2013 konnten ganze Landesverbände aufgelöst und deren Vorstände des Amtes enthoben werden. Eine schwere Hypothek der Misstrauenskultur von Beginn an, die einer volksbezogenen Orientierung der AfD eigentlich widerspricht.

In diesem Sinne kommentierte auch André Lichtschlag, als bekennender Libertärer gewiss kein Höcke-Fan, die Vorstandsentscheidung, die auf politisch-moralischen Totschlag hinauslief. Sein Beitrag auf *eigentümlich frei* vom 15.2.2017 trug den bezeichnend ironischen Titel: „AfD wird staatstragend“:

„Die Eröffnung des Parteiausschlussverfahrens gegen Björn Höcke ist der Anfang vom Ende des schönen Traums einer – ausgerechnet – parteipolitischen Alternative für Deutschland. Nicht, weil – ausgerechnet – der Politiker Höcke eine wirkliche Alternative so sehr verkörpert, sondern andersherum: weil der Parteivorstand sich in seiner Mehrheit dem Druck beugt, der von der gnadenlosen Hatz gegen einen öffentlich ‚zum Abschuss freigegebenen‘ Menschen begleitet wird.“

Nun, diese Fehlentscheidung ist inzwischen korrigiert. Aber Solidarität als selbstverständliche Haltung gegenüber allen medial Verfolgten ist mehr. Insofern verpassten AfD-Spitzen, als

Höckes Familie im Bornhagener Domizil tugendterroristisch behelligt wurde, die Chance, als kleine Wiedergutmachung unisono Flagge gegen linke Hetze zu zeigen. Denn diese „zivilgesellschaftliche“ Provokation hätte eigentlich eine konzertierte Replik erfordert. Dass der Thüringer Parteichef sich auf der „Compact“-Konferenz über mangelnde Solidarität in den eigenen Reihen beklagte – selbst der dortige CDU-Landtagspräsident oder der linke Ministerpräsident Bodo Ramelow hatten öffentlich mehr Mumm gezeigt – war ein Armutszeugnis.

Schließlich gibt es Grenzen für Rivalität oder strategische „Klugheit“ (im Vorfeld des Bundesparteitags). Und es gibt Schlüsselmomente, wo alle zusammenstehen müssen. Auch wenn man einem Partei-„Freund“ nur mit herzlicher Abneigung zugetan ist, gebietet dies der pure Selbstschutz oder die Einsicht, dass fast allen ähnliches drohen könnte beziehungsweise schon passiert ist. Insbesondere wo das hiesige Reporter-Ethos schon routinemäßig impliziert, AfDler reinzulegen beziehungsweise durch isolierte, aufgebauschte oder verfänglich akzentuierte Zitate an den Pranger zu stellen. Nahezu alle Vorstandsmitglieder haben diesbezüglich schon ihr Fett abgekriegt. Es bedarf keiner weiteren Ausführung. Sogenannte Affären erweisen sich dabei fast durchgängig in erster Linie als Skandale der Medien selbst, allem voran das perfide verdrehte Boateng-Interview, das sogar dem Journalisten-Verband übel aufstieß.

Ohnehin sind öffentliche Fauxpas durchweg nicht Ursache, sondern Anlass für die jeweilige Empörungsfolklore. Die AfD könnte sich bis zur Selbstverleugnung „reinigen“, es nützte ihr nichts. Die nächste Kampagne – dazu braucht‘s keine Propheten – wartet schon. Insofern hilft das innerparteiliche Sündenbock-Verfahren als Blitzableiter wenig. „Wir kriegen euch alle“ heißt eine bezeichnende Antifa-Devise. Ja, selbst ein so Mainstream-naher Politiker wie Lucke (Atlantiker, Befürworter von Russland-Sanktionen, zögerlich in der Stellung zu Einwanderung und Islam, der im Kern nur Probleme mit der Wirtschaftlichkeit von EU und Euro hatte, ein gescheiterter Parteiführer, der in seiner peinlichen „Alfa“-Fehlkonstruktion sogar lange

Sperrfristen für Neumitglieder und ein halbes Dutzend inhaltliche Sicherungen einbaute, damit ja kein Rechter durchschlüpfen konnte) – selbst er war zu seinen AfD-Zeiten nie vor ehrabschneidenden Anwürfen und körperlichen Behelligungen gefeit.

Und vergessen wir nie: Gegenüber der Zukunftsdrohung unseres abgewirtschafteten pseudodemokratischen Systems und seinem täglichen Tugendterrorismus schrumpfen verbale Konventionsbrüche von AfDlern zu Bagatellen. Darüber eliminatorisch zu streiten, hieße, die Hauptkampflinie aus den Augen zu verlieren. Wer hektisch auf feindliche rote Linien reagiert, macht sich selbst zum Getriebenen und bestätigt sogar scheinbar Schuldvorwürfe gegen alle. Er beraubt sich sogar wichtiger Handlungsoptionen wie die von Massenkundgebungen. Denn es liegt letztlich nicht in seiner Hand, zu verhindern, dass ein wie immer Gesteuerter in einschlägiger Weise seine Hand hebt und damit Staatsfunk wie -schutz die gewünschten Schockbilder liefert. Auch an ständigen verbalen Fallstricken fehlt es in diesem Tabu-Land wahrlich nicht.

Wenn also in diesem Punkt keine Geschlossenheit herrscht (von der Bundestagsfraktion bis zu den Landesvorständen), dann ist die AfD möglicherweise eine Geldwertrettungs- oder Antiislamisten-Partei, aber gewiss keine Alternative für Deutschland im umfassenden Sinn des vielversprechenden Anfangs.

10.3 Empfohlenes Konzept für einen AfD-Redner im Bundestag

Frau Präsidentin / Herr Präsident, meine Damen und Herren, die heutige Debatte über den Justizetat rückt das Thema Meinungsfreiheit ins Zentrum. Genauer: deren beklagenswerten Zustand.

Sie, Frau Ministerin Barley, haben kürzlich ein Amt angetreten, das durch schwere Altlasten Ihres Vorgängers gezeichnet ist. Sie sind für vieles davon natürlich nicht persönlich verantwortlich. Aber es gibt auch eine grundsätzliche Verantwortung vor dem Tribunal der Geschichte, der Sie nur gerecht werden, indem Sie das Steuer unseres justitiellen Unfallwagens herumreißen oder – anders formuliert – Heiko Maas' dunkles Erbe ausschlagen. Ihr Kollege widmet sich momentan ja, seiner spezifisch verkürzenden Weltsicht entsprechend, unseren Außenbeziehungen. Gleichwohl verlangt sein früheres Wirken eine kleine Nachbetrachtung, die Ihnen, Frau Ministerin, demonstrieren könnte, wie man es besser nicht macht. Viel Hoffnung setze ich in diese Lektion allerdings nicht. Denn als Mitgliedin der SPD und dieser Regierung stehen Sie ja sicher nicht außerhalb von deren illiberaler Tradition, aus der etliche freiheitsstrangulierende Gesetze entsprossen. Auch wecken Ihre ersten Aktivitäten im Amt nicht allzu große Erwartungen.

Von allen Justizministern dieser Republik verdienen meines Erachtens diejenigen die größte Anerkennung, deren Namen man vergessen hat. Denn sie machten nicht viel Wesens von ihrer Person, sondern verstanden sich vornehmlich als Rechtswahrer. Beides traf auf Maas gewiss nicht zu, der einerseits nichts Nennenswertes tat, die strukturelle Personalschwäche der Justiz zu beheben, die auf kalte Entrechtung hinausläuft. Andererseits hat er sein Amt durch parteiischen Aktionismus schwer beschädigt. (Man denke exemplarisch an sein verleumderisches Statement im Fall Pirinçci, an den unerbetenen Applaus für die linksextreme Rockband „Feine Sahne Fischfilet“, weil sie die AfD beschimpfte, oder seine ähnlich peinlichen Triumphgesten angesichts von Polizeiaktionen wegen vermeintlicher Internet-Meinungsdelikte.) Vielleicht schafft er es ja durch sein im Geist von „1984“ gestricktes Netzwerkdurchsetzungsgesetz tatsächlich, mit ein paar Zeilen in künftige Geschichtsbücher zu gelangen. Doch bietet das zu Stolz keinen Anlass, wo er doch lediglich die hiesige Unfreiheit wieder ein Stück vermehrt hat.

Ich weiß, dass man dies bei Ihnen anders sieht. Dass man die alltäglich geduldete Beschränkung von Grundrechten pauschal durch ein politisches Feindbild rechtfertigt. Und dass man in diesem Schmalspur-Geschichts- und Weltverständnis auch der AfD ihren Platz als exzeptionellem Bösewicht angewiesen hat. Beschäftigen wir uns daher ein wenig mit dieser (für Ihre Partei so genehmen) fixen Idee! Konzedieren wir, dass es natürlich auch im rechten Spektrum Politkriminelle gibt, so sehr diese Gefahr mittels verzerrter Polizeistatistik und medialer Aufbauschung auch bewusst überzeichnet wird. Dabei mögen, wo solche militant Verwahrloste ihr Unwesen treiben, Polizei und Justiz das ihrige tun. Ebenso, wo Einzelne exzesshaft auf die von Ihnen verschärfte Migrationskrise reagieren und etwa Asylbewerber oder ihre Heime attackieren.

Sie werden allerdings – im Gegensatz zu Halbdemokraten wie Ralf Stegner, Manuela Schwesig oder Wolfgang Thierse mit ihren beschönigenden Äußerungen zu Linkskriminellen – in unseren Reihen keinen finden, der entsprechenden Rechtsbruch billigte, verharmloste oder gar förderte. So etwas zu unterstellen mit der Vokabel von „geistiger Brandstiftung“ ist eine gängige Verunglimpfung, gegen die sich meine Partei mit Nachdruck verwahrt. Ohnehin ist das Risiko, hierzulande durch Antifa und gewalttätige Fremde zu Schaden zu kommen, um ein Vielfaches größer. Warum man dem nicht pflichtgemäß energisch entgegentritt, weiß man fraglos in Ihren Kreisen.

Im übrigen jedoch gab es in der Bundesrepublik – nicht zuletzt aufgrund der Schockerfahrungen eines völlig verheerten Landes – im Gegensatz zu massiven linkstotalitären Neigungen nie NS-Sympathien in nennenswertem Umfang. Das gilt selbst unter Einschluss der politmedial so hochgefahrenen Causa NSU, deren Dimension sich, verglichen mit dem Terror der RAF, wie eine Fußnote ausnimmt. Die ständige Beschwörung brauner Gefahr war also purer, teils hysterischer, teils interessengeleiteter Alarmismus. Und was heute als „rechtsradikal" oder schlimmer angeprangert wird, betrifft vielfach Überzeugungen, die noch Konrad Adenauer, Franz Josef Strauß, den durchaus patriotischen SPD-Vorsitzenden Kurt Schumacher und in Teilen sogar Willy Brandt oder Helmut Schmidt geleitet haben.

Wir werden also seit Jahrzehnten von einer sogenannten Elite am Nasenring einer gigantisch aufgebauschten Bedrohungsfiktion geführt. Eine in alle Zukunft verlängerte „Vergangenheitsbewältigung" ist von einer notwendigen Besinnung über Fehlverhalten und Schuld zwischen 1933 und 1945 zu einem furchteinflößenden gegenwartsbezogenen Kampfmittel verkommen. Es dient dazu, spontane Erregungen einer sonst schweigenden Mehrheit zum Verstummen zu bringen und alternatives Denken zu diskreditieren. Dabei steht der NS-Komplex im Zentrum pauschaler Anklagen mit der Tendenz, metastasenhaft weitere moralische Tatbestände zu kreieren. Die jedoch beinhalten im Kern vor allem das, was man als „Achtundsechziger-Errungenschaften" bezeichnen könnte. Und dass wir uns von manchen dieser gesellschaftlichen und kulturellen Eroberungen einiges wieder zurückholen wollen, sei gerne eingestanden. Uns schreckt dabei jedenfalls Ihre Totschlagvokabel „rechts" nicht mehr. Erfasst sie doch höchst selten tatsächliche neonazistische Umtriebe, sondern wirkt vorwiegend als verbales Dum-Dum-Geschoss für alles, was man bei Ihnen als politischen Gegenentwurf fürchtet.

Ist das so einfach? Leider ja. Man stellt sich immer vor, Prinzipien, die die Welt oder zumindest Deutschland in Bann halten, müssten ungeheuer kompliziert sein. Sie zu erfassen, seien außergewöhnliche Einsichten erforderlich, überdurchschnittliche historische wie politologische Kenntnisse. Doch kommt es eher darauf an, sich von einem viele verblüffenden Wortgeklingel nicht beeindrucken beziehungsweise den gesunden Menschenverstand wegdisputieren zu lassen. Geht es doch vorwiegend darum, den medialen oder pseudowissenschaftlichen Nebel zu lüften, mit dem das häufig geradezu unanständig Simple für die Masse verhüllt wird.

Und in diesem üblen Spielchen wurde die AfD als Prügelknabe ausersehen. Nicht schlecht. Nur verweigern wir mittlerweile die Opferrolle und wehren uns. Insbesondere gehen wir Ihnen nicht mehr auf den Leim, wenn Sie sich so rührend um die Sauberkeit unserer Partei sorgen oder sich von Äußerungen aus unseren Reihen geschockt zeigen. Dabei verhehle ich nicht einmal, dass es – wie bei anderen Parteien auch – zuweilen Statements gibt, die die von Ihnen herbeigesehnte Skandalisierung erleichtern. Viele von uns kommen aus Berufen, in denen man nicht den ganzen Tag Zeit hatte, die jeweils neuesten Korrektheitsformeln zu erlernen, die Ihre „Neusprech"-Zentralen gerade ausgetüftelt haben. Zuweilen verfangen wir uns also in solchen begrifflichen Fallstricken. Aber ebenso oft wollen wir auch gar nicht wissen, wie bestimmte Missstände „korrekt" formuliert, das heißt verschleiert werden, weil wir Klartext bevorzugen. Denn fast alles von dem, was angeblich nicht sagbar ist, definieren ausschließlich Sie respektive die von Ihnen vertretene politische Klasse. Sich danach zu richten, wäre äußerst töricht.

Sollte also bei uns mal das eine oder andere weniger Appetitliche darunter sein, regeln wir das intern. Den so honorigen übrigen Parteien dieses Hauses hingegen raten wir einstweilen, sich mit den eigenen (nicht nur sprachlichen) Abgründen zu befassen. Bewältigen Sie die nationalmasochistische, pädophile, wenn nicht gar heimliche terroristische Vergangenheit in Ihren Reihen! Kümmern Sie sich um Ihre Edathys, um Verstrickungen zu SED-Zeiten! Beleuchten Sie die „Putztruppen"-Ära eines Joschka Fischer, in deren Geist noch etliche Zombies aus damaligen Untergrundkellern ihr Unwesen treiben!

Lösen Sie skandalträchtige Gewaltverbindungen zur Antifa und Ihre einträgliche Liaison mit Figuren wie IM Victoria alias Anetta Kahane als frisch gereinigte Oberkontrolleurin unserer politischen Tugend! Empören Sie sich über grüne Bundestagskollegen wie Sven-Christian Kindler! Nannte der doch den Mob, der unserem Vorstandsmitglied Kay Gottschalk die Hand gebrochen hat, „bunte Kreative". Erst wenn die von Ihnen propagierte Zivilgesellschaft sich tatsächlich wieder zivil verhält, lassen wir uns von Ihnen in Fragen des Takts belehren und denken über politische Etikette vielleicht penibler. Gegenwärtig haben die Altparteien diesbezüglich Nachholbedarf. Und nach deren Entrüstungspfeife tanzen wir nicht.

Sonst verstünden wir wenig von Politik. Denn es hat sich längst rumgesprochen, dass rote Linien stets diejenigen ziehen, die einer wirklichen Erneuerung unseres Landes spinnefeind sind. Und wir haben die Illusion verloren, dass selbst eine bis zur Selbsthäutung „gereinigte" AfD vom Establishment akzeptiert wird, solange es einfacher scheint, Konkurrenten um Staatsjobs denunzierend auszuschalten. An solche Politschmusereien eines demokratischen Elysiums glauben wir nicht. Denn allein aus Geschäftsprinzip verlegen sich Antifanten, Autonome oder linksgrüne Randalierer samt Hinterfrauen und -männern nicht plötzlich auf argumentativen Wettbewerb. Diese Taktik, mit der Nazikeule auf Bruchstellen innerhalb unserer Mitglieder- oder Wählergemeinschaft zu zielen, haben wir durchschaut. Und wir antworten solchen Politstrategen mit dem französischen Schlachtruf vor Verdun: „Ils ne passeront pas!" Sie werden nicht durchkommen!

Auch deshalb will ich zur sogenannten „Vergangenheitsbewältigung" Stellung nehmen, einem heiklen Thema, das zugegebenermaßen Teile meiner Parteifreunde gern ausklammerten. Lässt sich doch damit im Rahmen hiesiger Entrüstungsfolklore kein Blumentopf gewinnen. Dennoch sollten gerade AfDler das Thema nicht vermeiden. Zwar kann man es diplomatischer und weniger missverständlich ansprechen als durch die Forderung nach einer „180-Grad-Wende". Aber auf Dauer kommen wir um die Behandlung auch dieser Epoche nicht herum.

Nicht weil die AfD tendenziell rückwärts oder revisionistisch orientiert wäre, getragen von peinlicher Politnostalgie oder Entschuldungssehnsüchten. Oder gar, dass wir nachträglich wenigstens per Geschichtsschreibung „siegen" beziehungsweise uns als Deutsche auf Teufel komm raus rehabilitieren möchten. Denn ginge es nur um innen- wie außenpolitische Befriedung, mit der wir die letzten 100 Jahre endlich historisch beerdigen, fiele es leichter, sich mit einem simplifizierten Gut-böse-Geschichtsbild abzufinden. Doch leitet uns die Einsicht, dass man an einem ungenauen Modell nichts wirklich erkennt. Auch werden uns mit einem tendenziös vereinfachten Weltbild Gegenwartslehren appliziert, die nicht nützen, sondern schaden. Verdeutlichen wir also die dahinter stehenden Absichten und Wirkweisen anhand folgender sechs Punkte:

1. Vorweg ohne Wenn und Aber als eigentlich überflüssige, nur im verhetzten hiesigen Politklima erforderliche Klarstellung: Die Behandlung von Minderheiten oder Regimegegnern im Dritten Reich war eine blutige Obszönität ersten Ranges. In einem Kontinuum weltweiter Mordszenarien sehe ich darin zwar keine gänzliche Singularität. Doch was wichtiger ist: Gerade wirkliche Patrioten bedauern und schämen sich zutiefst, dass einst Deutsche Millionen Wehrloser geschlachtet haben, was von medial verblendeten Massenmenschen erleichtert wurde. Kein ernst zu nehmendes Mitglied von uns redet dies klein. Doch hat das nichts zu tun mit der Art, wie hierzulande Vergangenheit zum Nutzen aktueller Profiteure im In- wie Ausland buchstäblich bewirtschaftet wird. Und zu den inflationären Nazi-Vorwürfen gegen Systemkritiker wie uns wäre festzustellen: Empörend ist ebenso, dass diese Massaker von heutigen (anderweitig verdummten) Sklaven einer Kollektivmeinung so schäbig für Tageszwecke ausgebeutet werden. Denn diese Art Moralpolitik ist das Gegenteil von Moral.

2. Natürlich konnte man im Mai 1945, was die Erinnerung an Massenmord und Tyrannei betrifft, nicht einfach zur Tages-

ordnung übergehen. Denn was von Deutschen und im Namen Deutschlands an Verbrechen verübt wurde, bedurfte (neben juristischer Bestrafung zumindest der Hauptschuldigen) auch einer geistigen Auseinandersetzung. In Folge kam es jedoch zu einer bestenfalls ambivalent zu beurteilenden Dauerfixierung auf dieses Großverbrechen, das inzwischen sämtliche Gesellschaftsbereiche emotional und moralisch überwölbt. Daraus folgte ein letztinstanzlicher Bezug auf fast alle Werte und Tagesfragen, von der Politik über die Kultur bis zur Pädagogik oder Geschichtsschreibung.

In einem zweiten Schritt gelang es der den Zeitgeist prägenden Schicht, sich als Gralshüter dieses zivilreligiösen Kults einzusetzen. Und in Abgrenzung von der Zeit von 1933 bis 1945 erhob sie zugleich zahlreiche Gegenwartsziele in einen fast unkritisierbaren Status. Aktuell betrifft das Gleichheitsutopien, Schwulenprojekte, Inklusionen jeder Art, Gender-Unfug, EU-Misswirtschaft oder schrankenlose Willkommenskultur, die zunehmend eine Schutzwürdigkeit von (quasi) verfassungsmäßigem Rang beanspruchen. Demgegenüber ist die Einsicht zu fördern, wie dreist wir Deutschen seit Generationen per instrumentalisierter Vergangenheitspolitik seelisch erpresst werden. Denn ständige Sprachformeln wie „Gerade wir Deutschen müssen…“ oder „dürfen nicht…“ konstruieren einen vermeintlich alternativlosen Handlungszwang, der uns vielfach zu eklatanten Fehlentscheidungen nötigt. Diesen fatalen Mechanismus müssen wir thematisieren, wenn wir zu anderer Politik gelangen wollen.

3. Wenn also von unserer Seite zuweilen eine Neukonzeption der Erinnerungspolitik gefordert wird, heißt das keineswegs „bewusstes Vergessen“. Aber zwischen dem Ausklammern dieser Epoche und dem Wunsch, es möge im deutschen Medien-Jahreskalender auch mal Holocaust- oder NS-freie Tage geben, liegt viel Spielraum für die künftige Gestaltung einer psychisch bekömmlicheren Gedenktradition. „Auschwitz als Gründungsmythos der Bundesrepublik“ jedenfalls gilt mir als unfruchtbare Devise. Und sind frühzeitige Pflichtbesuche in KZs tatsächlich

ein Erfolgsrezept zur Formung mündiger Staatsbürger? Sind sie Aufklärung oder emotionale Überwältigung von Kinderseelen?

Ich muss schließlich keine Folterkammern gesehen haben, um Hexenprozesse zu verdammen. Und da Kinder durch frühe KZ-Besuche und Holocaust-Filme höchstgradig erregt, hysterisiert oder auch mal traumatisiert werden können, öffnet sich dem Missbrauch Tür und Tor. Von psychologischen Studien her wissen wir, wie verheerend und verstörend solche Indoktrination auf Jugendliche wirken kann. Menschen sollten aber auf ein positives Ideal hin erzogen werden, abseits von einer Art politischer Erbsünde, die eine Nation lebenslang kollektiv in Bann hält.

4. Dass die Jahre 1933 bis 1945 einen Schwerpunkt im Geschichtsunterricht darstellen mögen, sei akzeptiert. Allerdings lehnen wir eine diffamierende Engführung dieses Pensums im Sinne der gegenwärtigen politischen Klasse entschieden ab. Wir sehen mit Sorge und Empörung, dass sich sogar in etlichen Lehrmaterialien der Zentralen für politische Bildung Agitatorisches zu Lasten der AfD findet. Am Dritten Reich können wir stattdessen modellhaft studieren, wie schon einmal zur Herrschaftssicherung gegen Opposition gesamtgesellschaftlich mobilgemacht wurde. Wie mit dem Schlagwort vom „gesunden Volksempfinden“ damals „zivilgesellschaftlich“ ausgegrenzt wurde.

Wir können lernen, was passiert, wenn Straßengewalt politische Debatten bestimmt, wie heute in manchen Vierteln die Antifa. Die Gleichförmigkeit unserer Mainstream-Berichterstattung etwa in Sachen Putin oder Trump erinnert an Kriegspropaganda. Und mancher Hetz-Ton gegen Alternative wirkt, als hätten „Journalisten“ bei Julius Streicher hospitiert. Auch faktische Berufsverbote oder terrorisierende Aufmärsche vor Privatwohnungen kennen Historiker aus unseliger Zeit. Desgleichen Boykottaufrufe gegen unbequeme Verlage, Internetplattformen oder Personen, die die Publizisten Michael Klonovsky, Henryk M. Broder und andere mit Grund an das berüchtigte „Kauft nicht bei Juden!“ gemahnen. Von einer Kampfparole wie „Connewitz ist nazifrei“ ganz abgesehen. Von ähnlichem Ungeist zeugen Verdis per Broschüre gefasste Bespitzelungsanleitungen für rechtspopulistische Mitarbeiter im Betrieb oder Neigungen im Schriftstellerverband, AfD-Mitglieder auszuschließen. Und da entrüsten Sie sich ausgerechnet darüber, dass man Ihre Schulämter nun von Seiten der AfD auf krasse Agitation in Klassenzimmern hinweist, die gegen das „Überwältigungsverbot“ verstoßen. Das Prinzip „Haltet den Dieb“ soll wohl auch hier praktiziert werden.

Umgekehrt dient die Beschäftigung mit der Gegenwart der verständnismäßigen Erhellung der Vergangenheit. Wer sich die Effektivität propagandistischer Verdrehungen zwischen 1933 und 1945 nie recht erklären konnte, studiere den aktuellen Fall Chemnitz! Er staune vor der Chuzpe, mit der unsere Blockmedien eine eigentlich unmissverständliche Bankrotterklärung unserer Sicherheitspolitik zu einem Super-„Sebnitz“ umbogen und -logen und damit noch Millionen täuschen konnten. Denn anstatt die dortige Messerstich-Orgie immigrierter Täter – natürlich alles „Einzelfälle“ wie 365 andere pro Jahr! – entsprechend auszuwerten, wurde die Empörung darüber prompt als rechtes Pseudopogrom verkauft. Man schwadronierte von (selbst vom sächsischen Generalstaatsanwalt wie unserem deshalb schnellstens gefeuerten obersten Verfassungsschützer dementierten) „Hetzjagden“ und beschimpfte auch noch kollektiv Sachsen. Mir fiel bei solch perverser Nachrichtenpolitik der Buchtitel eines bekannten Dichters ein: Franz Werfels „Nicht der Mörder, der Ermordete ist schuldig“. Und als traurige Pointe kommt hinzu, dass ein schamlos „eingebetteter Journalismus“ gegenwärtig nicht einmal mehr wie im Dritten Reich verbindlicher Formulierungsanweisungen bedarf, um gleichfalls mediale Konformität zu gewährleisten. Kurz: Bei einem wirklich aufklärenden Geschichtsunterricht käme es zur wechselseitigen Erhellung von heute und damals – aber gewiss nicht zu dem Propaganda-Absud, den Sie sich aus der Historie herausfiltern.

5. Geschichtsforschung auch über diese Epoche muss repressionsfrei sein, auch wenn dies Auffassungen betrifft, die

abwegig erscheinen oder moralisch provozieren. Wir vertrauen auch hier auf das bessere Argument. Für bestimmte Epochen Offenheit einzuschränken und sie juristisch oder zivilgesellschaftlich zu bekämpfen, zeigt wahrlich kein Selbstvertrauen in die eigene Position. Stattdessen herrscht eine Art Domino-Theorie, wonach das applizierte Geschichtsbild sofort zusammenbreche, wenn einzelne Steine fallen. Nun kenne ich in meinem Bekanntenkreis niemanden, der die NS-Diktatur verklärt oder den Massenmord an Juden oder anderen Minderheiten entschuldigt. Ich kenne allerdings etliche, die es mittlerweile satt haben, in historischen Fragen so volksdidaktisch vereinfachend instruiert zu werden.

Sie gähnen bei den billigen Schwarz-weiß-Schemata, die häufig nichts wirklich erklären, sondern wie von Katecheten gepaukt werden sollen. Sie amüsieren sich, weil sie es besser wissen, über viele geglättete Details oder Sprachformeln wie: Hitler habe Frankreich „überfallen" oder die ausschließliche Bezeichnung des 8. Mai als „Tag der Befreiung", der für nicht wenige der Besatzungsopfer zugleich eine Befreiung von ihrem Leben bedeutete. Und sie ärgern sich darüber, dass man eine differenzierende Behandlung und Ursachenforschung unserer nationalen Tragödie, Katastrophe und Schuldverstrickung allzu oft ewiggestriger Beschönigung oder Leugnung verdächtigt. Offensichtlich muss, wer über jeden Verdacht erhaben sein will, hierzulande auch noch das letzte geschichtspolitische Dogma übernehmen, das darauf spezialisierte Netzwerke verkünden.

6. Wir wenden uns last not least gegen vergangenheitspolitischen Daueralarm. Konkret gegen Dutzende von Warn- oder Anti-Instituten, die ständig dieselbe Gefahr signalisieren, wo sich inzwischen ganz andere Fronten ergaben. Das gilt etwa für die Farce, seit Jahrzehnten überall Antisemitismus zu wittern, nur eben dort nicht, wo er sich per Masseneinwanderung handgreiflich vor aller Augen entfaltet.

Der Historiker Michael Wolffsohn hat kürzlich in der „Neuen Zürcher Zeitung" das hiesige Realitätsbild offizieller

Antisemitismus-Diagnosen bezweifelt, wonach 87 Prozent der Straftaten unspezifisch „rechtsradikal“ motiviert sind. In seinem jüdischen Bekanntenkreis heiße es vielmehr unisono: „Gewalt gegen Juden geht ausschließlich von Muslimen aus.“ Ähnliches liest man in Blogs oder Leserbriefen, sogar in der (gewiss nicht AfD-nahen) „FAZ“. Darin wunderte sich am 14. August 2018 etwa eine Stuttgarter Jüdin, wie es zu einer solchen Statistik komme, die „aller Erfahrung widerspricht“. Sie schreibt weiter: „Ich glaube, dass es in Deutschland nur noch wenige Menschen gibt, die aus rassischen Gründen antisemitisch denken. Und diese wenigen sind nur selten gewalttätig. Im Vergleich dazu ist die Zahl derer, die als Migranten ihren Hass auf Israel und die Juden mitgebracht haben, unverhältnismäßig größer.“ Der Leserbrief endet mit dem Churchill-Bonmot, er glaube nur Statistiken, die er selbst gefälscht habe. Die hiesigen Verdränger gehen subtiler vor. Sie manipulieren die Klassifikationskriterien so lange, bis das Resultat ihrem ideologisch deformierten Weltbild entspricht. Doch das Thema ist zu ernst, um sich auch noch im Bundestag an der Vogel-Strauß-Methode zu orientieren.

Ich komme, Frau Ministerin, zur Justizpolitik zurück. Der zeitgeschichtliche Umweg erfolgte schließlich nur, weil Ihr Lager für sich reklamiert, die historische Lektion gelernt zu haben. Besteht die aber tatsächlich darin, im Verein mit dem Innenminister unser Volk zu bespitzeln und zu kujonieren? Wegen lächerlichster Anlässe (wie Logos auf Computern) die Immunität von AfD-Abgeordneten aufzuheben beziehungsweise bei ihnen Hausdurchsuchungen zu veranlassen? Das Straf- und Verfassungsrecht gesinnungsstaatlich anzuwenden und den Verfassungsschutz zu Lasten der Meinungsfreiheit ausufern zu lassen? Weitgehend linke Gewalt praktisch zu amnestieren, aber gegen ein ominöses Rechts alle Justizkanonen auszurichten?

Was gegenwärtig qua einseitiger Politisierung der Justiz etwa an Grundgesetzwidrigem der AfD gegenüber zugelassen wird, spricht demokratischen Grundsätzen Hohn. Auch wurden in den letzten Jahren Urteile im Dutzend gesprochen, die eine gänzliche Schieflage verraten: Da bekommt ein Rentner, weil er mit verständlichem Spott auf die Willkommens-Orgasmen einer grünen Hamburger Bürgerschaftsabgeordneten reagiert hat, von einer gesinnungskonformen Richterin 3.000 Euro aufgebrummt, während in der gleichen Stadt der berüchtigte 20-Cent-Killer aus dem Migrantenmilieu den Gerichtssaal als freier Mann (auf Bewährung) verlassen durfte.

Sie sind gewiss nicht für frühere oder auch künftige Einzelurteile verantwortlich, aber mit Sicherheit für das Justizklima, das solches erlaubt oder gar fördert. Und wie durchsichtig sind diverse Urteile gegen AfD-Repräsentanten? Von der Göttinger Entscheidung im Vermieter-Streit bis zu einem Mainzer Fall, wo ein fast schon eingestelltes Gerichtsverfahren nach fünf Jahren im Vorfeld der Wahl von einer SPD-Richterin plötzlich herausgekramt wird, um dann drakonisch zuzuschlagen. Und was soll das ständige wahrhaft undemokratische Gerede, mit dem eine Hundertschaft von Qualitätspolitikern periodisch die Verfassungstreue der AfD bezweifelt? Will die Groko noch unkontrollierter regieren? Warum beobachtet der Verfassungsschutz die bewusst gewaltlosen Identitären, anstatt sich auf Antifanten zu konzentrieren angesichts ihrer seit Jahren notorischen Militanz? Manchmal scheint es, dass dieses Organ selbst das Problem ist.

Und wie passt es bei solchem öffentlichen Dauerverdacht, dass ausgerechnet „Hass und Hetze“ zu den Lieblingsobjekten justitieller Aufmerksamkeit avancierten? Wie rührend ist es, das Zensurgesetz für soziale Medien mit dem Hinweis auf strafwürdige Geschmacklosigkeiten zu bemänteln. Die gibt es, doch bei konventionellen Gesetzesverstößen bestehen ohnedies Möglichkeiten juristischer Gegenwehr. Zudem löscht man schon längst nicht nur Beschimpfungen aller Art, sondern mehr noch unerwünschte Politkommentare, Karikaturen, Statistiken, zuweilen auch Satiren wie die der „Titanic“. Und dies geschieht durch dubiose, Ihrer Politik genehme Gremien, das heißt Vertreter eines Gesellschaftskurses, den wir mit gutem Grund ablehnen. Die wiederum interessieren sich für Gott und die Welt, nur nicht dafür, wie Alternative durch Bezüge zum Dritten Reich diffamiert werden.

Dabei ist die Nazikeule ja wohl Hetze beziehungsweise Hasssprache pur. Manches, was diesbezüglich, von solchen Gremien unbeanstandet, im Netz steht, scheint dem „Wörterbuch des Unmenschen“ entnommen. Und wenn Sie zur Abwechslung mal künftig auch das bekämpfen wollten, hätten Sie im eigenen Lager allerdings einen Augiasstall vor sich. Primär darf ich Ihnen Genossen Stegner zur Beobachtung empfehlen, aber gewiss nicht nur ihn. Vielleicht ermahnen Sie bei Gelegenheit auch mal Ihre Zuarbeiterin Frau Kahane, die Identitäre wörtlich mit „freilaufenden Säuen“ vergleicht. Wir finden solche Klassifizierungen abgeschmackt und für „Gutmenschen“ entlarvend. Aber wir fordern Sie nicht einmal hier zum Eingreifen auf. Denn lieber sind uns sogar verbale Entgleisungen als Duckmäusertum und Meinungszensur. Und jenseits persönlicher Verleumdung ist uns nie ganz wohl, wenn der Staat sich anschickt, Abneigungen zu beurteilen oder zu kontrollieren.

Insofern ist uns der Ansatzpunkt des „Netzwerkdurchsetzungsgesetzes“ gegen „Fake News“ und „Hate Speech“ schon vom rechtsphilosophischen Hintergrund her suspekt. Und angesichts dessen, was von Regierungs- und Staatsfunk-Seite täglich an Fake News produziert wird, erstarrt man geradezu vor der Chuzpe, dass eine Gesetzgebung es wagt, darüber befinden zu lassen, was im politischen Raum Wahrheit ist. Wer dies beansprucht, überhebt sich grotesk. Jeder halbwegs Gebildete könnte es wissen. Stattdessen unterstelle ich, dass das scharfe Schwert der Justitia bewusst parteiisch genutzt wird. Denn moniert werden im Kern nur „alternative Fakten“, die Handlanger der Regierung zu „Unworten“ erklären.

Wir wollen aber keinen Schnüffelstaat, weil wir den schon öfters hatten. Wir wollen kein Meinungsknebelungsgesetz, für dessen strukturelle Unzulänglichkeit die Regierung nicht einmal offen die Verantwortung übernimmt. Stattdessen mögen sich scheinbar unabhängige Kommissionen blamieren, solange nur die wirkliche Opposition dieses Landes behindert wird. Und was „Hate Speech“ betrifft: Die einem Justizminister per Amt Anvertrauten sind keine Untertanen, die man zum „Guten“ prügelt.

Angesichts dessen, was ihnen von Regierungsseite zugemutet wurde, haben sie beste Gründe selbst zu „Hass“. Gemäß Bergpredigt sollte das nicht sein. Aber unsere Verfassung stützt keine Theokratie, die das gesetzlich einfordern und per Zensur verwirklichen darf. Unser Modell ist der Rechts-, nicht der Gesinnungsstaat, dem wir mit Siebenmeilenstiefeln entgegenhasten.

Des weiteren dürfen wir beanspruchen, dass selbst ungeliebte Kritiker nach Billigkeit behandelt werden und man nicht etwa uns zustehende Gremienämter und dergleichen immer mal wieder durch Sondergesetze und -regeln verweigert. Wir erwarten dies nicht, weil Ihre Regierung uns mag oder Nachsicht übt. Wir mögen Sie ja ebenso wenig. Es sei uns auch nicht nur aus taktischem Kalkül gewährt, weil wir sonst als „Opfer“ erscheinen könnten, wie manche albernen medialen Helfershelfer herumtröten. Nicht hochherrschaftliche Gnade erwarten wir, sondern das, was uns zusteht. Und von einer angemessenen Amtsführung verlangen wir, dass sie pflichtgemäß Recht walten lässt und nicht Willkür.

Staatliche Gemeinschaft realisiert sich nämlich nicht als Geburtstagsparty oder Wunschkonzert. Zur Normalität gehören Wettbewerb und Streit, es sei denn, er werde künstlich unterbunden. Demokratie ist leider kompliziert. Bloß anzuordnen, durch technokratisches Diktat oder im Parteienblock, ist leichter. Aber wir haben nun mal ein Grundgesetz, das auch leidenschaftliche Kontroversen erlaubt, weil seinerzeit erpresste Uniformität zu teuer erkauft wurde. In diesem Sinne fordern wir: Beenden Sie die Diffamierung von Patrioten! Beschränken Sie sich auf klassische Straftatbestände, einschließlich der Anstiftung zu ihnen!

Konzentrieren Sie sich endlich wieder auf die in diesem Land unzulänglich verfolgte Kriminalität außerhalb des Meinungsdeliktsbereichs. Denn was bei uns durch strukturelle Überlastung der Gerichte und Staatsanwaltschaften an Rechtssicherheit verlorenging, ist besorgniserregend. Eine der größten Justizreformen dieses Landes bestünde darin, sich aus der Sanktionierung von Ansichten weitgehend zurückzuziehen zugunsten von Aufgaben, die dieser Staat sträflich vernachlässigt. Mit dem eingesparten Personal könnten Sie Teile des Bearbeitungsstaus abtragen, an dem unser Justizwesen seit Jahrzehnten krankt.

Überdenken Sie bitte künftig auch das obrigkeitliche Amtsverständnis Ihrer Regierung! Nehmen Sie zur Kenntnis, dass das, was diese uns eingebrockt hat, bei vielen keine Sympathie erzeugt! Ertragen Sie, dass Ihre Partei und Mitglieder Ihres Kabinetts für diese Art Demokratie-Praxis ausgepfiffen werden. Ich weiß, in welchem Teufelskreis Sie alle gefangen sind, angesichts der gewünschten oder geduldeten inhomogenen Gesellschaft, deren Widersprüche sich zunehmend gewaltsam äußern. Um noch Schlimmeres zu verhindern, erlässt man nun immer absurdere Korrektheitsregeln, die Spontaneität freiheitswidrig einschränken. Die dadurch verschärfte Zustimmungskrise wird dann durch weitere Illiberalität bekämpft. Und der Erfolg bleibt dennoch bescheiden, weil tatsächliche Interessengegensätze nicht nur sprachlich pazifiziert werden können.

Wie Goethes Zauberlehrling hat diese und ihre Vorgänger-Regierung ein gigantisches Sozialexperiment gestartet und fürchtet nun Konsequenzen sinkender Popularität. Sie hat per öffentlichem Europa- oder Willkommens-Hokuspokus falsch gespielt. Nun will sie per Medienkontrolle verhindern, dass man ihr draufkommt, was die Brüsseler Schuldenunion oder der „Große Austausch“ konkret bedeutet. Insbesondere will man nicht die Wählerquittung dafür einstecken. Das ist verständlich, aber mit uns nicht zu machen. Da das Kind nun im Brunnen liegt, bleibt der Opposition allerdings vorläufig nur eines: energischer Widerstand, falls Sie weiterhin Missstände immer dreister schönen oder immer autoritärer und scheinlegaler handeln.

In diesem Sinn werden wir halbtotalitäre Maßnahmen bekämpfen. Denn unsere Wähler erwarten gerade von uns, als einzig verbliebener Freiheits- und Grundgesetz-Partei, dass wir den Raum des Sagbaren zurückerobern und den Durchmarsch in den Gesinnungsstaat zumindest verlangsamen. Die AfD trägt diesbezüglich die Hoffnung von Millionen, und wir sehen uns in der Pflicht.

Dass jenes missratene Netzwerkdurchsetzungsgesetz ein langes Leben haben wird, glaube ich nicht. Zu hektisch, zu offen undemokratisch, zu opportunistisch wurde es zusammengeschlampt. Wenn es revidiert werden soll, sind Sie gut beraten, sich jenseits von Rückzugs-Vernebelung nicht wirklich dagegen zu wehren. Momentan sehe ich diese Einsicht bei Ihnen jedoch noch nicht. Auch Ihr Haushaltsentwurf signalisiert die von mir angemahnte Wende zum Besseren nicht. Wir lehnen ihn daher ab.

Quellenhinweise

Da der Band von der intensiven Auswertung aktueller Medien lebt, hätten durchgängige Zitat-Belege eine vierstellige Zahl an Fußnoten zur Folge. Das wollte ich um der Lesbarkeit willen vermeiden. Stattdessen sind detaillierte Quellenangaben auf wenige Fälle beschränkt, in denen (zur weiteren Beschäftigung) auf Schlüsseltexte verwiesen wird oder Äußerungen fast schon unglaubwürdig kurios erscheinen. In der Regel werden also lediglich die Verfasser oder das jeweilige Publikationsorgan genannt. Dies rechtfertigt sich zusätzlich durch das Niveau der meisten Artikel, journalistischer Dutzendware, die eher ihrer Symptomatik wegen Erwähnung fanden.

Für das Kapitel „Prominenten-Jagd" gilt eine Besonderheit. Wer hierin nach detaillierten Belegen sucht, findet sie in den nachfolgend genannten Studien. Die übrigen hier aufgelisteten Bände dürfen keineswegs mit einer Lektüreauswahl zum Thema verwechselt werden. Sie sind lediglich in meinem Text mehrfach oder etwas ausführlicher erwähnt.

Literatur zum Kapitel „Prominenten-Jagd":

Der Fall Tobias:

- Uwe Backes: „Objektivitätsstreben und Volkspädagogik in der NS-Forschung. Das Beispiel der Reichstagsbrand-Kontroverse", in: Uwe Backes / Eckhard Jesse / Rainer Zitelmann (Hrsg.): „Die Schatten der Vergangenheit", Frankfurt/M. / Berlin 1990, S. 614-635.

Der Fall Nolte:

- Rudolf Augstein et al.: „‚Historiker-Streit'. Die Dokumentation der Kontroverse um die Einzigartigkeit der nationalsozialistischen Judenvernichtung", München / Zürich 1987.
- Imanuel Geiss: „Die Habermas-Kontroverse", Berlin 1988.
- Günter Scholdt: „Feindliche Nähe und Angst vor dem Gulag? Der ‚Historikerstreit' im Spiegel von Schriftsteller-Äußerungen

zwischen 1917 und 1945“, in: Helmut Fleischer/ Pierluca Azzaro (Hrsg.): „Das 20. Jahrhundert – Zeitalter der tragischen Verkehrungen. Forum zum 80. Geburtstag von Ernst Nolte“, München 2003, S. 156-206.

Der Fall Jenninger:
- Holger Siever: „Kommunikation und Verstehen. Der Fall Jenninger als Beispiel einer semiotischen Kommunikationsanalyse“, Bern / Frankfurt u.a. 2001 (Zumindest ein Versuch differenzierter Analyse aus Mainstream-Sicht).

Der Fall Strauß:
- Heimo Schwilk / Ulrich Schacht (Hrsg.): „Die selbstbewusste Nation“, Frankfurt/Berlin 1994.

Der Fall Walser:
- Frank Schirrmacher: „Die Walser-Bubis-Debatte: Eine Dokumentation“, Frankfurt/M. 1999.

Der Fall Hohmann:
- Fritz Schenk / F. W. Siebecke: „Der Fall Hohmann: Ein deutscher Dreyfus“, München 2004.

Der Fall Grass:
- Günter Scholdt: „Grass & Co. Dimensionen einer politischen Farce“, In: „Sezession“, 5. Jg., August 2007, H. 19, S. 14-20.
- Günter Scholdt: „Günter Grass – ein Machtdiskurs“, in: „Sezession“, 10. Jg., Juni 2012, H. 48, S. 40-43.

Der Fall Herman:
- Arne Hoffmann: „Der Fall Eva Herman. Hexenjagd in den Medien“, Grevenbroich 2007.

Der Fall Sarrazin:
- Institut für Staatspolitik: „Der Fall Sarrazin. Verlauf einer gescheiterten Tabuisierung“, Schnellroda 2009.

Der Fall Pirinçci:
- Akif Pirinçci und Andreas Lombard (Hrsg.): „Attacke auf den Mainstream. ‚Deutschland von Sinnen' und die Medien", Waltrop/Leipzig 2014.

Der Fall Sieferle:
- Günter Scholdt: „Der Fall Sieferle", in: „Sezession", 15. Jg., August 2017, H. 79, S. 8-13.
- „Sieferle lesen", „Sezession", Sonderheft, Sept. 2017.

Weitere einschlägig gennannte Literatur:
- Manfred Kleine-Hartlage: „Die Sprache der BRD: 131 Unwörter und ihre politische Bedeutung", Schnellroda 2015.
- Erik Lehnert / Wiggo Mann: „Das andere Deutschland: Neun Typen", Schnellroda 2017.
- André F. Lichtschlag: „Operation Spaltung: Kriminalgeschichte der AfD", Grevenbroich 2015.
- Günter Scholdt: „Literarische Musterung: Warum wir Kohlhaas, Don Quijote und andere Klassiker neu lesen müssen", Schnellroda 2017.
- Josef Schüßlburner: „‚Verfassungsschutz': Der Extremismus der politischen Mitte", Schnellroda 2016.
- Udo Ulfkotte: „Volkspädagogen: Wie uns die Massenmedien politisch korrekt erziehen wollen"; Rottenburg 2016.
- Thor von Waldstein: „Unterwegs zur Karlsruher Republik", in: „Neue Ordnung", 1/2017, S. 20-24.

eigentüm

Eigentum

und Recht

und Freiheit

lich frei